Shamati

(Jag hörde)

Yehuda Ashlag (Baal HaSulam)

Nedteckning: B. Ashlag

Sammanställning: M. Laitman

Översättning: M. Olsen och M. Folkesson

Omslag: M. Olsen

Redigering och grafisk form: M. Folkesson

ISBN 978-1-77228-004-3

Andra upplagan: Februari 2015

www.kabbalah.info/se

Innehållsförteckning

1. Det finns ingen annan än Han

(Ein od milvado)
Jag hörde angående *parashat Yitro*, 6 februari, 1944

Det står skrivet att "det finns ingen annan än Han". Det betyder att det inte finns någon annan kraft i världen som har förmågan att göra någonting emot Honom. Och anledningen till att man ser att det finns saker i världen som förnekar hushållet Ovan, är att det är Hans vilja.

Och det anses vara en korrektion, det som kallas "det vänstra stöter bort och det högra drar till sig", vilket betyder att det som stöts bort av det vänstra anses vara korrektion. Detta betyder att det finns saker i världen, vars mål från början är att avleda människan från den rätta vägen, vilka stöter bort henne från Heligheten.

Och nyttan med dessa avfärdanden är att människan genom dem får ett fullständigt begär efter Skaparens hjälp, eftersom hon ser att hon annars är förlorad. Det är inte enbart så, att hon inte kommer framåt i sitt arbete, utan hon ser att det går bakåt, och hon saknar styrkan att följa Tora och *mitzvot* även i *lo lishma* (inte för Hennes namn). Enbart genom att, över förståndet, genuint övervinna alla hinder, kan hon följa Tora och *mitzvot*. Men hon har inte alltid styrkan att övervinna förståndet; hon är annars tvungen att avvika, Gud förbjude, från Skaparens väg, och rent av från *lo lishma*.

Och hon, som alltid känner att det splittrade är större än det hela, vilket betyder att det finns många fler nedstiganden än uppstiganden, som inte ser något slut på dessa tillstånd, ser att hon alltid kommer att förbli utanför Heligheten, för hon ser att det är svårt för henne att följa så lite som ett jota, om inte genom att övervinna förståndet, men hon är inte alltid förmögen att göra det. Och hur ska det sluta?

Sedan kommer hon fram till beslutet att ingen kan hjälpa henne, utom Skaparen själv. Detta får henne att med hela sitt hjärta kräva av Skaparen att Han ska öppna hennes ögon och hjärta, och verkligen föra henne närmare evigt fasthållande vid Gud. Det följer härav, att alla bortstötningar hon erfarit kommit från Skaparen.

Det innebär att hon inte har erfarit bortstötningarna på grund av att hon har varit för svag för att ha förmågan att övervinna, utan för att dessa bortstötningar är till för dem som verkligen vill komma närmare Skaparen. Och för att en sådan människa inte ska nöja sig med bara lite, nämligen, att inte förbli som ett litet barn utan kunskap, får hon hjälp från ovan så att det inte kommer att vara möjligt för henne att säga "Tack Gode Gud, jag har Tora och *mitzvot* och goda handlingar, och vad mer behöver jag?".

Och endast om den människan har ett sant begär, kommer hon att få hjälp från Ovan. Och hon visas ständigt sina brister i sitt nuvarande tillstånd; det vill säga, tankar och uppfattningar, som motverkar arbetet. Detta sker för att hon ska se att hon inte är ett med Herren. Och hur mycket hon än övervinner, ser hon alltid hur hon befinner sig i en position längre bort från Heligheten än andra, som känner att de är ett med Herren.

Men hon, å andra sidan, har alltid klagomål och krav, och hon kan inte rättfärdiga Skaparens beteende, och hur Han beter sig mot henne. Detta smärtar henne. Varför är hon inte ett med Herren? Slutligen känner hon att hon inte har någon del i Heligheten över huvud taget.

Och fastän hon då och då väcks från Ovan, vilket för ett ögonblick återupplivar henne, faller hon snart ned i en plats av gemenhet. Men detta får henne att inse att bara Gud kan hjälpa och verkligen bringa henne närmare.

Man måste alltid försöka att hålla sig fast vid Skaparen, nämligen, att alla ens tankar ska handla om Honom. Det vill säga, att även om man befinner sig i det värsta av tillstånd, från vilket ytterligare förfall inte kan ske, bör man inte lämna Hans domän, det vill säga, tänka att det finns en annan auktoritet, som har makten att antingen gagna eller skada, som hindrar en från att ingå i Heligheten.

2

Man får alltså inte tro att den andra sidans (*sitra achras*) kraft finns, som inte tillåter människan att göra goda handlingar och följa Guds sätt. Snarare görs allt av Skaparen.

Baal Shem Tov sa, att den som säger att det finns en annan makt i världen, nämligen *klipot* (skal), är i ett tillstånd av att "tjäna andra gudar". Det är alltså inte nödvändigtvis den kätterska tanken som är överträdelsen, men om man tror att det finns en annan auktoritet och kraft vid sidan av Skaparen, då syndar man.

Vidare, den som säger att människan har sin egen auktoritet, det vill säga att han säger att igår ville han själv inte följa Guds sätt, även han anses begå den kätterska synden, närmare bestämt, att han inte tror att enbart Skaparen styr världen.

Men när man har syndat, måste man sannerligen ångra det och vara ledsen över att man har gjort det, men även här bör vi placera smärtan och sorgen i rätt ordning: var placerar man skuldens orsak? Det är den punkten man bör vara ledsen över.

Då bör man vara ångerfull och säga: "Jag syndade för att Skaparen kastade ner mig från Heligheten till en plats av smuts, till toaletten, där avfallet finns". Det vill säga att Skaparen gav en ett begär och en önskan om att roa sig och andas luft på en stinkande plats. (Och man kan säga, som det står i böckerna, att ibland inkarnerar en människa i en griskropp: att man får ett begär och en önskan att roa sig med saker man redan bedömt vara skräp, men nu vill man återigen få näring från dem).

På samma sätt, när man känner att man är i ett tillstånd av uppstigande, och känner en god smak i arbetet, får man inte säga: "Nu är jag i ett tillstånd där jag förstår att det är lönt att dyrka Skaparen". Man bör snarare veta att nu vill Skaparen ha en, därför har Han bringat en närmare, vilket är anledningen till att man nu känner god smak i arbetet. Och man bör vara försiktig så att man aldrig lämnar Helighetens domän, och säga att det finns en annan som styr vid sidan av Skaparen. (Men detta betyder att angelägenheten att finna nåd för Herrens ögon, eller motsatsen, inte beror på människan själv, utan enbart på Skaparen. Och människan, med sitt externa medvetande, kan inte begripa varför Herren nu gynnar henne, och varför Han efter det inte gynnar henne).

Och likaså när man är ledsen över att Skaparen inte för en till sig, då bör man också vara noga med att inte vara ledsen för sin egen skull, för att ha distanserats från Skaparen, ty genom att vara det blir man en mottagare för sin egennytta, och den som tar emot är separerad från Skaparen. Man bör snarare vara ledsen över *Shechinas* (Gudomlighetens) exil, alltså, för att vålla Gudomligheten sorg.

Man bör föreställa sig att det är som när ett litet organ i en människa är ömt. Smärtan känns ändå mestadels i medvetandet och i hjärtat, vilka är människan på helhetsnivå. Och det är sannerligen så, att förnimmelsen i ett enstaka organ inte kan jämföras med förnimmelsen i människan som helhet, där den största delen av smärtan känns.

Likadant är det med smärtan en människa känner när hon är avskild från Skaparen, för människan är blott ett enda av den heliga *Shechinas* organ, ty den heliga *Shechina* är Israels gemensamma själ. Därför liknar inte förnimmelsen i ett enstaka organ smärtförnimmelsen i helheten. Det vill säga, att det finns sorg i *Shechina* när hennes organ är avskilda från henne, vilka hon inte kan ge näring.

(Och vi bör säga att detta är vad våra visa menade med: "När en människa sörjer, vad säger *Shechina*? 'Det är lättare än mitt huvud'"). Genom att inte relatera sorgen över att vara distanserad från Gud till sig själv, räddas vi från att störta i fällan av begäret att ta emot för ens egen skull, vilket är avskiljandet från Heligheten.

Detsamma gäller när man känner sig något närmare Heligheten, när man är glad över att ha förtjänat nåd inför Herrens ögon. Man måste då säga att kärnan i ens glädje är att det nu finns glädje Ovan, i den heliga *Shechina*, då hon har möjlighet att bringa sitt personliga organ nära sig, och inte behöver skicka iväg det.

Och människan fröjdas över att ha blivit försedd med förmågan att behaga *Shechina*. Och här gäller detsamma, då den glädje individen känner blott är en del av den glädje det hela känner. Genom dessa beräkningar förlorar man sin individualitet och undviker att fångas av *sitra achra*, den andra sidan, vilken är viljan att ta emot njutning för sin egen skull.

Fastän viljan att ta emot är nödvändig, då den utgör en människa, då allt som finns i en människa bortsett från begäret att ta emot inte ägs av den skapade, utan tillskrivs Skaparen, bör viljan att ta emot njutning icke desto mindre korrigeras till en form av givande.

Det vill säga, att njutningen och glädjen, som tas av viljan att ta emot, bör avses för att bringa belåtenhet Ovan, emedan det finns njutning nedan. För det var syftet med skapelsen, att gynna Hans skapelser. Och detta kallas *Shechinas* glädje Ovan.

Av denna anledning måste man söka råd angående hur man kan bringa belåtenhet Ovan. Och säkerligen, om man tar emot njutning, kommer belåtenhet att kännas Ovan. Därför bör man alltid längta efter att vara i Kungens palats, och att ha förmågan att leka med Kungens skatter. Och det kommer utan tvivel att bringa belåtenhet Ovan. Det följer att hela ens längtan bör vara enbart för Skaparens skull.

2. Gudomen i exil

Jag hörde 1942

Den heliga *Zohar* säger: "Han är *shochen* (inneboende) och Hon är *shechina* (Gudomen)." Vi bör tolka dess ord: Vi vet att beträffande det Högre Ljuset, säger de att det inte sker några förändringar där, som det står skrivet, "Ty jag, Herren, har icke förändrats". Alla namn och benämningar avser bara *kelim* (kärlen), vilka är viljan att ta emot som är en del av *malchut* - skapelsens rot. Därifrån hänger de ner till den här världen, till skapelserna.

Alla dessa urskiljanden, som börjar i *malchut*, är roten till världarnas tillkomst genom skapelserna, och kallas **shechina**. Den generella *tikkun* (korrigeringen) är att det Högre Ljuset ska skina i dem med sin fulla styrka.

Ljuset som skiner i *kelim* benämns **shochen**, och *kelim* benämns **shechina**. Med andra ord **bor Ljuset i shechina**. Detta är vad som menas när Ljuset kallas *shochen*, eftersom det bor i *kelim*, vilka i sin tur kallas *shechina*.

Tiden innan Ljuset skiner i dem med sin fulla kraft kallar vi **"en korrigeringarnas tid"**. Det betyder att vi genomför korrigeringar så att Ljuset ska kunna skina i dem i sin fullständighet. Fram till dess kallas tillståndet för **"Gudomens exil"**.

Det betyder att det fortfarande inte finns någon perfektion i de Högre världarna. Nedan, i denna värld, måste det finnas ett tillstånd där Ljuset skiner i viljan att ta emot. **Denna *tikkun* (korrigering) anses vara att ta emot med avsikten att ge**.

Under tiden är viljan att ta emot fylld med ovärdiga och dåraktiga ting som inte har någon plats där Himlens härlighet kan uppenbara sig. Det innebär att där hjärtat skulle vara ett tabernakel för Guds Ljus, blir hjärtat istället en plats för avfall och smuts. Med andra ord blir hjärtat fånge under ovärdigheten.

Detta kallas "Gudomen i stoftet". Det betyder att det sänks till marken och var enda en avskyr allt som har med Helighet att göra, och att det inte finns någon som helst önskan att lyfta det ur stoftet. Istället väljer de ovärdiga ting, och detta bringar sorg över *Shechina*, när man inte skapar en plats i hjärtat som kan komma att bli ett tabernakel för Guds Ljus.

3. Angående ämnet andligt uppnående

Jag hörde

Vi urskiljer många grader och urskiljanden i världarna. Vi måste veta att allt som avser urskiljanden och grader talar om vad själarna uppnår i samband med det de tar emot från världarna. Detta stämmer överens med regeln **"Det vi inte uppnår känner vi inte till vid namn"**. Anledningen är att ordet "namn" antyder uppnående, likt en människa som namnger ett objekt efter att ha uppnått något om det, i enlighet med vad hon har uppnått.

Följaktligen delas den generella verkligheten upp i tre urskiljanden, i relation till andligt uppnående:

1. *Atzmuto* (Hans innersta natur)

2. *Ein sof* (Oändlighet)

3. *Neshamot* (Själarna)

   1) Vi talar inte om **Atzmuto** överhuvudtaget. Detta beror på att skapelsernas rot och plats börjar i skapelsens tanke, där de finns införlivade, som det står skrivet "Utgången av en handling finns i den preliminära tanken".

   2) **Ein sof** avser skapelsetanken, vilket är "Hans begär att gynna Sina skapelser". Detta betraktas som *Ein sof*, och det är förbindelsen mellan *Atzmuto* och själarna. Vi varseblir denna förbindelse i formen av ett "begär att skänka välbehag till skapelserna". *Ein sof* är begynnelsen. Det kallas "ett ljus utan ett *kli*" (kärl). Ändå finns där roten till skapelserna, vilket är förbindelsen mellan Skaparen och skapelserna, kallat "Hans begär att gynna Sina skapelser". Detta begär börjar i världen *Ein sof* och sträcker sig igenom världen *Assiya*.

   3) **Själarna**, som är mottagarna av det välbehag Han önskar skänka.

Han kallas *Ein sof* eftersom detta är förbindelsen mellan *Atzmuto* och själarna, vilket vi varseblir som "Hans begär att gynna Sina skapelser". Vi kan inte uttala oss om vad som finns bortom förbindelsen till begäret att njuta, och detta är början av åtagandet, och det kallas "Ljus utan ett kli".

Och ändå börjar där roten till skapelserna, vilket är förbindelsen mellan Skaparen och skapelserna, kallat "Hans begär att gynna Sina skapelser". Detta begär börjar i *Ein sof* och sträcker sig ner till världen *Assiya*.

I sig själva betraktas alla världar som Ljus utan ett *kli*, vilket man inte kan uttala sig om. De betraktas som *Atzmuto*, och där finns inget uppnående.

Förvånas inte över att vi urskiljer många urskiljanden däri. Det hela beror på att dessa urskiljanden finns där potentiellt. Efteråt, när själarna når dit, kommer dessa urskiljanden visa sig i själarna som erhåller det högre Ljuset allt efter vad de har korrigerat och upprättat. Därefter kommer själarna kunna ta emot dem, var och en alltefter förmåga och kvalificering. Och då visar sig dessa urskiljanden i verklig mening. När själarna emellertid ännu inte har uppnått det högre Ljuset betraktas de, i sig själva, som *Atzmuto*.

När det gäller själarna som tar emot från världarna, betraktas världarna som *Ein sof*. Anledningen är att förbindelsen mellan världarna och själarna, att världarna ger till själarna, sträcker sig från Skapelsetanken, vilken är en korrelation mellan själarna och *Atzmuto*.

Denna förbindelse kallas *Ein sof*. När vi vädjar till Skaparen och ber Honom hjälpa oss och ge oss vad vi vill ha, vänder vi oss till urskiljandet *Ein sof*. Där finns roten till skapelserna, vilken vill skänka dem glädje och njutning, som kallas "Hans begär att gynna Sina skapelser".

Bönen är riktad mot Skaparen som skapade oss, och Hans Namn är **"Hans begär att gynna Sina skapelser"**. Han kallas *Ein sof,* eftersom detta hänvisar till innan restriktionen. Och även efter restriktionen sker ingen förändring i Honom, eftersom inga förändringar sker i Ljuset, och Hans Namn förblir alltid detsamma.

Namnens mångfald har endast att göra med mottagarna. Det första namnet som uppstod, alltså skapelsernas rot, kallas därför *Ein sof*. Och det namnet förblir oförändrat. Alla restriktioner och förändringar sker endast med hänseende till mottagarna, och Han skiner alltid i det första namnet, "Hans begär att gynna Sina skapelser", oupphörligen.

Detta är anledningen till att vi ber till Skaparen, kallad *Ein sof*, som skiner utan restriktion eller slut. Slutet, vilket visar sig senare, är korrigeringar för mottagarna så de ska kunna ta emot Hans Ljus.

Det högre Ljuset består av två urskiljanden: De uppnående och det uppnådda. Allt vi säger beträffande det högre Ljuset angår endast hur de uppnående upplever det uppnådda. Men i sig själva, det vill säga endast de uppnående, eller endast det uppnådda, kallas de inte *Ein sof*. Då kallas istället det uppnådda *Atzmuto,* och de uppnående kallas "själar", vilket är ett nytt urskiljande, och en del av helheten. Det är nytt i den bemärkelsen att viljan att ta emot är inpräglad i den. Och i den bemärkelsen kallas skapelsen "existens från frånvaro".

I sig själva betraktas världarna vara enkel enighet och det sker inga förändringar i Gudomligheten. Detta är innebörden av "Jag, Herren, har icke förändrats". Det finns inga *sfirot* och *bechinot* (urskiljanden) i Gudomligheten.

Även de mest subtila benämningarna hänvisar inte till Ljuset i sig, eftersom detta hör till *Atzmuto*, vilket inte går att uppnå. Istället talar alla *sfirot* och urskiljanden endast om vad människan uppnår i dem. Anledningen är att Skaparen ville att vi skulle uppnå och förstå ljusets rikedomar som "Hans begär att gynna Sina skapelser".

För att vi ska kunna uppnå vad Han ville att vi skulle uppnå och förstå som "Hans begär att gynna Sina skapelser", skapade och skänkte Han oss dessa sinnen, och dessa sinnen uppnår sina intryck genom det högre Ljuset.

Följaktligen har vi blivit tilldelade många urskiljanden, eftersom det generella sinnet kallas "viljan att ta emot" och kan delas upp i många detaljer, i enlighet med vad mottagarna har förmågan att ta emot. Vi finner därför många indelningar och detaljer, vilka kallas uppstigning och nedstigning, utspridning och åtskiljande.

Eftersom viljan att ta emot kallas "skapelse" och ett "nytt urskiljande", påbörjas yttrandet just från den plats där viljan att ta emot börjar ta emot intryck. Talet är urskiljanden, delar av intryck, ty här finns redan en korrelation mellan Ljuset och viljan att ta emot.

Detta kallas "Ljus och *kli*". Det går dock inte att göra några uttalanden om Ljuset utan ett *kli*, eftersom ett ljus som inte uppnås av mottagarna betraktas som *Atzmuto,* om vilket det är förbjudet att yttra sig eftersom det är omöjligt att uppnå, och hur kan vi namnge det vi inte kan uppnå?

Den lärdom vi kan dra av detta är att när vi ber att Skaparen skall skänka oss frälsning, bot, och så vidare, finns där två saker vi bör särskilja: 1) Skaparen; 2) Det som kommer från Honom.

I det första urskiljandet, vilket betraktas som *Atzmuto,* är yttranden förbjudna, som vi sade tidigare. I det andra urskiljandet, det som kommer från Honom, vilket betraktas som Ljus som sprider sig i våra *kelim,* alltså i viljan att ta emot, kallar vi det *Ein sof.* Detta är förbindelsen mellan Skaparen och skapelserna, och kallas "Hans begär att gynna Sina skapelser". Viljan att skänka betraktas som det expanderande Ljuset som slutligen sprider sig i viljan att ta emot.

När viljan att ta emot erhåller det expanderande Ljuset, kallas det Ljuset *Ein sof.* Det sträcker sig ner till mottagaren, genom ett flertal höljen, för att den nedre ska kunna ta emot det.

Det blir tydligt att alla urskiljanden och förändringar uttryckligen sker i mottagaren, i relation till intrycket mottagaren får av dessa. Vi måste dock förstå vad vi talar om här. När vi talar om urskiljanden i världarna, måste vi förstå att dessa finns där potentiellt. Och när mottagarna uppnår dessa urskiljanden, först då kallas de "verkliga".

Andligt uppnående sker när den uppnående och det uppnådda förenas. Utan den uppnående har det uppnådda ingen form, eftersom det då inte finns någon som kan erhålla formen hos det uppnådda. Detta urskiljande betraktas därför som *Atzmuto*, om vilket man inte kan yttra sig. Men hur kan vi då säga att det uppnådda har sin egen form?

Vi kan endast tala utifrån intrycken våra sinnen, som får intrycken från det expanderande Ljuset, ger oss, kallat "Hans begär att gynna Sina skapelser", vilket når mottagarnas händer som ett verkligt faktum.

Liksom när vi undersöker ett bord känner vi med vårt sinne för känsel att det är någonting hårt. Vi urskiljer också dess längd och bredd, allt i enlighet med våra sinnen. Detta behöver inte nödvändigtvis betyda att bordet kommer att upplevas likadant av någon som har andra sinnen. Till exempel, när en ängel undersöker bordet, kommer den att se i enlighet med sina sinnen. Vi kan därför inte fastställa någon form med hänsyn till en ängel, eftersom vi inte känner till dess sinnen.

Följaktligen, eftersom vi inte har något uppnående i Skaparen Själv, kan vi inte uttala oss om vilken form världarna har från Hans perspektiv. Vi kan endast uppnå världarna i enlighet med våra sinnen och intryck, eftersom det var Hans vilja att vi skulle uppnå Honom på det viset.

Detta är innebörden av "Det sker inga förändringar i Ljuset". Istället sker alla förändringarna i *kelim*, alltså i våra sinnen. Vi mäter allting i enlighet med vår föreställningsförmåga. Härav följer att om ett flertal människor undersöker ett andligt ting, uppnår alla det i enlighet med sin egen föreställningsförmåga och sina egna sinnen, och ser då olika former.

Dessutom kommer själva formen att förändras i en människa alltefter hur det går uppåt eller nedåt för henne, som vi har sagt tidigare, att Ljuset är **simpelt Ljus** och att alla förändringar endast sker i mottagarna.

Må vi beviljas Hans Ljus och vandra Skaparens väg och tjäna Honom, inte för belöningens skull, utan för att skänka belåtenhet till Skaparen och höja Gudomen ur stoftet. Må vi beviljas fasthållande vid Skaparen och yppandet av Hans Gudomlighet till Sina skapelser.

4. Vad är skälet till tyngden man känner i arbetet när man vill upphäva sitt "jag" inför Skaparen?

Jag hörde den tolfte *shvat*, 6 februari, 1944

Vi måste känna till orsaken till tyngden man känner när man önskar upphäva sitt "jag" inför Skaparen, och att inte bry sig om sina egna intressen. Man når ett tillstånd där hela världen liksom står stilla, och man är nu till synes den enda frånvarande i den här världen, som lämnar sin familj och sina vänner för att upphäva sig själv inför Skaparen.

Det finns blott ett enkelt skäl till detta, vilket kallas "brist på tro". Det betyder att man inte ser inför vem man upphäver sig själv, alltså att man inte känner Skaparens existens. Detta orsakar känslan av tyngd.

När man däremot börjar känna Skaparens existens, kommer ens själ omedelbart längta efter att förenas och upplösas i sin rot, att rymmas i den som ett ljus i en facklas låga. Detta kommer dock till en naturligt, som ett ljus framför en facklas sken.

Därav följer att arbetets väsentliga förtjänst endast ligger i att man ska komma att förnimma Skaparens existens, det vill säga att känna att Skaparen existerar, att "Hela jorden är full av Hans Härlighet".

Detta innebär att hela ens arbete, all energi man lägger ner i arbetet, endast skall vara för att åstadkomma det, och inte för något annat syfte.

Man ska inte låta sig vilseledas, att få för sig att man behöver skaffa sig någonting. Ty det finns endast en sak människan behöver, nämligen tro på Skaparen. Man bör inte tänka på något annat, det vill säga att den enda belöning man önskar för sitt arbete är att beviljas tro på Skaparen.

Vi måste veta att det inte finns någon skillnad mellan en liten och en stor upplysning som människan uppnår. Ty i Ljuset sker inga förändringar. Förändringarna äger istället rum i kärlen som tar emot Ljusets rikedomar, som det står skrivet, "Ty jag, Herren, har icke förändrats". Följaktligen, om man kan förstora sina kärl, förstorar man också Ljusets sken i samma utsträckning.

Dock kvarstår frågan, med vilka medel kan man förstora sina kärl? Svaret är, i den utsträckning man prisar och tackar Skaparen för att ha fört en närmare Honom, så att man kan känna Honom en aning, och reflektera över sakens betydelse, det vill säga att man beviljats ett visst mått av kontakt med Skaparen.

I den mån man gör sig en föreställning av sakens vikt, kan Ljusets sken växa i en. Man måste veta att man aldrig kommer att få kännedom om den sanna betydelsen hos människans förbindelse med Skaparen, eftersom man inte kan inse dess sanna värde. Istället kommer man, till den grad man uppskattar det, att uppnå dess förtjänst och betydelse. Det finns en kraft i och med detta, eftersom man då permanent kan bli beviljad detta Ljussken.

5. Lishma är ett uppvaknande från Ovan, och varför behöver vi då ett uppvaknande från nedan?

Jag hörde 1945

Att uppnå *lishma* är inte en fråga om vad intellektet kan nå, eftersom det inte ligger inom gränserna för människans förstånd hur något sådant kan förekomma i världen. Detta beror på att människan endast är tillåten att förstå, att om hon åtar sig Tora och *mitzvot*, kommer hon att uppnå någonting. Det måste finnas en egennyttig belöning däri; annars är man oförmögen att göra någonting alls.

Snarare är det en upplysning som kommer från Ovan, och endast han som smakat den kan veta och förstå. Om detta står det skrivet "Smaken och sen att Herren är god".

Därför måste vi förstå varför man bör söka vägledning och råd om hur man skall nå *lishma*. I själva verket kommer inga råd att vara till någon hjälp, och om Gud inte skänker en den andra naturen, kallad "viljan att ge", kommer ingen ansträngning hjälpa en att uppnå *lishma*.

Svaret är, som våra visa sade (*Avot*, 2:21), "Det åligger inte dig att fullborda arbetet, och du är inte heller fri att avstå från det", vilket betyder att man måste åstadkomma ett uppvaknande från nedan, eftersom detta anses vara en bön.

En bön betraktas som en brist, och utan en brist finns det inget att tillfredsställa. När man alltså är i behov av *lishma*, kommer därför tillfredställelsen från Ovan, och svaret på bönen kommer från Ovan, vilket betyder att man får sitt behov uppfyllt. Härav följer att arbetet är nödvändigt för att kunna mottaga *lishma* från Skaparen endast i formen av ett begär och ett *kli* (kärl). Likväl kan man inte uppnå detta på egen hand, det är snarare en gåva från Gud.

Bönen måste dock vara en fullständig bön, det vill säga att man ber helhjärtat. Det innebär att man vet med hundra procent säkerhet att det inte finns någon i hela världen som kan hjälpa en utom Skaparen själv.

Men hur kan man komma att förstå det, att det inte finns någon annan som kan hjälpa en än Skaparen själv? Man kan bli varse detta, just om man har förbrukat alla krafter till sitt förfogande utan att det hjälpt en. Därför måste man anstränga sig på alla tänkbara sätt för att uppnå "för Skaparens skull". Därefter kan man be med hela sitt hjärta, varpå Skaparen hör ens bön.

Man måste dock veta, när man anstränger sig för att uppnå *lishma*, att man då tar på sig att vilja arbeta helt och hållet för givandets skull, endast för att ge, och inte ta emot någonting. Först då börjar man se att organen inte går med på den idén.

Därigenom kan man komma till en klar insikt om att man inte har något annat val än att låta sin klagan flöda inför Herren, att vädja om hjälp med att få kroppen att ovillkorligen underkasta sig Skaparen, eftersom man inser att man själv inte kan förmå kroppen att helt upphäva sitt jag. Det visar sig så småningom att just när man inser att det inte finns någon anledning att tro att kroppen av egen vilja ska gå med på att arbeta för Skaparens skull, då kan man be från botten av sitt hjärta, och då blir ens bön hörd.

Vi måste veta att genom att uppnå *lishma* tar man död på den onda böjelsen. Den onda böjelsen är viljan att ta emot, och genom att förvärva viljan att ge hindrar man viljan att ta emot från att göra någonting. Detta betraktas som att ta död på den. Eftersom den har avlägsnats från sin maktposition, och inte har något kvar att göra då den inte längre är i bruk, anses den när den är ur funktion vara död.

När man begrundar "Vad förmån har människan av all möda som hon gör sig under solen?" inser man att det inte är så svårt att trälbinda sig vid Hans namn, av två anledningar:

1. Hursomhelst, alltså vare sig man vill det eller inte, måste man anstränga sig i denna värld, och vad har man kvar av all den möda man gör sig?

2. Om man emellertid arbetar *lishma*, erhåller man även njutning under självaste arbetet.

Enligt Magid från Dubnas ordspråk, när han uttalade sig om versen "Icke har du, O Jakob, kallat mig hit, i det du har gjort dig möda för min skull, du Israel". Han sa att det är likt en rik man som stiger av tåget och har en liten väska med sig. Han lämnade väskan där handelsmännen ställer sitt bagage för att stadsbudet ska föra paketen till det hotell där handelsmännen ska vistas. Stadsbudet tänkte att handelsmannen säkert tagit en liten väska med sig, då det inte behövs ett stadsbud för det, och tog därför ett stort paket. Handelsmannen ville betala en liten avgift, så som han brukade göra, men stadsbudet ville inte ta emot den. Han sa: "Jag lämnade in en stor väska i hotellets förvaringsrum; nu är jag utmattad och jag kunde knappt bära din väska, och du vill betala så lite för mitt arbete?"

Lärdomen är att när man kommer och påstår att man har lagt ner stor möda på att hålla fast vid Tora och *mitzvot*, säger Skaparen, "Icke har du, O Jakob, kallat mig hit". Det är, med andra ord, inte mitt bagage du tog, utan den här väskan tillhör någon annan. Eftersom du säger att du hade sådant stort besvär med att hålla fast vid Tora och *mitzvot*, måste du ha arbetat för en annan överman; gå därför till honom, och han skall säkert belöna dig.

Detta är innebörden av "**I det du har gjort dig möda för min skull, du Israel**". Det vill säga att den som arbetar för Skaparen inte har någon vedermöda, tvärtom har han välbehag och upprymdhet.

Den som däremot arbetar för andra syften kan inte komma till Skaparen med klagomål om att Skaparen inte skänker honom vitalitet i arbetet, eftersom han inte arbetar för Skaparen, så att Herren kan belöna honom för arbetet. Istället kan man klaga hos de personer man arbetat åt, så att de ska tilldela en njutning och vitalitet.

Och eftersom det finns många syften med *lo lishma* bör man kräva av målet, för vilket man arbetar, att skänka en belöningen, det vill säga välbehag och vitalitet. Det sägs om dem, "De som hava gjort dem skola bliva dem lika, ja, alla som förtrösta på dem".

Detta är dock förvirrande. Vi ser trots allt, att även om man åtar sig Himmelrikets börda utan någon annan avsikt, känner man likväl ingen livlighet, så att livligheten skulle driva en att åta sig Himmelrikets börda. Och anledningen till att man åtar sig Himmelrikets börda är endast på grund av tro över förståndet.

Med andra ord gör man det motvilligt, genom påtvingat övervinnande. Följaktligen skulle vi kunna fråga: Varför känner man ansträngning i arbetet, med kroppen som oavbrutet söker ett sätt att slippa undan arbetet, då man inte känner någon livlighet i arbetet? I enlighet med det ovanstående, när man arbetar i ödmjukhet, och endast har för avsikt att arbeta för att ge, varför skänker Skaparen då en inte välsmak och livlighet i arbetet?

Lösningen är att vi måste förstå att denna angelägenhet är en viktig korrigering. Vore det inte för detta, alltså om Ljus och livlighet skulle fylla en i samma ögonblick man åtog sig Himmelrikets börda, då skulle man ha livlighet i arbetet. Med andra ord skulle även viljan att ta emot gå med på arbetet.

I ett sådant läge skulle man förvisso samtycka, eftersom man vill tillfredsställa sitt begär, vilket innebär att man skulle arbeta för sin egennyttas skull. Om detta var fallet skulle det aldrig vara möjligt att uppnå *lishma*.

Anledningen är att man skulle vara tvungen att arbeta för sin egen vinnings skull, eftersom man då skulle känna en större njutning i att arbeta för Gud än i kroppsliga begär. Man skulle då vara tvungen att förbli i *lo lishma*, eftersom man skulle ha tillfredställelse från arbetet. Där det finns tillfredställelse kan man inte åstadkomma någonting, liksom man utan lön inte kan arbeta. Det följer härav att om man erhöll tillfredställelse från arbetet i *lo lishma*, skulle man alltså få stanna i det tillståndet.

Detta skulle vara likt vad man brukar säga, att när en folkhop jagar en tjuv för att fånga honom, då springer även tjuven och ropar "Fånga tjuven!". Det blir då omöjligt att avgöra vem som är den riktiga tjuven, så att man kan fånga honom och ta tillbaka stöldgodset.

När däremot tjuven, närmare bestämt viljan att ta emot, inte känner någon välsmak och livlighet i arbetet med att åta sig Himmelrikets börda, och man i det tillståndet arbetar påtvingat, över förståndet, och kroppen vänjer sig vid att arbeta emot begäret hos viljan att ta emot, då har man medlen med vilka man kan komma till ett arbete vars syfte är att skänka belåtenhet till sin Skapare.

Orsaken är att det huvudsakliga kravet som ställs på människan är att uppnå *dvekut* (fasthållande) vid Skaparen genom sitt arbete, vilket betraktas som likvärdighet i form, där alla ens gärningar sker för givandets skull.

Det är som versen säger, "Då skall du finna din lust i Herren". Betydelsen av "Då" är att först, i början av arbetet, kände man inget välbehag. Istället var arbetet påtvingat.

Däremot efteråt, när man redan vant sig vid att arbeta för att ge, och inte granskar sig själv – om man känner en god smak i arbetet – utan tror att man arbetar för att skänka belåtenhet till sin Skapare, bör man tro att Skaparen godtar de nedres mödor, oavsett hur eller i vilken form de arbetar. I alla avseenden granskar Skaparen intentionen, och det är den som skänker Skaparen belåtenhet. Då blir man beviljad, "Då skall du finna din lust i Herren".

Även under själva arbetet för Gud kommer man känna glädje och njutning, då man verkligen arbetar för Skaparen, eftersom ansträngningen man gjort under det påtvingade arbetet kvalificerar en att på allvar arbeta för Skaparen. Du kommer att upptäcka, att även då, är njutningen man erhåller förknippad med Skaparen, alltså särskilt för Skaparens skull.

6. Vad är stöd i Tora i arbetet

Jag hörde 1944

När man studerar Tora och vill att alla ens handlingar ska ske med avsikten att ge, måste man alltid försöka finna stöd i Tora. Stöd betraktas som näring, vilket är kärlek, fruktan, upprymdhet, friskhet och så vidare. Och man bör alltid hämta detta från Tora. Med andra ord, Tora bör framkalla dessa resultat.

När man emellertid studerar Tora och inte får dessa resultat, betraktas det inte som Tora. Anledningen är att med Tora menas Ljuset som "klär" sig i Tora, vilket betyder, som våra visa sade, "Jag har skapat den onda böjelsen, och Jag har skapat kryddan Tora". Detta pekar på Ljuset i den, eftersom Ljuset i den omformar en.

Vi ska också veta att Tora delas upp i två urskiljanden: 1 – Tora, 2 – *Mitzva*. Faktum är att det är omöjligt att förstå dessa två urskiljanden före det att man belönats med att vandra längs Guds väg såsom "Herren har sitt umgänge med dem som frukta Honom". Så är det, därför att när man befinner sig i ett tillstånd av förberedelse inför inträdet i Herrens Palats, är det omöjligt att förstå Sanningens Väg.

Det är dock möjligt att ge ett exempel som även en människa i det förberedande skedet kan förstå till viss del. Det är som våra visa sade (*Sutah* 21): "Rabbi Yosef sade, 'En *mitzva* bevarar och skyddar när den utövas, etc… Tora bevarar och skyddar både när den utövas och när den inte utövas'".

Saken är den, att "när den utövas" avser när människan har något mått av Ljus. Man kan använda detta Ljus man förvärvat endast då Ljuset fortfarande finns inom en, eftersom man nu befinner sig i glädje över att Ljuset skiner för en. Detta urskiljs som en *mitzva,* vilket betyder att man ännu inte har belönats med Tora, men skapar sig ett liv i *Kdusha* (Helighet) enbart från Ljuset.

Detta är inte fallet med Tora: när man når en bit på vägen i arbetet, kan man använda vägen man hittills uppnått även när man inte utövar den, det vill säga, när man inte har Ljuset. Anledningen är att det bara är skenet som avlägsnat sig från en, medan man fortfarande kan använda sig av vägen man uppnått i arbetet även när skenet ger sig av.

Likväl måste man veta att när en *mitzva* utövas, är den större än **Tora när den inte utövas**. När den utövas betyder att man tar emot Ljuset; detta kallas "utövas", när man tar emot Ljuset däri.

När man har Ljuset är därför en *mitzva* viktigare än Tora när man inte har något Ljus, det vill säga, när det inte finns någon livlighet i Tora. Å ena sidan är Tora viktig eftersom man kan använda vägen man förvärvat i Tora. Å andra sidan saknar den livskraft, vilket kallas "Ljus". Under tiden för *mitzva* får man ta emot livskraft, vilket kallas "Ljus". Och i det hänseendet är därför en *mitzva* viktigare.

När man på så vis står utan uppehälle, betraktas man som "ond". Anledningen är att man nu inte kan säga att Skaparen leder världen efter "Gott som gör gott". Detta kallas att man är "ond", därför att man fördömer sin Skapare, eftersom man inte känner att man har någon livskraft, **och inte har någonting att glädjas över så att man kan säga** att man nu visar Skaparen tacksamhet för den njutning och glädje Han skänker en.

Då kan man inte säga att man tror att Skaparen leder sin försyn mot andra med välvilja, eftersom vi förstår Vägen i Tora som en förnimmelse i organen. Om man inte känner glädjen och njutningen, vad hjälper det då att någon annan har glädje och njutning?

Om man verkligen hade trott att Försynen visar sig som välvilja mot ens vän, skulle det bringa en glädje och njutning från tron på att Skaparen leder världen genom glädje och njutning. Om det inte ger en livlighet och glädje, vad vinner man då på att säga att Skaparen vakar över ens vän med välvillig vägledning?

Det viktigaste är vad man känner i sin kropp – om man mår bra eller dåligt. Man finner bara nöje i sin väns njutning om man finner nöje i sin väns förtjänst. Med andra ord lär vi oss att med kroppens förnimmelser, är orsakerna inte viktiga. Det är bara viktigt om man mår bra.

I det tillståndet säger människan att Skaparen är "God som gör gott". Om man mår dåligt kan man inte säga att Skaparen beter sig på ett välvilligt sätt mot en. Och därför, just när man finner nöje i sin väns lycka, och får ett gott humör av det, och känner glädje för att ens vän mår bra, då kan man säga att Skaparen är en god ledare.

Om man inte har någon glädje mår man dåligt. Så hur kan man då säga att Skaparen är välvillig? Därför är ett tillstånd i vilket man inte har någon livlighet och glädje redan ett tillstånd där man inte har någon kärlek till Skaparen och inte har förmågan att rättfärdiga sin Skapare och vara lycklig, vilket är lämpligt för någon som tillåts tjäna en hög och viktig kung.

Vi måste veta att det högre Ljuset befinner sig i ett tillstånd av fullständig vila. Och varje förkunnande av de heliga namnen sker via de lägre. Med andra ord kommer alla namn på det högre Ljuset från vad de lägre uppnår. Detta betyder att det högre Ljuset namnges i enlighet med vad de uppnår. Ett annat sätt att säga det är att man namnger det högre Ljuset i enlighet med hur man uppnår det, alltså enligt ens förnimmelser.

Om man inte känner att Skaparen ger någonting, vilket namn kan man då ge Skaparen om man inte tar emot något från Honom? Men när man istället tror på Skaparen, säger man i vart enda tillstånd man känner att det kommer från Skaparen. I det tillståndet namnger man Skaparen i enlighet med det man känner.

Om man känner sig lycklig i det tillstånd man befinner sig, säger man att Skaparen kallas "välvillig", eftersom det är så man känner, att man tar emot det goda från Honom. I det tillståndet kallas man *tzadik* (rättfärdig), eftersom man *matzdik* (rättfärdigar) sin Skapare (vilket är Skaparen).

Om man mår dåligt i det tillstånd man befinner sig, kan man inte säga att Skaparen skickar det goda till en. I det tillståndet kallas man därför *rasha* (ond), eftersom man *marshia* (fördömer) sin Skapare.

Det finns dock inget sådant som mittemellan, när man säger att man mår både dåligt och bra i sitt tillstånd. Istället är man antigen lycklig eller olycklig.

Våra visa skrev (*Brachot* 61): "Världen skapades, etc. antingen för den fullständigt onde eller för den fullständigt rättfärdige." Orsaken är att det inte finns någon sådan verklighet där man mår bra och dåligt på en och samma gång.

När våra visa säger att det finns ett mittemellan, är det angående skapelserna, som har urskiljandet av tiden, som man kan säga så, mellan två tider, den ena efter den andra, så som vi lär oss att det finns uppstiganden och nedstiganden. Dessa är två tider: en gång är man ond och en annan gång är man rättfärdig. Men att man under ett enda ögonblick skulle kunna må bra och dåligt samtidigt, något sådant existerar inte.

Av detta följer att när de sade att Tora är viktigare än en *mitzva,* är det just precis under en sådan **tid när den inte utövas**, vilket betyder att man inte har någon livskraft. Då är Tora viktigare än en *mitzva,* då den saknar livskraft.

Orsaken till detta är att man inte kan ta emot någonting från en *mitzva,* vilken saknar livskraft. Men med Tora har man fortfarande den väg man uppnått i arbetet från det man tog emot när man utövade Tora. Trots att livskraften har givit sig av, stannar den vandrade sträckan kvar i en, och man kan använda sig av den. Det finns en tid när en *mitzva* är viktigare än Tora, vilket betyder att det finns livskraft i denna *mitzva,* och ingen livskraft i Tora.

När den således inte utövas, det vill säga att man inte har någon livskraft och glädje i arbetet, har man ingen annan utväg än **bön**. **Under bönen måste man dock veta att man är ond** för att man inte känner njutningen och glädjen i världen, även om man gör beräkningar att man kan tro att Skaparen ger enbart gott.

Trots det är inte alla tankar människan har sanna enligt arbetets väg. I arbetet är det så, att om tankarna leder till handling, vilket betyder en förnimmelse i organen, så att organen känner att Skaparen är välvillig, bör organen få livskraft och glädje från det. Om man inte har någon livskraft, vilken nytta har man då av alla beräkningar om organen inte älskar Skaparen för att Han skänker dem rikedomar?

Alltså bör man veta, att om man inte har någon livskraft och glädje i arbetet, är det ett tecken på att man är ond, eftersom man är olycklig. Alla beräkningar är falska om de inte frambringar en handling, vilket betyder en förnimmelse i organen att man älskar Skaparen för att Han skänker glädje och njutning till skapelserna.

7. Vad är vanan blir till en andra natur i arbetet

Jag hörde 1943

Genom att vänja sig vid någonting, blir det till en andra natur för en. Därför finns det ingenting vars verklighet man inte kan känna. Detta betyder att även om man inte förnimmer saken, börjar man ändå känna den genom att vänja sig vid den.

Vi måste veta att det finns en skillnad mellan Skaparen och skapelserna vad gäller förnimmelser. För skapelserna finns en kännare och det som känns, den uppnående och det som uppnås. Det betyder att vi har en kännare som står i förbindelse med något slags verklighet.

Dock är en verklighet utan en kännare endast Skaparen Själv. I Honom "finns ingen tanke eller varseblivning överhuvudtaget". Så är inte fallet med en människa; hela hennes existens kommer endast av förnimmelsen av verkligheten. Till och med verklighetens riktighet bedöms endast med hänsyn till den som förnimmer verkligheten.

Med andra ord, vad kännaren känner smaker av är vad han betraktar som sanning. Om han känner en bitter smak i verkligheten, och lider på grund av det tillståndet, betraktas den personen som ogudaktig i arbetet. Anledningen är att han fördömer Skaparen, eftersom Han kallas "välvillig", därför att Han enbart skänker godhet till världen. Men med hänsyn till personens förnimmelser, känner personen likväl att han har fått motsatsen från Skaparen, det vill säga att situationen han befinner sig i är dålig.

Vi bör därför förstå vad våra visa skrev (*Brachot* 61), "Världen hade inte skapats om det inte vore för den fullständigt onde, eller för den fullständigt rättfärdige". Innebörden av detta är följande: Antigen känner man en god smak i världen och då rättfärdigar man Skaparen och säger att Gud skänker enbart godhet till världen, eller så känner man en bitter smak i världen och då är man ogudaktig. Anledningen är att man fördömer Skaparen.

Det visar sig att allt mäts enligt ens förnimmelser. Alla dessa förnimmelser har emellertid inget samband med Skaparen, som det sägs i *En föreningens dikt*, "Såsom hon, kommer också du ständigt förbli, knapphet och överflöd skall du icke hava". Därför finns alla världar och förändringar endast med hänsyn till mottagarna, såsom de uppnår dem.

8. Vad är skillnaden mellan en skugga från Kdusha och en skugga från sitra achra

Jag hörde under *tamuz*, juli 1944

Det står skrivet (Höga visan 2:17), "Till dess morgonvinden blåser och skuggorna fly". Vi måste förstå vad skuggor är, och vad två skuggor i arbetet är. Saken är den, att när man inte känner Hans

24

försyn, att Han leder världen efter "God som gör gott", betraktas det vara likt en skugga som gömmer solen. Med andra ord, likt den kroppsliga skuggan som gömmer solen inte på något sätt förändrar solen, då solen fortfarande skiner med sin fulla kraft, framkallar den som inte känner Hans försyns existens inte några förändringar Ovan. Det sker inga förändringar Ovan, som det står skrivet, "Ty jag, Herren, har icke förändrats". Istället sker alla förändringar i mottagarna. Vi måste iaktta två urskiljanden i denna skugga, alltså i denna fördöljande:

1) När man fortfarande är i stånd att övervinna mörkret och fördöljandet man känner, rättfärdiga Skaparen, och be till Skaparen, att Skaparen ska öppna ens ögon och låta en se att alla fördöljanden man känner kommer från Skaparen. Det betyder att Skaparen gör allt detta mot människan för att hon ska finna sin bön och längta efter fasthållande vid Honom. Orsaken är att endast genom lidande, som man får från Honom, när man önskar bryta sig fri från bekymren och fly från plågorna, gör man allt man kan, då ser man säkerligen till att ordna det rätta botemedlet, att Skaparen ska hjälpa en och befria en från tillståndet man befinner sig i. I det tillståndet tror man fortfarande på Hans försyn.

2) När man når ett tillstånd där man inte längre kan segra och säga att all smärta och allt lidande man känner kommer därför att Skaparen skickar det till en så att man ska ha ett skäl för att stiga i grad, och då når man ett tillstånd av kätteri. Detta sker därför att man inte kan tro på Hans försyn, och då kan man givetvis inte be.

Följaktligen finns där två slags skuggor, och detta är innebörden av "och skuggorna fly", alltså att **skuggorna kommer att fly från världen**.

Skuggan av *klipa* (skal) kallas "En annan gud är steril och bär ingen frukt". I *Kdusha* (Helighet), däremot, kallas det "Ljuvligt är mig att sitta i dess skugga och söt är dess frukt för min mun". Med andra ord säger man att alla fördöljanden och bedrövelser man känner kommer för att Skaparen skickade dessa situationer, så att man skulle ha någonstans att arbeta över förnuftet.

När man har förmågan att säga det, alltså att det är Skaparen som orsakar en allt detta, är det till ens fördel. Det betyder att genom det kan man komma att arbeta med avsikten att skänka, och inte för sin egen skull. Då inser man, alltså man tror att Skaparen finner glädje i just det här arbetet, vilket grundas helt och hållet på över förståndet.

Följaktligen ber man inte till Skaparen att skuggorna ska fly från världen. Istället säger man "Jag ser att Skaparen vill att jag ska tjäna Honom på detta sätt, helt och hållet över förståndet". Därför säger man i allt man gör, "Självklart finner Skaparen glädje i det här arbetet, så varför ska jag bry mig om jag arbetar i ett tillstånd av fördöljande av ansiktet?"

Eftersom man vill arbeta med avsikten att skänka, vilket betyder att Skaparen njuter, känner man ingen förödmjukelse från det här arbetet, alltså en känsla av fördöljande av ansiktet, att skaparen inte njuter av det här arbetet. Istället samtycker man till Skaparens ledning, vilket betyder att hur än Skaparen vill att man ska känna Skaparens existens under arbetet, samtycker man helhjärtat med det. Anledningen är att man inte tänker på vad som kan behaga en själv, utan tänker på vad som kan behaga Skaparen. På så vis får man liv av denna skugga.

Detta kallas "Ljuvligt är mig att sitta i dess skugga", vilket betyder att man längtar efter sådana tillstånd där man har något att övervinna över förståndet. Därför, om man inte anstränger sig i ett tillstånd av fördöljande, när det fortfarande finns möjlighet att be till Skaparen att Han ska föra en närmare, och man slarvar med det, då skickas man en andra fördöljande, i vilken man inte ens kan be. Det händer på grund av synden att man inte anstränger sig med alla sina krafter för att be till Skaparen. Av den anledningen kommer man till ett tillstånd av sådan låghet.

Men efter att man kommit till det tillståndet, visas man barmhärtighet från Ovan och åter igen blir man given ett uppvaknande från Ovan. Samma ordningsföljd börjar på nytt tills man slutligen förstärker sin bön, och Skaparen hör ens bön, och för en närmare, och för en tillbaka till källan.

9. Vad är tre ting som vidgar medvetandet i arbetet

Jag hörde under *elul*, augusti, 1942

Den heliga *Zohar* tolkar vad våra visa skrivit: "Tre ting som vidgar medvetandet. Dessa är, en vacker kvinna, en vacker boning, och vackra *kelim* (kärl)." Den säger, "En vacker kvinna, detta är den heliga *Shechina* (Gudomligheten). En vacker boning, detta är människans hjärta; och vackra *kelim*, dessa är människans organ".

Vi måste förklara att den heliga *Shechina* inte kan visa sig i sin sanna form, vilket är ett tillstånd av behag och skönhet, om man inte har vackra *kelim*, vilka är organen, som tas fram ur hjärtat. Det betyder att man först måste rena sitt hjärta så att det kan bli en vacker boning genom att annullera viljan att ta emot för sin egen skull och vänja sig vid arbetet i vilket alla ens handlingar sker endast med avsikten att ge.

Ur detta spirar vackra *kelim*, vilket betyder att ens begär, som kallas *kelim*, kommer att vara obefläckade av mottagandet för sin egen skull. De kommer istället vara rena, och urskiljas som givande.

Om boningen emellertid inte är vacker, säger Skaparen, "Han och Jag kan inte vistas i samma boning". Anledningen är att det måste finnas ekvivalens i form mellan Ljuset och *kli* (kärlet). Därför, när människan åtar sig tro i renhet, i både hjärta och medvetande, tilldelas hon en vacker kvinna, vilket betyder att den heliga *Shechina* visar sig för henne i form av behag och skönhet, och detta vidgar människans medvetande.

Med andra ord, genom njutningen och glädjen man känner, visar sig den heliga *Shechina* i organen, och fyller de yttre och inre *kelim*. Detta kallas att "vidga medvetandet".

Man skaffar detta genom avund, vällust och ära vilka tar en ut ur världen. **Avund** betyder att avundas den heliga *Shechina*, vilket betraktas som nitälskan såsom i "Herren Sebaots nitälskan". **Ära** betyder att man vill öka himlens prakt, och **vällust** är såsom i "De ödmjukas trängtan hör du, Herre".

10. Vad är "skynda på min älskade" i arbetet?

Jag hörde under *tamuz*, juli 1944

Håll i minnet, att när man börjar vandra på vägen som leder mot att vilja komma att göra allting för Skaparens skull, stöter man på tillstånd av nedstigande och uppstigande. Emellanåt drabbas man av en så stor nedgång att man får tankar på att fly undan Tora och *mitzvot*, vilket innebär att tankar kommer till människan att hon inte längre har någon lust att vara i *Kdushas* (Helighetens) domän.

I detta tillstånd bör man tro att fallet är det motsatta, att det är *Kdusha* som flyr ifrån en. Anledningen är att när man vill fläcka *Kdusha*, så rör sig *Kdusha* framåt och flyr undan en först. Om man tror på detta och övervinner flykten, då förvandlas *brach* (flykt) till *barech* (välsignelse), som det står skrivet, "Välsigna, Herre, hans kraft och låt hans händers verk behaga dig".

11. Glädje med en rysning

Jag hörde 1948

Glädje betraktas som kärlek, vilket är existens. Det liknar den som bygger sig ett hus utan att göra några hål i väggarna. Han upptäcker att han inte kan ta sig in i huset, eftersom det saknas håligheter i husets väggar, genom vilka man kan gå in i huset. Därför måste man göra hål genom vilka man kan komma in i huset.

Alltså, där det finns kärlek, bör det också finnas fruktan, eftersom fruktan är hålet. Med andra ord måste man väcka fruktan över att man inte kommer att ha förmågan att sikta mot att ge.

Av detta följer att när båda finns, finns fullkomlighet. Annars vill de båda upphäva varandra, och av den anledningen bör man försöka hålla de båda på samma ställe.

Detta är vad som menas med behovet av kärlek och fruktan. Kärlek kallas existens, medan fruktan kallas brist och hålighet. Endast med de båda tillsammans finns det fullkomlighet. Och detta kallas "två ben", och det är först när man har två ben som man kan gå.

12. Arbetets huvudsakliga beståndsdel

Jag hörde under en måltid på den andra kvällen av *rosh hashana*, 5 oktober, 1948

Arbetets huvudsakliga beståndsdel bör ligga i hur man ska komma att känna smak i att skänka belåtenhet till sin Skapare, eftersom allt människan gör för sin egen skull distanserar henne från Skaparen, på grund av olikheten i form. Om man emellertid uträttar en handling för att gagna Skaparen, även den minsta av handlingar, betraktas det ändå som en *mitzva* (budord/föreskrift).

Därför bör ens huvudsakliga ansträngning vara att skaffa sig en kraft som kan känna smak i givande, vilket sker genom att minska kraften som känner smak i mottagande för sin egen skull. I det tillståndet skaffar man sig långsamt smaken för givande.

13. Ett granatäpple

Jag hörde under en måltid den andra kvällen av *rosh hashana*, 5 oktober,
1948

Ett granatäpple, sade han, antyder vad våra visa sade, "Också de
fåfänga bland er är fyllda med *mitzvot* likt ett granatäpple" (*Iruvin*
19). Han sade, *rimon* (granatäpple) kommer från ordet *romemut*
(upphöjdhet), vilket är över förståndet. Och innebörden blir "Också
de fåfänga bland er är fyllda med *mitzvot*". Fyllnadens mått är så
mycket som man kan gå över förståndet, och detta kallas *romemut*.

Tomhet finns bara på en plats där det inte finns någon existens,
som det står skrivet, "hänger upp jorden på intet". Du upptäcker
frågan, **vad är måttet av fyllnad** på den tomma platsen? Svaret är,
alltefter ens upphöjande av sig själv över förståndet.

Detta betyder att tomheten bör fyllas med **upphöjdhet**, vilket
betyder över förståndet, och att man ber Skaparen om den styrkan.
Det kommer att innebära att all den tomheten skapades, alltså att
den kommer till människan **för att hon ska känna så, att hon är
tom**, enbart för att fylla den med Skaparens *romemut*. Med andra
ord, man ska ta allting över förståndet.

Och detta är innebörden av, "Och Gud har så gjort, för att man
skall frukta Honom". Det betyder att dessa tankar på tomhet
kommer till människan för att hon ska behöva åta sig tro över
förståndet. Och för det behöver vi Guds hjälp. Som följd måste hon
vid den tidpunkten be att Skaparen ger henne kraften att tro över
förståndet.

Det visar sig att det är precis då som människan kommer i behov av
att Skaparen hjälper henne, eftersom det ytliga medvetandet låter
henne förstå att fallet är det motsatta. Och därför har hon inget
annat råd än att be att Skaparen ska hjälpa henne.

Om detta sägs det, "Människans begär betvingar henne var dag; och
vore det inte för Skaparen, skulle man inte segra". Således är det

först då som tillståndet är sådant att man förstår att det inte finns någon annan än Skaparen som kan hjälpa en. Och detta är "Och Gud har så gjort, för att man skall frukta Honom". Vad beträffar fruktan, urskiljs det som tro, och först då är man i behov av Guds frälsning.

14. Vad är Skaparens storhet?

Jag hörde 1948

Skaparens *romemut* (storhet/sublimitet) innebär att man bör be Skaparen om förmågan att gå över förståndet. Det finns två tolkningar av Skaparens storhet:

1 Att inte fyllas med kunskap, det vill säga intellekt, med vilken man kan besvara sina egna frågor. Istället vill man att Skaparen skall besvara ens frågor. Det kallas *romemut* eftersom all visdom kommer från Ovan och inte från människan, som besvarar sina egna frågor.

2 Allt man själv kan svara betraktas som att svara med det ytliga förståndet. Detta betyder att viljan att ta emot anser det vara värt mödan att åta sig Tora och *mitzvot*. Men om människan istället drivs till arbete över förståndet, kallas detta "emot åsikten hos viljan att ta emot".

3 Skaparens storhet innebär att man kommer i behov av att Skaparen skall uppfylla ens önskemål.

4 Därför:

   a Man bör gå över förståndet. Sålunda blir det uppenbart att man är tom, och följaktligen känner man ett behov efter Skaparen.

   b Endast Skaparen kan ge människan förmågan att gå över förståndet. Med andra ord, det Skaparen ger kallas "Skaparens *romemut*".

15. Vad är andra gudar i arbetet?

Jag hörde den tjugofjärde *av*, 3 augusti, 1945

Det står skrivet, "Du skall inga andra gudar hava jämte mig". Den heliga boken Zohar tolkar att det bör finnas stenar att väga med. Den frågar om detta, hur vägs arbetet i stenar, med vilka man kan urskilja sin ställning i Guds vägar? Den svarar att det är känt att när man börjar arbeta mer än man är van vid, börjar kroppen sparka och stöta bort arbetet med all sin makt.

Orsaken är att, när det gäller givande, är det en belastning och börda för kroppen. Den tolererar inte sådant arbete, och kroppens motstånd visar sig i form av främmande tankar. Den kommer och ställer frågor angående "vem" och "vad", och till följd av dessa frågor säger man att alla dessa frågor säkerligen kommer till en från *sitra achra* (den andra sidan), för att hindra en i arbetet.

Det sägs att, om man i det tillståndet säger att frågorna kommer från *sitra achra*, överträder man därmed det som står skrivet **"Du skall inga andra gudar hava jämte mig"**. Anledningen är att man bör tro att det kommer till en från den heliga *Shechina*, eftersom **"Det finns ingen annan än Han"**. Det är snarare så, att den heliga *Shechina* visar en sitt sanna tillstånd, hur väl man vandrar på Guds vägar.

Här menas att genom att skicka en dessa frågor, som kallas "främmande tankar", det vill säga, genom dessa främmande tankar blir människan varse hur hon svarar på frågorna som kallas "främmande tankar". Och i detta, bör man känna till sitt sanna tillstånd i arbetet, så man vet hur man ska handskas med situationen.

Det är som liknelsen: En vän ville ta reda på hur mycket hans vän älskade honom. Ansikte mot ansikte skulle hans vän givetvis dölja sina känslor på grund av skammen. Därför skickar man en person som kan tala illa om en. Då ser man vännens reaktion när man inte är närvarande, och kan på så vis få kännedom om det sanna måttet i vännens kärlek.

Lärdomen är, att när den heliga *Shechina* visar sitt ansikte för människan, det vill säga när Skaparen ger en livlighet och glädje, i det tillståndet skäms man för att säga vad man anser om arbetet för givandets skull, och att inte ta emot någonting för sin egen skull. Däremot, när den heliga *Shechina* inte visar sitt ansikte, när livligheten och glädjen har svalnat, vilket betraktas som att inte gå det till mötes, då kan man se sitt sanna tillstånd vad beträffar arbete för givandets skull.

Om man tror det som står skrivet, att det inte finns någon annan än Han, och att det är Skaparen som skickar alla främmande tankar, det vill säga att Han är härskaren, då vet man förvisso vad man ska göra, och hur man ska svara på alla frågor. Det verkar som att hon skickar sändebud för att se hur man baktalar henne och Hans Himmelrike, och på så vis kan vi tolka det vi nämnt ovan.

Man kan förstå det som så, att allt kommer från Skaparen, eftersom det är känt att motgångarna, de främmande tankar kroppen plågar människan med, inte kommer till människan när hon inte ger sig in i arbetet, utan dessa plågor, som kommer till människan i fullständig klarhet, till den punkt där dessa tankar bryter sig in i hennes medvetande, kommer särskilt efter att hon har åtagit sig mer arbete i Tora än vanligt. **Detta kallas stenar att väga med**.

Det betyder att dessa stenar faller i hennes medvetande när hon vill förstå dessa frågor. När hon därefter överväger syftet med sitt arbete, om det verkligen är värt mödan att arbeta för givandets skull, arbeta med hela sin själ och förmåga, för att alla hennes begär skall vara med hopp om att vad som finns att förvärva i denna värld är inget annat än att kunna arbeta med syftet att skänka belåtenhet till sin Skapare, och inte i några materiella ting.

Vid det tillfället sätts en hätsk argumentation i rullning, eftersom man ser att där finns argument åt båda hållen. Skrifterna varnar om detta, **"Du skall inga andra gudar hava jämte mig"**. Påstå inte att en annan gud gav dig stenarna med vilka du väger ditt arbete, ingen **"jämte mig"**.

Man bör istället veta att detta anses som **"jämte mig"**. Meningen är att man ska få tillfället att se grunden och fundamentets sanna form, på vilket arbetets struktur ska komma att byggas.

Trögheten man känner i arbetet är huvudsakligen för att det finns två ordalydelser som förnekar varandra. Å ena sidan, bör allt arbete ske med syftet att uppnå *dvekut* (fasthållande) vid Skaparen, att alla ens begär skall syfta mot att skänka belåtenhet till Skaparen, och inte alls för ens egen skull.

Å andra sidan ser vi att detta inte är det huvudsakliga målet, då syftet med Skapelsen inte var att de skapade skulle ge till Skaparen, eftersom Han inte saknar något som de skapade kan ge Honom. Fallet är det motsatta, att avsikten med Skapelsen har sin grund i Hans önskan att gynna Sina skapelser, vilket betyder att de skapade ska ta emot glädje och njutning från Honom.

Dessa två ting står i fullständig motsats till varandra. Å ena sidan ska man ge, och å andra sidan ska man ta emot. Med andra ord finns där insikten om skapelsens korrigering, vilket är att uppnå *dvekut*, vilket betraktas som likvärdighet i form, det vill säga att alla ens handlingar ska vara endast för att ge.

Följaktligen, när man väl har vant sig vid att vandra vägen för givandets skull, har man hur som helst inga kärl ämnade för att ta emot. Liksom när man vandrar mottagandets väg har man inga kärl ämnade för att ge.

Med hjälp av **"stenar att väga med"** skaffar man sig på så sätt båda två. Ty efter förhandlingarna man genomled under arbetet, då man övervann och åtog sig Himmelrikets börda i form av givande i tanke och hjärta, och därmed redan lagt en ordentlig grund till fördel för syftet att ge, gör detta att när man är i färd med att erhålla den upphöjda rikedomen, när man väl mottar ett visst mått av Ljus, tar man alltså redan emot med avsikten att ge. Detta sker eftersom

ens arbete är grundat endast på givande. Det här betraktas som att
"ta emot med avsikten att ge".

16. Vad är Herrens dag och Herrens natt i arbetet

Jag hörde 1941, Jerusalem

Om versen, "Ve eder som åstunden Herrens dag! Vad viljen I med
Herrens dag? Den är mörker och icke ljus" (Amos 5:18), sade våra
visa följande: "Det finns en liknelse om en tupp och en fladdermus
som inväntade ljuset. Tuppen sade till fladdermusen: 'Jag väntar på
ljuset för att ljuset är mitt; men du, vilken nytta har du av ljuset?'"
(*Sanhedrin* 98, 2). Tolkningen lyder, eftersom fladdermusen saknar
ögon att se med, vad vinner den då av solljuset? Snarare är det så,
att för den som saknar ögon, gör solljuset att mörkret förstärks.

Vi måste förstå den liknelsen, alltså hur ögonen står i samband med
att se i Guds Ljus, vilket texten kallar "Herrens dag". De gjorde en
liknelse med en fladdermus, hur den som saknar ögon förblir i
mörkret.

Vi måste också förstå vad Herrens dag är och vad Herrens natt är,
och vad skillnaden mellan dem är. Vi urskiljer människornas dag
genom soluppgången, men när det gäller Herrens dag, vad kan vi
urskilja den med?

Svaret är, såsom solen uppenbarar sig. Med andra ord, när solen
skiner på marken, då kallar vi det "dag". Och när solen inte skiner,
då kallas det "mörker". Och så är det också med Skaparen. En dag
kallas "uppenbarelse" och mörker kallas "fördöljande av ansiktet".

Det betyder att när det sker en uppenbarelse av ansiktet, när det är
lika klart som en dag för människan, kallas det "en dag". Det är som
våra visa sade om versen, "Vid dagningen stiger mördaren upp för
att dräpa den betryckte och fattige; och om natten gör han sig till
tjuvars like". Eftersom han sade, "och om natten gör han sig till

tjuvars like" följer att ljus är dag. Där säger han, att om saken är lika klar för dig som ljus som kommer över själarna, är han en mördare, och det är möjligt att rädda honom i hans själ. Sålunda ser vi att angående dagen, säger *Gmarra* att saken är lika klar som en dag.

Härav följer att Herrens dag kommer att innebära att Försynen – hur Skaparen leder världen – kommer att tydligt vara i form av välvilja. Till exempel, när man ber, besvaras bönerna omedelbart och man får ta emot det man bad om, och man är framgångsrik i allt man företar sig. Detta kallas "Herrens dag".

Och mörker, vilket är natt, kommer att innebära fördöljande av ansiktet. Det får en att tvivla på den välvilliga ledningen, och ger en främmande tankar. Med andra ord, fördöljandet av ledningen ger en alla dessa främmande synsätt och tankar. Detta kallas "natt" och "mörker". Nämligen, att man upplever ett tillstånd där man känner att världen har omvänts till mörker för en.

Nu kan vi tolka vad som står skrivet, "Ve eder som åstunden Herrens dag! Vad viljen I med Herrens dag? Den är mörker och icke ljus". Saken är den, att de som inväntar ljuset, betyder att de väntar på att bli beviljade tro över förståndet, att tron ska vara så stark som om de såg med sina ögon, med säkerhet, är det är så, det vill säga att Skaparen leder världen med välvilja.

Med andra ord, de vill inte se hur Skaparen leder världen med välvilja, eftersom att se står i motsats till tro. Tro är alltså just precis där det går emot förståndet. Och när man gör det som går emot ens förnuft kallas det "tro över förståndet".

Detta betyder att de tror att Skaparens ledning över skapelserna sker med välvilja. Och även om de inte ser det med absolut säkerhet, säger de inte, "Vi vill se välviljan såsom vi ser i förståndet". Snarare vill de att det ska förbli i dem som tro över förståndet.

Men de ber att Skaparen ska **bevilja dem sådan styrka att denna tro ska vara så stark, som om de såg inom förståndet**. Det betyder att det inte kommer att finnas någon skillnad mellan tro och kunskap i medvetandet. Detta är vad de, alltså de som vill nå fasthållande vid Skaparen, hänvisar till som **"Herrens dag"**.

Med andra ord, om de känner det som kunskap, då kommer Guds Ljus, vilket kallas "den övre rikedomen", gå till kärlen för mottagande, vilka kallas "separerade kärl". Och det vill de inte, eftersom det skulle gå till viljan att ta emot, vilket är motsatsen till *Kdusha* (Helighet), som går emot viljan att ta emot för egennyttans skull. Istället vill de nå fasthållande vid Skaparen, och det kan endast ske genom likhet i form.

Men för att uppnå det, för att man ska ha en längtan och ett begär efter fasthållande vid Skaparen, eftersom man föds med en natur som kallas viljan att ta emot för sin egen vinnings skull, hur kan det vara möjligt att uppnå någonting som går emot naturen? Av den anledningen måste man göra stora ansträngningar tills man har förvärvat den andra naturen, vilken är viljan att ge.

När man beviljas viljan att ge, är man kvalificerad att ta emot den Högre rikedomen med den, utan att befläcka, eftersom alla svagheter kommer från viljan att ta emot för sin egen skull. Med andra ord, även när man gör någonting för att ge, finns djupt därinne en tanke om att man ska få ta emot någonting för den givande handlingen man nu utför.

Kort sagt, man är oförmögen att göra någonting om man inte kan ta emot någonting i utbyte för handlingen. Man måste njuta, och all njutning man tar emot för sin egen skull, den njutningen orsakar ovillkorligen separation från livets liv, på grund av separationen.

Detta hindrar en från fasthållande vid Skaparen, eftersom detta med *dvekut* (fasthållande) mäts med ekvivalens i form. Det är därför omöjligt att ha rent givande utan en uppblandning av mottagande från ens egna krafter. För att man ska ha givande krafter måste man därför ha en andra natur, så att man har styrkan att uppnå ekvivalens i form.

Med andra ord är Skaparen givaren och tar inte emot någonting, eftersom han inte saknar någonting. Det betyder att det Han ger inte heller kommer från ett behov, det vill säga att om Han inte hade någon att ge till skulle Han inte känna det som ett behov.

Istället måste vi uppfatta det som **en lek**. Att när Han vill ge, är det inte någonting Han behöver; utan allt är likt **en lek**. Det är som våra visa sade angående härskarinnan: Hon frågade, "Vad gör Skaparen efter att Han har skapat världen?" Svaret var, "Han sitter och leker med en val", som det står skrivet, "Där gå skeppen sin väg fram, Leviatan (sjöodjuret), som du har skapat att leka däri" (*Avodat Tzara (Idoldyrkan)*, kap. 3).

Detta med Leviatan pekar på *Dvekut* och förbindelse (som det står skrivet, "alltefter som utrymme fanns på var och en, så ock blomsterslingor runt omkring"). Det betyder att syftet, vilket är förbindelsen mellan Skaparen och skapelserna, är endast som en lek; det är inte en fråga om begär och behov.

Skillnaden mellan en lek och ett begär är att allting som kommer i ett begär är en nödvändighet. Om man inte uppfyller sin önskan, känner man en avsaknad. I en lek, däremot, även om man inte uppnår saken, betraktas det inte som en avsaknad, som de säger, "Det är inte så dåligt att jag inte uppnådde vad jag tänkte, eftersom det inte är så viktigt". Det beror på att begäret man hade efter det endast var ett lekfullt sådant, och inte på allvar.

Av detta följer att hela syftet är att ens arbete ska vara endast med avsikten att ge, och att man inte har ett behov och begär att få njutning för sitt arbete.

Detta är en hög grad, eftersom det förverkligas i Skaparen. Och detta kallas "Herrens dag".

Herrens dag kallas "fullkomlighet", som det står skrivet, "Må dess grynings stjärnor förmörkas, efter ljus må den bida, utan att det kommer". Ljus betraktas som fullkomlighet.

När man skaffar den andra naturen, viljan att ge, som Skaparen ger en efter den första naturen, vilken är viljan att ta emot, och nu får man ta emot viljan att ge, då är man berättigad att tjäna Skaparen fullständigt, och detta betraktas som "Herrens dag".

Den som inte har förvärvat den andra naturen och kan tjäna Skaparen i form av givande, och väntar på att bli belönad det, alltså givande, vilket betyder att man redan har ansträngt sig och gjort vad man kunnat för att skaffa den kraften, och man betraktas därför som en som inväntar Herrens dag, det vill säga att nå ekvivalens i form med Skaparen.

När Herrens dag kommer känner man upprymdhet. Man är lycklig över att man har tagit sig ur kraften hos viljan att ta emot för sin egen skull, vilket skiljde en från Skaparen. Nu håller man fast vid Skaparen, och betraktar det som att man stigit till den högsta toppen.

Detta står dock i motsats till den, vars arbete endast sker i egenkärlek. Då är man lycklig så länge man tror att man kommer få en belöning för sitt arbete. När man ser att viljan att ta emot inte kommer få någon belöning för ens arbete, blir man sorgsen och lat. Ibland börjar man grubbla över arbetets början, och säger "Jag svor aldrig på detta".

Herrens dag innebär alltså att man uppnår den givande kraften. Om man skulle få det förklarat för sig att detta är den enda belöningen man får av att åta sig Tora och *mitzvot*, skulle man säga, "Jag ser det som mörker, inte ljus", eftersom den vetskapen för en in i mörker.

17. Vad betyder det att sitra achra kallas "malchut utan krona"

Jag hörde 1941, Jerusalem

Krona betyder *Keter*, och *Keter* är den Utstrålande och Roten. *Kdusha* (Heligheten) är kopplad till roten, vilket betyder att *Kdusha* betraktas vara i ekvivalens i form med sin rot. Det betyder att liksom vår rot, nämligen Skaparen, som endast vill ge, som det står skrivet "Hans önskan att gynna skapelserna", är även *Kdusha* att endast ge till Skaparen.

Men sådan är inte *sitra achra*. Hon avser endast att ta emot för sin egen skull. Av den anledningen står hon inte i fasthållande med roten, vilken är *Keter*. Därför säger man att *sitra achra* inte har någon *Keter* (krona). Med andra ord har hon ingen *Keter* därför att hon är separerad från *Keter*.

Nu kan vi förstå vad våra visa sade (*Sanhedrin* 29), "Alla som adderar, subtraherar". Detta betyder att om du adderar till räkningen, drar den bort. Det står skrivet (*Zohar, Pekudei,* punkt 249), "Detsamma gäller här, angående det som finns inom, skriver den, 'Tabernaklet skall du göra av tio tygvåder'. Angående det som finns utanför skriver den, 'elva tygvåder' och lägger till bokstäver, det vill säga den lägger till *ayin* (den tillagda hebreiska bokstaven) till tolv, och subtraherar från räkningen. Den subtraherar ett från siffran tolv på grund av tillägget av *ayin* till tolv.

Det är känt att den beräkningen endast utförs i *malchut*, som kalkylerar gradens höjd (genom det *Ohr chozer* som finns i henne). Dessutom är det känt att *malchut* kallas "viljan att ta emot för sin egen skull".

När hon annullerar sin vilja att ta emot inför roten, och inte vill ta emot, utan bara vill ge till roten, liksom roten, som är en vilja att ge, då blir *malchut*, som kallas **ani** (jag), till **ein** (intet). Endast då sträcker hon ut Ljuset av *Keter* för att upprätta sin *partzuf* och förvandlas till **tolv** *partzufim* av *Kdusha*.

Men när hon vill ta emot för sin egen skull, blir hon det **onda** *ayin* (ögat). Med andra ord, där det fanns en kombination med *ein*, vilket betyder annullering inför roten, alltså *Keter*, har det nu förvandlats till *ayin* (vilket betyder att se och veta med förnuftet).

Detta kallas att addera. Det betyder att man vill lägga till vetskap till tron, och arbeta inom förnuftet. Med andra ord säger hon att det är mer lönsamt att arbeta inom förnuftet, och då kommer inte viljan att ta emot att protestera mot arbetet.

Detta orsakar ett underskott, alltså att de separerades från *Keter*, som kallas "viljan att ge", vilken är roten. Det finns inte längre något sådant som ekvivalens i form med roten, som kallas *Keter*. Av den anledningen kallas *sitra achra* "malchut utan krona". Det betyder att *malchut* av *sitra achra* inte har *dvekut* (fasthållande) vid *Keter*. Av den anledningen har de bara elva *partzufim*, och saknar *partzuf Keter*.

Detta är innebörden av vad våra visa skrev "Nittionio dör av **onda ögat**", eftersom de inte har något urskiljande av *Keter*. Det betyder att *malchut* i dem, som är viljan att ta emot, inte vill annullera sig inför roten, som kallas *Keter*. Detta betyder att de inte vill göra om *ani* (jag), som kallas "viljan att ta emot", till ett urskiljande av ett *ein* (intet), vilket är annullerandet av viljan att ta emot.

Istället vill de addera. Och detta kallas "**det onda** *ayin*" (ögat). Det vill säga, där det borde finnas ett *ein* med *alef* (den första bokstaven i ordet *ein*), sätter de istället in det onda *ayin* (öga, den första bokstaven i ordet). Således faller de från sin grad, på grund av brist på *dvekut* med roten.

Detta är innebörden av vad våra visa sade, "Till den högmodige säger Skaparen, 'han och Jag kan inte vistas i samma boning'" eftersom han skapar två auktoriteter. När man emellertid befinner sig i ett tillstånd av *ein,* och man annullerar sig själv inför roten, vilket betyder att ens enda avsikt är enbart att ge, liksom roten, finner man endast en auktoritet där – Skaparens auktoritet. Då är allt man tar emot i världen endast till för att ge till Skaparen.

Detta är innebörden av det han sade, "Hela världen är skapad för mig, och Jag, för att tjäna min Skapare". Av den anledningen måste jag ta emot alla grader i världen så att jag kan ge allt till Skaparen, vilket kallas "att tjäna min Skapare".

18. Vad är "min själ i lönndom sörja" i arbetet

Jag hörde 1940, Jerusalem

När man blir överväldigad av förtäckthet och når ett tillstånd där arbetet blir smaklöst, där man inte kan föreställa sig eller känna någon kärlek och fruktan, och där man inte kan uträtta något i Helighet, är den enda utvägen att gråta och vädja till Skaparen att förbarma sig över en och avlägsna slöjorna från ens ögon och hjärta.

Vad beträffar att gråta är det ett mycket viktigt ämne. Det är som våra visa skriver, "alla portar var låsta utom tårarnas port". Världen frågar om detta: Om tårarnas port inte var låst, vad är då överhuvudtaget nyttan med de många portarna? Han sa att det är likt en person som ber sin vän om ett visst nödvändigt föremål. Detta föremål gör ett djupt intryck på honom, och han bönar och ber och kommer med alla möjliga förevändningar och vädjanden. Likväl vill hans vän inte lyssna på honom. Och när han ser att det inte längre finns anledning att böna och be, höjer han sin röst i gråt.

Om det säger man: "alla portar var låsta utom tårarnas port". När var då tårarnas port öppen? Just då alla portar var låsta. Endast då är tårarnas port tillgänglig, och då ser man att den inte är låst.

Men när bönens port står öppen är gråtens och tårarnas port irrelevant. Detta är vad som menas med att tårarnas port är låst. När var då tårarnas port öppen? Just då alla portar var låsta, då står tårarnas port öppen. Orsaken är att man fortfarande har möjligheten till bön och vädjan.

Detta är innebörden av **"min själ i lönndom sörja"**, att när man alltså når ett tillstånd av förtäckthet, då skall själen "sörja". Och detta är innebörden av "Allt vad du förmår uträtta med din kraft må du söka uträtta".

19. Vad är "Skaparen hatar kropparna" i arbetet

Jag hörde 1943, Jerusalem

Den heliga *Zohar* säger att Skaparen hatar kropparna. Han sade att vi bör tolka detta som en referens till viljan att ta emot, som kallas *guf* (kropp). Skaparen skapade världen till sin ära, som det står skrivet, "Envar som är uppkallad efter mitt namn och som jag har skapat till min ära, envar som jag har danat och gjort".

Därför står detta i strid med kroppens resonemang, att allting är till för den, det vill säga enbart för kroppens skull, medan Skaparen säger motsatsen, att allting bör vara för Skaparens skull. På grund av detta sade våra visa att Skaparen säger, "han och Jag kan inte vistas i samma boning".

Av detta följer att viljan att ta emot är den primära orsaken till separationen från fasthållandet vid Skaparen. Detta blir uppenbart när ondskan kommer, alltså när viljan att ta emot kommer och ställer frågan, "Varför vill du arbeta för Skaparen?" Vi tänker oss att den talar så som människor gör, att den vill förstå med sitt intellekt. Detta är dock inte sant, eftersom den inte frågar vem man arbetar för. Detta är förvisso ett rationellt argument, eftersom det väcks i människan av en orsak.

Istället är den ogudaktiges argument en fysisk fråga. Den frågar alltså, **"Vad är din avsikt med denna tjänstgöring?"** Med andra ord, vilken vinst kommer du få ut av den ansträngning du gör? Det betyder att den frågar, "Om du inte arbetar för din egen skull, vad kommer kroppen, som kallas 'viljan att ta emot', få ut av det?"

Eftersom detta är ett kroppsligt argument är det enda svaret ett kroppsligt svar "Han gjorde dess tänder slöa och trubbiga, och hade Han inte varit där, skulle han icke blivit frälst". Varför? Därför att viljan att ta emot för sin egen skull inte får någon frälsning ens under frälsningens tid. Det beror på att detta med frälsning kommer när alla förtjänster kommer in i kärlen för givande, och inte i kärlen för mottagande.

Viljan att ta emot för sin egen skull måste för alltid befinna sig i underskott och brist, eftersom fyllandet av viljan att ta emot är själva döden. Anledningen är, som vi tidigare nämnde, att skapelsen framför allt är till för Hans ära (och detta är svaret på det som står skrivet, att Hans önskan är att gynna sina skapelser, och inte sig själv).

Tolkningen av detta blir att skapelsens innersta natur är att för alla uppenbara att skapelsens syfte är att gynna Hans skapelser. Detta är precis när människan säger att hon föddes för att hedra Skaparen. Då visar sig skapelsens syfte i dessa kärl, det vill säga att gynna Hans skapelser.

Av den anledningen måste människan alltid granska sig själv och syftet med sitt arbete, det vill säga att varje handling hon utför ska skänka belåtenhet till Skaparen, eftersom hon vill ha formlikhet. Detta kallas **"Alla dina handlingar skall vara för Skaparens skull"**, vilket betyder att man vill att Skaparen ska finna glädje i allt man gör, som det står skrivet, "Att skänka belåtenhet till sin Skapare".

Dessutom måste man uppföra sig med viljan att ta emot och säga till den, "Jag har redan bestämt mig för att jag inte vill ta emot någon njutning eftersom du vill njuta. Anledningen till det är att med ditt begär tvingas jag till separation från Skaparen, eftersom olikheten i form orsakar separation och distans från Skaparen".

Man bör hoppas, eftersom man inte kan bryta sig loss från viljan att ta emots herravälde, att man, på grund av det ska befinna sig i ständiga uppstiganden och nedstiganden. Därför inväntar man Skaparen, att man ska belönas med att Skaparen öppnar ens ögon, och att man ska ha kraften att övervinna och arbeta enbart för att gagna Skaparen. Det är som det står skrivet, **"Ett har jag begärt av Herren, efter detta traktar jag"**. **Detta**, syftar på den heliga *Shechina* (Gudomligheten). Och människan ber om (Psaltaren 27:4), **"att jag må få bo i Herrens hus i alla mina livsdagar"**.

Herrens hus är den heliga *Shechina*. Och nu kan vi förstå vad våra visa sade om versen, **"Och I skolen på den första dagen taga"**, den första som räknar orättvisorna. Vi måste förstå; varför finns det glädje om det finns plats för ett räknande av orättvisor? Han sade att vi måste veta att här finns angelägenheten om **arbetets vikt**, när det finns en förbindelse mellan individen och Skaparen.

Det betyder att människan känner att hon behöver Skaparen, eftersom hon under arbetets gång ser att det inte finns någon annan i världen än Skaparen som kan rädda henne från det tillstånd hon befinner sig i. Då ser hon att **"Det finns ingen annan än Han"**, som kan rädda henne från det tillstånd hon befinner sig i, och från vilket hon inte kan fly.

Detta kallas att ha en nära kontakt med Skaparen. Om människan vet att uppskatta kontakten, det vill säga att hon då bör tro att hon har fasthållande vid Skaparen, vilket betyder att hela hennes tanke är på Skaparen, att Han ska hjälpa henne. Hon ser att hon annars går förlorad.

Men den som belönas med privat försyn, och ser att Skaparen gör allting, som det står skrivet, "Enbart Han gör, och kommer att göra alla handlingar", han har givetvis ingenting att lägga till, och hur som helst har han inget utrymme att be Skaparen om hjälp. Orsaken är att man ser att även om man inte ber, gör Skaparen fortfarande allting.

Då har man av den anledningen inget utrymme för goda gärningar, eftersom man ser att Skaparen gör allting i alla fall, utan en själv. I det tillståndet har man således inget behov av att Skaparen ska hjälpa en att göra någonting. Då har man alltså ingen kontakt med Skaparen, på så vis att man behöver Honom i den utsträckning man ser att man går förlorad om Skaparen inte hjälper en.

Av detta följer att man inte har den kontakt man hade med Skaparen under arbetet. Han sade att det liknar en person som står mellan liv och död, och ber sin vän att rädda honom från döden. Hur frågar man sin vän om detta? Naturligtvis försöker man be sin vän att visa barmhärtighet och rädda en från döden med alla krafter man har till sitt förfogande. Förvisso glömmer man inte att böna och vädja, eftersom man ser att man annars skulle förlora sitt liv.

Men den som ber sin vän om lyx, som inte är lika nödvändigt, denna begäran står inte lika mycket i fasthållande med att vännen måste ge det han frågar efter, i en sådan utsträckning att hans medvetande inte störs från frågandet. Vi ser att för sådant som inte avser livräddning, står en sådan begäran inte så mycket i fasthållande med givaren.

Så när personen känner att han bör be Skaparen att rädda honom från döden, alltså från ett tillstånd av "De ondas liv kallas död", då är kontakten mellan personen och Skaparen en nära kontakt. Därför är, för den rättfärdige, en plats för arbete att behöva Skaparens hjälp; annars är han förlorad. Detta är vad de rättfärdiga längtar efter: en plats för arbete, så att de kan ha en nära kontakt med Skaparen.

Orsaken är att man inte kan träda in i Kungens Palats utan ett ändamål.

Detta är innebörden av, **"Och I skolen på den första dagen taga"**. Den är noga med att påpeka **I, du**. Anledningen är att allt står i Guds händer förutom att frukta Gud. Med andra ord kan Skaparen ge överflöd av Ljus eftersom det är vad Han har. Men mörkret, bristens utrymme, den ligger inte i hans domän.

Eftersom det finns en regel som säger att fruktan för Gud finns bara på en knapphetens plats, och en knapphetens plats kallas "viljan att ta emot", vilket betyder att först då finns det utrymme för arbete. I vad? I att den gör motstånd.

Kroppen kommer och frågar, "Vad är din avsikt med denna tjänstgöring?" och människan har inget svar på den frågan. Då måste hon ta på sig Himmelrikets börda över förståndet, som en oxe med bördan och som en åsna med lasten, utan något tvistande. Istället, Han sade och Hans vilja blev gjord. **Detta kallas "I", "du", vilket betyder att arbetet tillhör just dig**, och inte Mig, det vill säga, det arbete som din vilja att ta emot nödvändiggör.

Men om Skaparen ger ett sken från Ovan, då ger viljan att ta emot upp, och annulleras som ett stearinljus framför en facklas låga. Då har människan hur som helst inget arbete, eftersom hon inte längre behöver ta på sig Himmelrikets börda med tvång, som en oxe med bördan och som en åsna med lasten, som det står skrivet, **"I som älsken Herren, haten det onda"**.

Det betyder att kärleken till Gud bara uppstår på en ond plats. Med andra ord, i den utsträckning människan hatar ondskan, vilket betyder att hon ser hur viljan att ta emot hindrar henne från att uppnå målets fullkomlighet, i den utsträckningen har hon ett behov av att skänkas kärleken till Gud.

Om människan emellertid inte känner att hon har någon ondska, kan hon inte tilldelas kärleken till Gud. Detta beror på att hon inte har något behov av det, eftersom hon redan är tillfredsställd i arbetet.

Som vi har sagt får hon inte bli förbittrad när hon har arbete med viljan att ta emot, att den står i vägen för hennes arbete. Hon skulle säkerligen vara mer nöjd om viljan att ta emot inte fanns i kroppen, **det vill säga, om den inte skulle komma med sina frågor till människan**, som hindrar henne i arbetet med att hålla Tora och *mitzvot*.

Likväl bör människan tro att dessa hinder som viljan att ta emot skapar i arbetet kommer från Ovan. Hon skänks kraften att avslöja viljan att ta emot från Ovan, eftersom det finns utrymme för arbete precis när viljan att ta emot väcks till liv.

Då har man en nära kontakt med Skaparen, så att Han kan hjälpa en att omvända viljan att ta emot så att den blir för givandets skull. Och man bör tro att Skaparen finner belåtenhet i detta, att man ber till Honom, att man ska föras närmare genom *dvekut* (fasthållande), vilket kallas "ekvivalens i form", och urskiljs som att viljan att ta emot annulleras så att den blir för givandets skull. Om det säger Skaparen **"Mina barn har besegrat Mig"**. Alltså, Jag gav dig viljan att ta emot, och istället ber du Mig om en vilja att ge.

Nu kan vi tyda vad som läggs fram i *Gmarra* (*Hulin* s. 7): "Rabbi Pinchas Ben Yakir skulle gå och befria fången. Han kom fram till floden Ginai (flodens namn var Ginai). Han sade till Ginai, 'Dela dina vatten, och jag skall gå igenom dig'. Den sade till honom: 'Du går för att uträtta din Skapares vilja, och jag skall uträtta min Skapares vilja. Du kanske gör det, du kanske inte gör det, medan jag gör det säkerligen'".

Han sade att innebörden är att han sade till floden, det vill säga viljan att ta emot, att låta honom passera och uträtta Guds vilja, vilket betyder att göra allting med avsikten att ge belåtenhet till sin Skapare. Floden, viljan att ta emot, svarade att eftersom Skaparen skapade den med naturen att vilja ta emot glädje och njutning vill den därför inte förändra den natur med vilken Skaparen hade skapat den.

Rabbi Pinchas Ben Yakir förde krig mot den, det vill säga att han ville omvända den till en vilja att ge. Detta kallas att föra krig mot skapelsen, vilken Skaparen skapade med den natur som kallas "viljan att ta emot", som Skaparen skapade, och det är hela skapelsen, som kallas "existens ur intet".

Vi måste veta att under arbetet, när viljan att ta emot kommer till människan med sina argument, kommer inga motargument och förnuftigheter hjälpa mot den. Trots att man tycker att det är riktiga argument kommer de inte att vara till hjälp med att besegra ens ondska.

Istället, som det står skrivet, **"Han gjorde dess tänder slöa och trubbiga"**. Med detta menas att göra framsteg enbart med handlingar, och inte med argument. Detta kallas att hon måste lägga till krafter påtvingat. Detta är innebörden av vad våra visa skrev, **"Han tvingas tills han säger 'Jag vill'"**. Med andra ord, genom framhärdande och uthållighet, blir vanan till en andra natur.

I synnerhet måste människan försöka ha ett starkt begär att anskaffa viljan att ge och övervinna viljan att ta emot. Med det menas att ett starkt begär mäts med mångfaldigheten av mellanliggande vila och avbrott, alltså uppehållen mellan varje övervinnande.

Ibland får man ett uppehåll i mitten, vilket innebär ett nedstigande. Detta nedstigande kan vara ett uppehåll på en minut, en timme, en dag eller en månad. Efteråt återupptar man arbetet med att övervinna viljan att ta emot, och försöken att förvärva viljan att ge. Ett starkt begär betyder att uppehållen inte drar ut på tiden och att man omedelbart återuppväcks till arbetet.

Det är som en person som vill krossa ett stort stenblock. Han tar en stor hammare och hamrar många gånger hela dagen lång, men han är svag. Med andra ord krossar han inte stenblocket med ett slag utan svingar den stora hammaren långsamt. Efteråt klagar han över att arbetet med att krossa stenen inte när något för honom, att det krävs en hjälte för att kunna krossa detta stora stenblock. Han säger att han inte föddes med sådana krafter som krävs för att krossa stenen.

Men den som lyfter och svingar den stora hammaren och drämmer till stenen med ett kraftigt slag, inte långsamt utan med stor ansats, för honom ger stenen genast efter och smulas sönder. Detta är innebörden av **"likt en hammare, som krossar sönder klippor"**.

Och likaså är det i det heliga arbetet, där vi tar kärlen för mottagande in i *Kdusha* (Heligheten), och här vi har en ordentlig hammare, vilket är orden i Tora som ger oss goda råd. Men om detta inte sker konsekvent, utan med långa avbrott mittemellan, flyr personen från kampanjen och säger att hon inte var ämnad för detta, utan att detta arbete kräver någon som fötts med särskilda färdigheter för det. Trots det måste han tro att vem som helst kan uppnå målet, men han måste ändå alltid försöka att lägga ner mer krafter på övervinnande. Och då kan han krossa stenblocket på kort tid.

Vi måste också veta att vad gäller ansträngningen med att få kontakt med Skaparen, finns där ett strängt villkor: ansträngningen måste vara i form av **utsmyckning**. Utsmyckning betyder någonting som är viktigt för en. Man kan inte arbeta med glädje om arbetet inte är ett viktigt arbete, alltså att man har glädje över att man nu har kontakt med Skaparen.

Denna angelägenhet antyds i citronen. Det står skrivet om citronen, **en frukt från citrusträdet**[1], att den bör vara ren över dess näsa. Vi vet att det finns tre urskiljanden: A) Utsmyckning, B) Doft, och C) Smak.

Smak betyder att Ljusen kommer ner från Ovan, det vill säga under *peh* (munnen), där gommen och smaksinnet finns. Detta innebär att Ljusen hamnar i kärl för mottagande.

Doft betyder att Ljusen kommer nerifrån och upp. Detta innebär att Ljusen hamnar i kärl för givande, i form av mottagande och inte i givande under gommen och halsen. Detta urskiljs som **"Och han skall lukta i Herrens fruktan"**, som det sades om Messias. Det är känt att lukten tillskrivs näsan.

Utsmyckning är skönhet, och urskiljs som över näsan, alltså doftlös. Det betyder att det varken finns smak eller lukt där. Så vad

---

[1] *Hadar* betyder citrus på hebreiska, och härstammar från ordet *Hidur* (utsmyckning).

kan man då överleva av? Där finns bara utsmyckningen, och det är detta som håller människan vid liv.

Vad gäller citronen ser vi att utsmyckningen finns i den precis innan den är mogen att äta. Men när den är lämplig att äta, finns det ingen utsmyckning kvar i den.

Detta kommer för att klargöra för oss om **arbetet med det första räknandet av orättvisor**. Det betyder att just när människan arbetar i form av "Och I skolen på den första dagen taga", det vill säga arbetet med att godta Himmelrikets börda, när kroppen gör motstånd, då finns det plats för att glädjas över **utsmyckandet**.

Det betyder att under detta arbete är utsmyckandet märkbart. Det betyder att om man känner glädje i arbetet, så beror det på att man betraktar det som utsmyckning, och inte vanära.

Med andra ord avskyr man ibland detta arbeta med att ta på sig Himmelrikets börda, vilket är en tid för förnimmelser av mörker, när man ser att ingen annan än Skaparen kan rädda en ur det tillståndet. Då tar man på sig Himmelrikets börda över förståndet, som en oxe med bördan och som en åsna med lasten.

Man måste glädjas över att man nu har något att ge till Skaparen, och att Skaparen finne glädje i att man har något att ge till Skaparen. Men man har inte alltid styrkan att säga att detta är ett **fint** arbete, vilket kallas **"utsmyckning"**, utan avskyr arbetet.

Dessa förutsättningar gör det svårt för en att säga att man väljer detta arbete istället för ett vitt arbete, det vill säga att man inte känner en smak av mörker under arbetet, utan att man då känner välsmak i arbetet. Det betyder att man då inte behöver arbeta med att viljan att ta emot ska gå med på att ta på sig Himmelrikets börda över förståndet.

Om man övervinner sig själv och lyckas säga att detta arbete är njutbart nu när man håller budordet (*mitzvan*) om tro över förståndet, och att man godtar arbetet som en utsmyckning, kallas det "glädjen från en *mitzva*".

Detta är vad som menas med att bönen är viktigare än svaret på bönen. Anledningen är att i bönen har man utrymme för arbete, och man behöver Skaparen, vilket betyder att man inväntar himlens barmhärtighet. Då har man sann kontakt med Skaparen, och då är man i Kungens palats. Men när bönen besvaras har man redan givit sig av från Kungens palats, eftersom man redan tagit det man bad om och gått sin väg.

Enligt detta bör vi förstå versen, "Ljuvlig är doften av dina salvor, ja, en utgjuten salva är ditt namn". **Salva** kallas "Det övre Ljuset" när den flödar. **"Utgjuten"** avser uppehåll i rikedomen. Då stannar doften av salvans oljor kvar. (Doft betyder att ett *reshimo* (minne) av vad man skulle ha fått ändå finns kvar. Men på en plats där människan inte har något fäste alls, kallas det **utsmyckning**, det vill säga att inte ens ett *reshimo* skiner.)

Detta är innebörden av *atik* och *AA (arich anpin)*. Under utvidgningen kallas rikedomen *AA*, vilket är *chochma* (visdom), det vill säga öppet styre. *Atik* kommer från ordet (på hebreiska) *vaye'atek* (avskilja eller lösgöra), vilket betyder att Ljuset ger sig av. Med andra ord skiner det inte; och detta kallas **"fördöljande"**.

Detta är en tid då klädnaden stöts bort, vilket är en tid för godtagandet av Kungens krona, vilken betraktas som *malchut* (kungadömet) av Ljus, även kallat **Himmelriket**.

Det står skrivet i den heliga *Zohar*, "Den heliga *Shechina* sade till Rabbi Shimon, 'Det finns ingen plats som går att gömma från dig' (det vill säga, det finns ingenstans jag kan gömma mig för dig)". Här menas att även under den mäktigaste fördöljande tar han ändå på sig Himmelrikets börda med stor glädje.

Orsaken är att han följer en väg för viljan att ge, och därför ger han vad han har i sin hand. Om Skaparen ger honom mer, då ger han mer. Och om han inte har någonting att ge, står han och skriar likt en trana för att Skaparen ska rädda honom från de onda vattnen. Därför har han också på detta sätt kontakt med Skaparen.

Anledningen till att detta urskiljande kallas *atik*, som är den högsta graden, är att ju mer avlägset någonting är från att klädas, desto högre är det. Man kan känna i de mest abstrakta ting, vilket kallas "den absoluta nollpunkten", eftersom människans hand inte når dit.

Detta betyder att viljan att ta emot kan få fäste enbart på en plats där det finns något mått av utvidgning av Ljuset. Innan man har renat sina kärl för att inte befläcka Ljuset, kan man inte släppa in Ljuset i form av utvidgning i *kelim* (kärlen). Endast när man marscherar fram på givandets väg, alltså på en plats där viljan att ta emot inte är närvarande, i varken tanke eller hjärta, kan Ljuset uppenbaras i sin yttersta fullkomlighet. Då kommer Ljuset med förnimmelsen av att man kan känna storslagenheten i det högre Ljuset.

Men när man inte har korrigerat kärlen till givandets avsikt, och Ljuset kommer i form av utvidgning, måste Ljuset begränsa sig och skina endast i den utsträckning kärlet är renat. Under en sådan tid verkar Ljuset därför komma i sin yttersta litenhet. Och därför, när Ljuset abstraheras från sin klädnad i *kelim*, kan Ljuset skina i sin yttersta fullkomlighet och klarhet utan några begränsningar för den lägre.

Av detta följer att arbetets vikt är just när man når en intets plats, alltså när man ser att man annullerar hela sin existens och varelse, eftersom viljan att ta emot då inte har någon kraft. Först då träder man in i *Kdusha*.

Vi måste veta att "Gud har gjort denna såväl som den andra". Innebörden är att i den mån det finns uppenbarelse av *Kdusha*, i samma utsträckning vaknar *sitra achra* till liv. Med andra ord, när man påstår att "allt detta tillhör mig", att hela kroppen tillhör *Kdusha*, då kommer också *sitra achra* och tvistar med en och påstår att hela kroppen bör tjäna *sitra achra*.

Därför måste man veta att när kroppen påstår att den tillhör *sitra achra*, och utropar de väl kända frågorna om **"Vem"** och **"Vad"** med all sin kraft, är det ett tecken på att man vandrar på sanningens väg, det vill säga att ens enda avsikt är att ge belåtenhet till sin Skapare. Av den anledningen ligger det huvudsakliga arbetet just i ett sådant tillstånd.

Vi måste veta att det är ett tecken på att detta arbete träffar sitt mål. Tecknet är att människan strider och skjuter sina pilar mot ormens huvud, eftersom den grälar och vrålar argument om "Vem" och "Vad", det vill säga, "Vad är din avsikt med denna tjänstgöring?" Med andra ord, vad tror du dig tjäna på att bara arbeta för Skaparen och inte för din egen skull? Argumenten om "Vem" betyder att detta är Faraos argument när han sade, "Vem är Herren, eftersom jag på Hans befallning skulle släppa Israel?"

Det verkar som om argumentet om "Vem" är ett rationellt argument. När man blir tillsagd att gå och arbeta för någon är det brukligt att man ställer frågan, **för vem?** Det är därför ett rationellt argument när kroppen kommer och säger "Vem är Herren, eftersom jag på Hans befallning skulle släppa Israel?"

Men i enlighet med regeln om att förhållandet och jämförelsen inte är ett objekt i sig själv, utan endast en **spegel** av vad som finns i sinnena, uppträder det därför så som det gör i medvetandet. Detta är innebörden av "Dans söner voro *Husim*". Detta betyder att intellektet bara bedömer enligt vad sinnena tillåter det att granska, och hittar på knep och påfund för att tillfredsställa sinnenas begäran.

Med andra ord försöker intellektet försörja sinnena med allt vad de begär, och uppfylla deras önskan. Men intellektet själv har inget behov för sin egen skull, inga begär. Och därför, om det finns ett begär efter givande i sinnena, fungerar intellektet enligt en givande linje, och intellektet ställer inga frågor, eftersom det uteslutande tjänar sinnena.

Intellektet är likt en person som ser sig själv i spegeln för att se om han är smutsig. Alla ställen där spegeln visar att det finns smuts går han och tvättar och putsar, eftersom spegeln visade att han hade fula saker i ansiktet som måste tvättas bort.

Det absolut svåraste är dock att veta vad som betraktas som en ful sak. Är det viljan att ta emot, det vill säga kroppens krav på att människan bör göra allting för sin egen skull, eller är det viljan att ge som är den fula saken, vilken kroppen inte kan stå ut med? Intellektet kan inte undersöka det, liksom spegeln, som inte kan berätta vad som är fult och vad som är vackert, utan allt beror på sinnena, och enbart sinnena kan avgöra det.

Och därför, när människan vänjer sig vid att arbeta påtvingat, att arbeta med givande, då fungerar även intellektet efter linjer för givande. Det är då omöjligt för intellektet att ställa frågan om "Vem", när sinnena redan har vant sig vid att fungera efter givande.

Med andra ord ställer sinnena inte längre frågan, "Vad är din avsikt med denna tjänstgöring?" eftersom de redan arbetar med avsikten att ge, och begripligt nog, ställt intellektet inte längre frågan om "Vem".

Vi upptäcker då att det huvudsakliga arbetet ligger i "Vad är din avsikt med denna tjänstgöring?" Och vad människan hör, att kroppen ställer frågan om "Vem", beror på att kroppen inte vill förnedra sig själv så. Av den anledningen ställer den frågan om "Vem". Det kan tyckas att den ställer en rationell fråga, men sanningen är, som vi tidigare sade, att det huvudsakliga arbetet ligger i frågan om "Vad".

20. Lishma (för Hennes namn)

Jag hörde 1945

Angående *lishma* (för Hennes namn). Det behövs ett uppvaknande från Ovan för att man ska uppnå *lishma*, eftersom det är en upplysning från Ovan, och inte något som det mänskliga intellektet kan förstå. Men den som känner smaken vet. Om detta sägs det "smaka och se att Herren är god".

På grund av det, måste man ta sig an Himmelrikets börda i största fullkomlighet, det vill säga att enbart ge och inte ta emot alls. Och om man ser att ens organ inte går med på denna ståndpunkt, har man ingen annan utväg än bön – att låta sitt hjärtas förtvivlan välla fram inför Skaparen för att Han ska hjälpa en och göra så att ens kropp går med på att bli Skaparens slav.

Och säg inte att om *lishma* är en gåva från Ovan, vilken nytta finns det då med alla övervinnanden och ansträngningar och läkningar och korrigeringar man gör för att uppnå *lishma*, om allt ändå beror på Skaparen? I detta hänseende sade våra visa, "du har inte friheten att avstå från det". Istället måste man framföra uppvaknandet från nedan, och det betraktas vara "bön". Man kan inte ha en äkta bön om man inte vet i förväg att det inte går att *lishma* utan att be.

Handlingarna och boten man utför för att uppnå *lishma* skapar således de korrigerade kärlen, där man kan vilja ta emot *lishma*. Och efter alla gärningar och läkningar kan man be uppriktigt, eftersom man såg att alla handlingar man utförde inte gjorde någon nytta. Först då kan man be en ärlig bön från djupet av sitt hjärta, och då hör Skaparen bönen, och skänker en gåvan *lishma*.

Vi måste också veta att genom att skaffa *lishma*, tar man livet av den onda böjelsen, då den onda böjelsen kallas att ta emot för sin egen skull. Och genom att uppnå avsikten för att ge upphäver man självtillfredsställelsen. Och död innebär att man inte längre använder sitt kärl för mottagande för sin egen skull. Och eftersom det inte längre är i bruk, betraktas det vara dött.

Om man funderar över det man får för sitt arbete under solen, inser man att det inte så svårt att underordna sig Skaparen, av två anledningar:

1) Hur som helst, det vill säga vare sig man vill det eller inte, måste man anstränga sig i denna värld.

2) Om man arbetar *lishma* får man njutning av arbetet, även under
   själva arbetet.

Det är som *magid* från Dubna sade om versen, "Men icke har du,
Jakob, kallat mig hit, i det du har gjort dig möda för min skull, du
Israel". Detta betyder att den som arbetar för Skaparen inte har
någon möda, istället känner han glädje och upprymdhet.

Men den som inte arbetar för Skaparen utan arbetar för andra mål,
kan inte klaga på att Skaparen inte ger honom livskraft i arbetet
eftersom han arbetar för ett annat ändamål. Han kan bara klaga
inför den han arbetar åt och kräva att han ska få vitalitet och
njutning under arbetet. Om en sådan person sägs det: "De som har
gjort dem skall bli dem lika, ja, alla som förtrösta på dem".

Och när man tar på sig Himmelrikets börda och vill arbeta med
avsikten att ge till Skaparen, bli då inte förvånad över att man
fortfarande inte känner någon livskraft alls, då denna livskraft skulle
förmå en att ta på sig Himmelrikets börda. Istället måste man godta
det påtvingat, trots ens bättre vetande. Kroppen går inte med på att
förslavas på detta sätt, varför Skaparen inte översköljer en med
vitalitet och njutning.

I själva verket är detta en stor korrigering. Vore det inte så, skulle
man aldrig kunna uppnå *lishma*, eftersom viljan att ta emot då skulle
gå med på detta arbete. Då skulle man alltid arbeta för sin egen
skull, för att tillfredsställa sina egna begär. Det är som man brukar
säga, att tjuven själv skriker, "Fånga tjuven!", och då är det omöjligt
att avgöra vem som är den verkliga tjuven så att man kan fånga
honom och ta tillbaka det han stal.

Men när tjuven, det vill säga viljan att ta emot, inte känner någon
god smak i arbetet med att anta Himmelrikets börda, har man ett
medel med vilket man kan komma till ett arbete som enbart syftar
till att skänka belåtenhet till sin Skapare, eftersom kroppen vänjer
sig vid att arbeta emot sitt eget begär. Ens enda avsikt måste vara
för Skaparen, som det står skrivet, "Då skall du finna din lust i

Herren". När man tidigare tjänade Skaparen kände man således ingen njutning i arbetet, istället var ens arbete påtvingat.

Men nu, när man har vant sig vid att arbeta med avsikten att ge, belönas man med att finna sin lust i Skaparen, och själva arbetet ger en njutning och vitalitet. Och detta betraktas som att även njutningen är just för Skaparens skull.

21. När man befinner sig i ett tillstånd av uppstigande

Jag hörde den tjugotredje *cheshvan*, 9 november, 1944

När man befinner sig i ett tillstånd av uppstigande, då man känner sig hoppfull och väl till mods, när man känner att man inte begär något annat än det andliga, den tiden är bra för att utforska hemligheterna i Tora, för att uppnå dess internalitet. Om man ser att trots att man anstränger sig för att förstå någonting, ändå inte vet någonting, är det fortfarande värt mödan att forska i hemligheterna i Tora, till och med hundra gånger om, i en och samma sak.

Man bör inte misströsta, alltså säga att det är lönlöst eftersom man inte förstår någonting. Det finns två anledningar till det:

a)   När man studerar en text och längtar efter att förstå den, kallas denna längtan för "en bön". En bön anses vara en avsaknad, vilket innebär att man åtrår det man saknar, att Skaparen ska tillfredsställa ens begär.

Bönens omfattning mäts med begäret, eftersom begäret är störst för den sak man behöver mest. För i den mån man är i behov av något, i samma utsträckning känner man också längtan.

Det finns en regel som säger att där man lägger ner mest krafter, där förstärker ansträngningen begäret, och då vill man få sitt behov uppfyllt. Ett begär kallas även "en bön", "arbetet i hjärtat", eftersom "Den Barmhärtige vill ha våra hjärtan".

Det visar sig att man då kan åstadkomma en äkta bön, eftersom när man studerar orden i Tora, måste hjärtat vara befriat från andra begär och ge intellektet förmågan att kunna tänka och undersöka. Om det inte finns något begär i hjärtat kan intellektet inte undersöka, som våra visa sade "Man lär sig alltid efter hjärtats lust".

För att ens bön ska bli godtagen måste det vara en fullständig bön. Därför, när man undersöker noga och genomgående, utvecklas därifrån en fullständig bön, och då kan ens bön bli godtagen, eftersom Skaparen hör bönen. Det finns dock ett villkor: Bönen måste vara en fullständig bön, och inte vara uppblandad med andra saker mitt i bönen.

b) Den andra anledningen är att vid ett sådant tillfälle, eftersom man delvis är skild från det kroppsliga i någon mån, och är närmare den givande egenskapen, är det tillfället bättre lämpat för att ansluta sig till Torans internalitet, vilken uppenbarar sig för dem som har ekvivalens i form med Skaparen. Skälet är att Tora, Skaparen, och Israel är en. När man emellertid är i ett tillstånd av mottagande för sin egen skull tillhör man externaliteten, och inte internaliteten.

22. Tora Lishma (för Hennes namn)

Jag hörde 6 februari, 1941

Tora kallas *lishma* när man i första hand studerar för att veta med fullständig säkerhet, i sitt förstånd, bortom alla tvivel om sakens äkthet, att det finns en domare och en dom. Att det finns en domare innebär att man ser verkligheten så som den förefaller för våra ögon. Detta innebär att när vi arbetar i tro och givande, ser vi att vi växer och stiger uppåt dagligen, eftersom vi alltid ser en förändring till det bättre.

Och i motsatsen, när vi arbetar i form av mottagande och kunskap, ser vi att vi var dag sjunker neråt mot verklighetens yttersta låghet.

När vi undersöker dessa två situationer ser vi att det finns en domare och en dom, eftersom när vi inte följer lagarna i sanningens Tora, blir vi omedelbart bestraffade. I det tillståndet ser vi att domen är rättvis. Med andra ord ser vi, att just detta är det bästa och dugligaste sättet att uppnå sanningen.

Detta betraktas som att domen är rättvis, att det är enda sättet att uppnå det slutliga målet, att förstå inom förståndet, med en sådan fullständig och absolut förståelse att det inte finns någon högre, att endast genom tro och givande kan vi uppnå syftet.

Om man på så vis studerar för detta syfte, för att förstå att det finns en domare och en dom, kallas detta Tora *lishma* (för Hennes namn). Detta är också vad våra visa menade när de sade, "Underbar är den lära som leder till en handling".

Det kan tyckas att de borde ha sagt "som leder till handlingar", alltså att man har förmågan att göra många handlingar, i plural, och inte i singular. Men saken är den, så som vi tidigare nämnde, att man av studerandet bör ledas enbart till tro, och tro kallas en *mitzva* (budord) som dömer hela världen till förtjänst.

Tro kallas "handlande", eftersom det är brukligt att den som gör en handling först måste ha en anledning som framtvingar ett handlande inom förståndet. Det är liksom sambandet mellan förståndet och handlingen.

Men när någonting står över förståndet, när förståndet inte tillåter en att göra den handlingen, utan fordrar motsatsen, då måste man säga att det inte finns något förstånd i denna handling, utan endast en handling. Detta är innebörden av "Om man uträttar en *mitzva*, är man lycklig, ty man har dömt sig själv, etc. till förtjänstens vågskål". Detta är vad som menas med "Underbar är den lära som leder till en handling", alltså en handling utan förstånd, vilket kallas "över förståndet".

23. I som älsken Herren, haten det onda

Jag hörde den sjuttonde *sivan*, 2 juni, 1931

I versen "I som älsken Herren, haten det onda, Han bevarar sina frommas själar, ur de ogudaktigas hand räddar Han dem" tolkar han att det inte är nog att endast älska Skaparen och att vilja bli belönad med fasthållande vid Skaparen. Man bör också hata ondskan.

Att hata tar sitt uttryck i att man hatar ondskan, som kallas "viljan att ta emot". Och man ser att inga knep kan hjälpa en att bli av med den, och samtidigt vill man inte acceptera situationen. Man känner också de förluster ondskan orsakar en, och man ser även sanningen i att man själv inte kan upphäva den, eftersom det är en naturlig kraft som kommer från Skaparen, som har präglat människan med viljan att ta emot.

I det tillståndet säger versen oss vad man kan göra, nämligen att hata ondskan. Och genom detta skyddas man av Skaparen från den ondskan, som det står skrivet, "Han bevarar sina frommas själar". Vad är bevarande? "Ur de ogudaktigas hand räddar Han dem." I ett sådant tillstånd räknas man redan som framgångsrik, eftersom man i någon mån har kontakt med Skaparen, även om det är en mycket liten förbindelse.

I själva verket förblir ondskan, och tjänar som ett *achoraim* (baksida) till *partzuf*. Men detta sker endast genom ens korrigeringar: genom uppriktigt hat av ondskan korrigeras den till att ta formen av *achoraim*. Hatet uppstår eftersom ett visst uppträdande är brukligt bland vänner när man vill uppnå fasthållande vid Skaparen: om två människor kommer till insikten om att båda hatar vad vännen hatar, och älskar vad vännen älskar, blir de för evigt sammanbundna av vänskap, likt en påle man driver ner i jorden så att den aldrig faller.

61

Följaktligen, eftersom Skaparen älskar att ge bör de nedre också anpassa sig till att endast vilja ge. Skaparen hatar även att vara en mottagare, eftersom Han är helt fullkomlig och inte behöver någonting. Därför måste också människan hata mottagandet för sin egen skull.

Från allt det som nämnts ovan ser vi att man bittert måste hata viljan att ta emot, ty all världens fördärv kommer endast från viljan att ta emot. Och genom hatet korrigerar man det och överlämnar det till *Kdusha* (Heligheten).

24. Ur de ogudaktigas hand

Jag hörde den femte *av*, 25 juli, 1944, vid avslutandet av *Zohar*

Det står skrivet, "I som älsken Herren, haten det onda. Han bevarar sina frommas själar, ur de ogudaktigas hand räddar han dem." Han frågar, vad är sambandet mellan "haten det onda" och "ur de ogudaktigas hand räddar han dem"?

För att kunna förstå det, måste vi först framlägga våra visas ord, "Världen skapades enbart för den fullständigt onde, och för den fullständigt rättfärdige". Han frågar, är det värt besväret att skapa världen för fullständigt onda, men inte värt besväret för ofullständigt rättfärdiga?

Han svarar: ur Skaparens perspektiv har ingenting i världen två betydelser. Det är bara ur mottagarnas perspektiv, det vill säga, enligt mottagarnas förnimmelser. Detta betyder att mottagarna antingen känner en god smak i världen, eller en förfärligt bitter smak i världen.

Orsaken till detta är att med varje handling de utför, beräknar de den i förväg, eftersom ingen handling utförs utan att det finns ett ändamål. De vill antingen förbättra sitt nuvarande tillstånd eller skada någon. Men obetydliga ting är inte värdiga en målmedveten anförare.

De som godtar Skaparens uppförande i världen, bestämmer det därför som bra eller dåligt beroende på hur de känner det: huruvida det är bra eller dåligt. **På grund av det "I som älsken Herren"**, de som förstår att syftet med skapelsen var att gynna Hans skapelser, och att för att de ska kunna känna det, förstår de att detta erhålls just genom *dvekut* (fasthållande) och närmande till Skaparen.

Och därför, om de känner någon avlägsenhet från Skaparen, kallar de det för "dåligt". I det tillståndet betraktar man sig själv som ond, eftersom ett mellanliggande tillstånd är overkligt. Men andra ord känner man antigen Skaparens och Hans försyns existens, eller så inbillar man sig att "Jorden är given i de ogudaktigas hand".

Eftersom man känner sig själv som en sanningens man, det vill säga att man inte kan bedra sig själv och säga att man känner sådant som man inte känner, börjar man därför omedelbart höja sin röst i klagan och be Skaparen att visa sin barmhärtighet genom att befria en från snaran *sitra achra* och alla främmande tankar. Eftersom ens klagan är uppriktig, lyssnar Skaparen till ens bön. (Och kanhända är detta innebörden av "Herren är nära alla dem som åkalla Honom, alla dem som åkalla Honom uppriktigt"). Och då kommer "ur de ogudaktigas hand räddar han dem".

Så länge man inte känner sitt sanna jag, det vill säga ett mått av sin egen ondska som är tillräckligt för att man ska väckas och klaga inför Skaparen på grund av den bedrövelse man känner över insikten av sin egen ondska, fram till dess är man inte värdig frälsningen. Anledningen är att man ännu inte funnit det *kli* (kärl) som krävs för att bönen ska bli hörd, vilket kallas "av hela sitt hjärta".

Orsaken är att man fortfarande tror att det finns något gott kvar i en, det vill säga att man inte sjunkit till botten av hjärtat. Man tror fortfarande av hela sitt hjärta att man har någon godhet kvar, och man märker inte med vilken kärlek och fruktan man hänför sig till Tora och *mitzvot*, och därför ser man inte sanningen.

25. Saker som kommer från hjärtat

Jag hörde den femte av, 25 juli, 1944 under en festmåltid för avslutandet av en del av Zohar

Angående saker som kommer från hjärtat, som går in i hjärtat. Varför ser vi då att man faller från sin grad, även om sakerna redan gått in i hjärtat?

Saken är den, att när man hör Torans ord från sin lärare håller man omedelbart med sin lärare, och beslutar sig för att efterleva sin lärares ord med hjärta och själ. Men efteråt, när man kommer ut i världen, börjar man se, åtrå och infekteras av den mångfald av begär som härjar i världen, och människan med sitt förstånd, hjärta och vilja, annulleras inför majoriteten.

Så länge man inte har kraften att döma världen till förtjänstens vågskål, besegrar de en. Man beblandar sig med deras begär och man leds likt ett får till slakten. Man har inget val; man tvingas att tänka, vilja, åtrå och begära allt vad majoriteten begär. Då väljer man deras främmande tankar och deras avskyvärda lustar och begär, vilka är främmande för Torans anda. I det tillståndet har man inte styrka nog att undertrycka majoriteten.

Och då finns det bara ett råd, att hålla fast vid sin lärare och böckerna. Detta kallas "Från böckers munnar och författares munnar". Bara genom att hålla sig fast vid dem kan man förändra sitt sinnelag och sin vilja till det bättre. Klyftiga argument kommer dock inte att hjälpa en att förändra sitt sinnelag, utan bara det botemedel som kallas *dvekut* (fasthållande), för detta är en förunderlig kur, eftersom *dvekut* omformar en.

Bara när man befinner sig i *Kdusha* (Helighet) kan man disputera med sig själv och hänge sig åt klyftiga meningsstrider, att förståndet nödvändiggör att man alltid bör vandra längs Skaparens väg. Man bör emellertid veta att även när man är klok och övertygad om att man redan kan använda denna vishet för att besegra *sitra achra* (andra sidan), måste man komma ihåg att allt detta är värdelöst.

Detta är inte en beväpning som kan segra i kriget mot begär, då alla dessa begrepp inte är något mer än konsekvenser av det man uppnådde i *dvekut,* som vi nämnde tidigare. Med andra ord, alla de begrepp på vilka man upprättar sina byggnadsverk, när man säger att man alltid måste följa Skaparens väg, grundas på *dvekut* med ens lärare. Om man sålunda förlorar den grunden är alla begrepp maktlösa, eftersom de nu saknar grunden.

Därför ska människan inte lita till sitt eget förstånd, utan åter igen klänga sig fast vid böcker och författare, eftersom detta är det enda som kan hjälpa, och inte klokhet eller intellekt, eftersom de är livlösa.

26. Ens framtid beror på och är förbunden med tacksamheten för det förflutna

Jag hörde 1943

Det står skrivet, **"Herren är hög och de låga skall se"**, att bara de låga kan se storheten. Bokstäverna *yakar* (värdefull) är desamma som i *yakir* (ska veta). Det betyder att man vet sakens storhet i den utsträckning man betraktar den som värdefull.

Man tar intryck beroende på tingets betydelse. Intrycket ger människan en förnimmelse i hjärtat, och enligt måttet av ens erkännande av betydelsen, känner man i samma utsträckning glädje.

Och därför, om man känner till sin egen låghet, att man inte är mer privilegierad än sina medmänniskor, det vill säga att man ser att det finns många människor i världen som inte tilldelats styrkan som krävs för att utföra ens det simplaste av heligt arbete, inte ens utan avsikt och i *lo lishma* (inte för Hennes Namn), och inte ens *lo lishma* av *lo lishma*, och inte ens i förberedelsen för förberedandet av iklädandet av *Kdusha* (Helighet), när man själv ändå tilldelats begäret och tanken på att då och då utföra heligt arbete, även på det mest simpla sätt. Om man kan uppskatta vikten av det, beroende på den viktighet man tillskriver det heliga arbetet, i samma utsträckning bör man lovprisa det och vara tacksam för det.

Anledningen är att det är sant att vi inte kan uppskatta hur viktigt det är att ha förmågan att ibland kunna hålla Skaparens *mitzvot*, även utan avsikt. I det tillståndet börjar man känna hjärtats upprymdhet och glädje.

Lovprisandet och tacksamheten man visar vidgar känslorna, och man känner sig salig över var enda liten punkt i det heliga arbetet, och man vet vem man arbetar för, och på så vis stiger man ständigt högre upp. Detta är innebörden av det som står skrivet, "Jag tackar Dig för den nåd du gjort mig", det vill säga för det förflutna, och genom det kan man med full tillit säga, "såsom du också sedan skall göra mig".

27. Vad är "Herren är hög och de låga skall se"

Jag hörde på *shabbat Truma*, 5 mars, 1949, Tel Aviv

"Herren är hög och de låga skall se". Hur kan det finnas ekvivalens i form med Skaparen när människan är mottagaren och Skaparen är givaren? Om detta säger versen "Herren är hög och de låga..."

Om man annullerar sig själv, då har man ingen auktoritet som separerar en från Skaparen. I det tillståndet kommer man till "skall se", vilket betyder att man tilldelas *Mochin de chochma,* "och Han känner den högmodige fjärran ifrån". Men den högmodige, alltså

66

den som har sin egen auktoritet, distanseras, eftersom han saknar ekvivalens.

Låghet betraktas inte som att man sänker sig själv inför andra. Detta är ödmjukhet, och man känner fullkomlighet i detta arbete. Snarare är det så att med låghet menas att man föraktas av världen. Just när folk föraktar betraktas det som låghet. Då känner man ingen fullkomlighet, då det finns en lag som säger att det folk tänker om en påverkar en.

Och därför, om folk högaktar en, känner man sig hel, och de som folk föraktar, ser sig själva som låga.

28. Jag skall icke dö, utan leva

Jag hörde 1943

Versen "Jag skall icke dö, utan leva", förklarar att för att man ska kunna uppnå sanningen krävs att man har en känsla av att om man inte uppnår sanningen känner man sig **död**, eftersom man vill leva. Versen "Jag skall icke dö, utan leva", talar alltså om någon som vill uppnå sanningen.

Detta är innebörden av "Jona *Ben* (son till) Amittai". **Jona** kommer från det hebreiska ordet *honaa* (svek), och ***Ben*** (son) kommer från det hebreiska ordet *mevin* (förstår). Man förstår eftersom man alltid undersöker situationen man befinner sig i och ser att man har svikit sig själv, och att man inte vandrar sanningens väg.

Anledningen är att sanning innebär att ge, alltså *lishma*. Motsatsen till detta är svek och bedrägeri, vilket innebär att endast ta emot, alltså *lo lishma*. Därigenom får man "Amittai", vilket betyder **emet** (sanning).

Det här är innebörden av "Dina ögon äro duvor". *Eynaim* (ögon) av *Kdusha* (Heligheten), kallas att *eynaim* av den heliga *Shechina* (Gudomen), är *yonim* (duvor). De vilseleder oss att tro att hon inte har några *eynaim*, som det står skrivet i den heliga *Zohar,* "En skön jungfru utan ögon."

I själva verket ser den som blir beviljad sanningen att hon har ögon. Detta är vad som menas med "Hos en brud vars ögon är vackra, behöver man inte granska resten av hennes kropp."

29. När tankar kommer till en

Jag hörde 1943

"Herren är ditt skygd." Om man tänker, då tänker också Skaparen på en. Och när Skaparen tänker, kallas det för "Herrens berg". Detta är innebörden av "Vem får gå upp till Herrens berg, vem får träda in i hans helgedom?" "Han som har oskyldiga händer." Detta är vad som menas med "Men Moses händer blevo tunga", och "ett rent hjärta" vilket är hjärtat.

30. Det viktigaste är att enbart vilja ge

Jag hörde efter *shabbat Vayikra*, 20 mars, 1943

Det viktigaste är att inte vilja någonting annat än att ge på grund av Hans storhet, eftersom allt mottagande är undermåligt. Det är omöjligt att ta sig ur mottagandet, utom genom att ta den andra ytterligheten, vilket innebär givande.

Den drivande kraften, det vill säga den utvidgande kraften och kraften som tvingar till arbete, är enbart Hans storhet. Man måste tänka att slutligen måste ansträngningen och arbetet göras, men genom dessa krafter kan man inbringa ett utbyte och njutning. Med andra ord kan man behaga en begränsad kropp med sin ansträngning och sitt arbete, som är antingen en förbipasserande gäst eller en evig sådan, det vill säga att ens energi kommer att vara för evigt.

Detta liknar en person som har förmågan att bygga ett helt land, men bara bygger ett skjul som rasar sönder av en stark vind. Vi finner att alla krafter var bortkastade. Men om människan förblir i *Kdusha* (Helighet), då stannar alla krafter kvar för evigt. Detta är det enda hon bör basera sitt arbete på, och alla andra utgångspunkter är diskvalificerade.

Trons kraft är tillräcklig för att man ska kunna arbeta i form av givande. Det betyder att man kan tro att Skaparen tar emot ens arbete, trots att arbetet inte är så viktigt i ens ögon. Icke desto mindre tar Skaparen emot allting. Om man tillskriver Honom arbetet, välkomnar Han, och vill ha alla arbeten, hur de än är.

Om man således vill använda tron för mottagande, då tycker man inte att tron räcker. Detta innebär att man då tvivlar på tron. Orsaken är att mottagande inte är sanningen, vilket i själva verket betyder att man inte tjänar något på arbetet: endast Skaparen kommer att tjäna på ens arbete.

Därför är de tvivel man har riktiga. Med andra ord är dessa främmande tankar som dyker upp i ens huvud sanna argument. Men om man vill använda tro för att gå givandets väg, kommer man säkerligen inte ha några tvivel på tron. Om man tvivlar måste man veta att man troligen inte vill vandra på givandets väg, eftersom tro är tillräckligt för givande.

31. Allt som behagar folkets själ

Jag hörde

Allt som behagar folkets själ. Han frågade, "Men vi har märkt att också de största och mest ryktbara var oense. Alltså behagas inte folkets själ".

Han svarade på detta att de inte sade "hela folket", utan "folkets själ". Det betyder att det bara är kropparna som är oense, det vill säga att var och en arbetar med viljan att ta emot.

Men "Folkets själ" befinner sig redan i andligheten. Och "behagar" – att de rättfärdiga som frambär välgörenheten räcker fram den till hela generationen. Och att de ännu inte har iklätt sig sin själ är den enda anledningen till att de inte kan uppnå och känna den välgörenhet som de rättfärdiga räcker fram.

32. En lott är ett uppvaknande från Ovan

Jag hörde den fjärde *truma*, 10 februari, 1943

En lott är ett uppvaknande från Ovan, när den lägre inte bistår med någonting. Detta är innebörden av "kastades pur", "lott". Haman klagade och sade "och de göra icke efter konungens lagar".

Det betyder att arbetarens träldom börjar i ett tillstånd av *lo lishma* (inte för Hennes Namn), vilket betyder mottagande för sin egen skull. Varför gavs då Tora till dem, eftersom de efteråt beviljas *lishma* (för Hennes Namn) och tilldelas Ljusen och uppnåendet av överhöghet?

Då kommer den klagande och frågar, "Varför skänktes de dessa sublima ting vilka de varken arbetade för eller hoppades på, utan alla deras tankar och mål låg bara i sådant som angår deras egna behov, vilket kallas *lo lishma*"? Detta är innebörden av att "den ogudaktige får förbereda det, men det är den rättfärdige som får kläda sig i det".

Det betyder att han tidigare arbetade i ett tillstånd av ogudaktighet, vilket är *lo lishma,* endast för mottagarens skull. Efteråt belönades han med *lishma,* vilket betyder att allt arbete övergår i *Kdusha* (Helighet), det vill säga att allt görs för givandets skull. Detta är vad som menas med "den rättfärdige som får kläda sig i det".

Detta är innebörden av *purim* som *yom kippurim* (försoningsdagen). *Purim* är ett uppvaknande från Ovan, och *yom kippurim* är ett uppvaknande från nedan, alltså genom ånger. Dock finns det också här ett uppvaknande från Ovan, som motsvarar de lotter som fanns där, "en lott för Herren och en lott för Asasel" och Skaparen är den som granskar dem.

33. Lotterna på yom kippurim med Haman

Jag hörde den sjätte *truma*, 12 februari 1943

Det står skrivet (3 Mos 16:8), "Och Aron skall draga lott om de två bockarna: En lott för Herren och en lott för Asasel". Med Haman står det (Est 2:7), "kastades *pur*, det är *lott*".

En lott gäller där en granskning med förståndet inte kan ske eftersom förståndet inte kan nå dit och reda ut vilken som är god och vilken som är ond. I det tillståndet kastas *pur*, när de inte litar på förståndet, utan på vad lotten säger till dem. Så när ordet "lott" används, är det således för att berätta för oss att vi nu går över förståndet.

Angående den sjunde i *adar* (den sjätte dagen i den hebreiska kalendern), dagen då Moses föddes och dog, måste vi förstå vad *adar* betyder. Det kommer från ordet *aderet* (mantel), som det står skrivet, "och kastade sin mantel över honom". *Aderet* kommer från ordet *aderet se'ar* (hår), vilket urskiljs som *se'arot* (hår i plural) och *dinim* (domar), vilket är främmande tankar och idéer som skiljer en från Skaparen i arbetet.

Här finns problemet med att övervinna dem. Och trots att man ser många motsägelser i Hans försyn, måste man ändå övervinna dem genom tro över förståndet, och säga att de är välvillig försyn. Detta är innebörden av det som står om Mose, "Då skylde Mose sitt ansikte". Det betyder att han såg alla motsägelser och höll dem genom ansträngning med kraften av tron över förståndet.

Det är som våra visa sade, "I utbyte mot, **'Då skylde Mose sitt ansikte, ty han fruktade för att se på Gud'**, belönades han med **'och han får skåda Herrens gestalt'**". Detta är innebörden av "Vem är blind om inte min tjänare? Vem är så döv som budbäraren jag sänder?".

Vi vet att *eynaim* (ögon) kallas "förstånd", "medvetande", det vill säga det inre ögat. Detta beror på att med sådant som vi varseblir i tanken säger vi, "men vi ser ju att intellektet och förståndet kräver att vi säger såhär".

Så den som går över förståndet är som någon som inte har några ögon, och han kallas "blind", det vill säga låtsas vara blind. Likaså med den som inte vill höra på vad spionerna säger åt honom, och låtsas vara döv, han kallas "döv". Detta är innebörden av, "Vem är blind om inte min tjänare? Vem är så döv som budbäraren jag sänder?".

Men när man säger, "som har ögon men inte ser, som har öron men inte hör", betyder det att personen inte vill lyda det som förståndet kräver och öronen hör, som det står skrivet om Joshua, son till Nun, att inget ont någonsin kom in i hans öron. Detta är innebörden av *aderet se'ar,* att han hade många motsägelser och domar. Varje motsägelse kallas *se'ar* (ett hår), och under varje *se'ar* finns ett jack.

Detta betyder att man får **ett hål i sitt huvud**, det vill säga att **den främmande tanken spräcker och punkterar huvudet**. När man har många främmande tankar betraktas det som att man har många *se'arot*, och detta kallas *aderet se'ar.*

Detta är innebörden av det som står skrivet om Elisha: "När han sedan gick därifrån, träffade han på Elisha, Safats son, som höll på att plöja, tolv par oxar gingo framför honom, och själv körde han det tolfte paret. Och Elia gick fram till honom och kastade sin mantel över honom" (1 Kung 19:19). (Ett par betyder att de plogade med två *bakar* (oxar) som spändes samman). *Bakar* betyder *bikoret* (kritik), och tolv antyder gradens fullkomlighet (som tolv månader eller tolv timmar).

Det betyder att man redan har alla urskiljanden av *se'arot* som kan finnas i världen, **och av alla *se'arot* kan man då skapa *aderet se'ar*.** Men med Elisha var det i form av Josefs morgon, som det står skrivet, "Om morgonen, då det blev dager, fick männen fara med sina åsnor".

Det betyder att man redan har belönas med Ljuset som vilar över dessa motsägelser, eftersom när man vill bemästra motsägelserna, som kallas kritik, sker det genom att dra till sig Ljus över dem. Det står skrivet, "Den som kommer för att renas får hjälp".

På grund av att personen redan har dragit Ljus över all kritik och inte har något mer att tillägga, eftersom all beskyllning har uttömts i honom, upphör all kritik och alla motsägelser av sig själva. Detta följer regeln om att det inte finns några ändamålslösa operationer, då det inte finns någon ändamålslös operatör.

Vi måste veta att allt sådant som ter sig som motsägelser till ledningen som är "God som gör gott", bara har för syfte att tvinga personen att dra Ljuset över motsägelserna när han vill övervinna dem. Annars skulle han aldrig lyckas. Detta kallas "Skaparens storhet", som man sträcker fram när man har motsägelser, vilket kallas *dinim* (domar).

Det innebär att motsägelserna bara kan annulleras om man vill övervinna dem och sträcker fram Skaparens storhet. Vi inser då att dessa *dinim* var orsaken till att Skaparens storhet kunde dras. Detta är innebörden av det som står, **"och kastade sin mantel över honom"**.

Således tar personen därefter hela manteln av hår och tillskriver den till Honom, **det vill säga till Skaparen**. Det betyder att han nu ser att Skaparen avsiktligen gav honom denna mantel för att dra det högre Ljuset på den.

Detta kan man dock bara se senare, efter det att man har beviljats Ljuset som vilar på dessa motsägelser och *dinim* som man hade i början. Det beror på att man ser att utan håret, det vill säga nedgångarna, skulle det inte finnas någon plats för det högre Ljuset att vara, eftersom det inte finns Ljus utan ett *kli* (kärl).

På så vis ser man att Skaparens hela storhet som man hade skaffat bara berodde på *se'arot* och motsägelserna som man hade. Detta är innebörden av "väldig är Herren i höjden". Det betyder att man belönas med Skaparens storhet genom *aderet*, och detta är innebörden av **"Guds lov skall vara i deras mun"**.

Felen i Guds arbete förmår en att stiga uppåt, eftersom utan knuffen bakifrån skulle man inte flytta sig. Man går med på att förbli i det tillstånd man befinner sig i. Men om man sjunker till en lägre nivå än man kan förstå, får man kraften att ta överhanden, eftersom man inte kan stanna kvar i en så dålig situation och inte kan finna sig i att vara kvar där, i det tillstånd man har sjunkit till.

Därför måste man alltid segra och ta sig ur nedgångstillståndet. Då måste man ta till sig Skaparens storhet, och detta, i sin tur, gör så att man drar till sig högre krafter från Ovan, i annat fall kommer man stanna kvar i yttersta låghet. Det visar sig att genom alla *se'arot* upptäcker man gradvis Skaparens storhet, tills man finner Skaparens Namn, som kallas "barmhärtighetens tretton attribut". Detta är innebörden av **"och den äldre skall tjäna den yngre"**, och **"om den ogudaktige färdigställer det, så är det den rättfärdige som får kläda sig i det"**, och även **"och du skall tjäna din broder"**.

Det innebär att hela förslavningen, det vill säga motsägelserna som fanns, verkade stå i vägen för det heliga arbetet och arbetade emot *Kdusha* (Heligheten). Men nu, när personen har beviljats Guds Ljus som läggs över dessa motsägelser, ser han motsatsen, att de tjänar *Kdusha*. Detta betyder att genom dem fanns en plats där *Kdusha* kunde klädas i deras dräkter. Och detta kallas **"om den ogudaktige färdigställer det, så är det den rättfärdige som får kläda sig i det"**, det vill säga att de gav *kelim* (kärlen) och platsen för *Kdusha*.

Nu kan vi tolka vad våra visa skrev (*Hagiga* 15a), "Belönad – en rättfärdig. Han tar sin andel och sin väns andel i himlen, Dömd – en ogudaktig. Han tar sin andel och sin väns andel i helvetet". Det betyder att vännens främmande tankar, som vi måste tolka som över hela världen, det vill säga att detta är anledningen till att världen skapades full av så många människor, var och en med sina egna tankar och synsätt, och alla finns de i en enda värld.

Det är så avsiktligt, så att varje person ska inkorporeras i sin väns alla tankar. När man gör bot, blir vinsten från detta således *hitkalelut* (sammanblandning, införlivande eller integrering).

Orsaken är att när man vill ångra måste man döma sig själv och hela världen till förtjänstens vågskål, eftersom man själv är införlivad i all världens främmande nationers tankar. Detta är innebörden av **"Dömd – en ogudaktig. Han tar sin andel och sin väns andel i helvetet"**.

När man fortfarande var ogudaktig, vilket kallas **"dömd"**, bestod alltså ens egen andel av *se'arot*, motsägelser, och främmande tankar. Man var även sammanblandad med sin väns andel i helvetet, det vill säga att man var inkorporerad i alla människor i världens alla nationer.

När man senare blir **"Belönad – en rättfärdig"**, efter att man har ångrat, dömer man på så vis sig själv och hela världen till **"förtjänstens vågskål"** och **"tar sin andel och sin väns andel i himlen"**. Detta beror på att man måste dra till sig det högre Ljuset för alla människors främmande tankar i hela världen också, eftersom man är uppblandad i dem, och måste döma dem till förtjänstens vågskål.

Detta sker just genom att sträcka fram det högre Ljuset över dessa *dinim* som hör till allmänheten. Detta trots att de själva inte kan ta emot detta Ljus som man var tvungen att framkalla i deras ställe, eftersom de inte har förberedda *kelim* för det ändamålet, men man drar till sig åt dem också.

Likväl måste vi förstå det enligt den kända regeln som gäller för den som ger upphov till att Ljus sträcks fram i de högre graderna. Den säger att i den utsträckning man framkallar Ljus i den Högre får man ta emot också av dessa Ljus, eftersom man själv var orsaken. Enligt detta borde även de ogudaktiga få en del av det Ljus de framkallade i den rättfärdige.

För att förstå det måste vi först ta upp frågan om lotterna. Det fanns två lotter, som det står skrivet **"En lott för Herren och en lott för Asasel"**. Vi vet att en lott handlar om något som är över förståndet. När lotten är över förståndet gör det alltså att den andra blir för Asasel.

Detta är innebörden av "En härjande storm! Över de ogudaktigas huvuden virvlar den ned". Detta beror på att personen sträckte fram de högre Ljusen genom dessa motsägelser. Här upptäcker vi att på detta sätt ökar Skaparens storhet, och för den rättfärdige är det en nackdel, eftersom hela deras begär bara finns inom förståndet. Och när Ljuset som kommer baserat på över förståndet ökar, vittrar de bort och annulleras.

Det enda de ogudaktiga har är därför att hjälpa de rättfärdiga med att sträcka fram Skaparens storhet, och efteråt, när de har annullerats. Detta kallas "Belönad - han tar sin andel och sin väns andel i himlen". (Detta antyder bara den som hjälpte till med att göra korrigeringen som medför förverkligandet av Ljusets framträdande genom goda gärningar, och därför stannar denna handling i *Kdusha*. Man får ta emot det man åstadkommer Ovan, att man skapar en plats för Ljusets expansion. I det tillståndet tar den lägre emot det den förorsakar den Högre. Men motsägelserna och *dinim* upphävs eftersom de ersätts av Skaparens storhet, som uppstår på över förståndet, medan de vill att den ska framträda på *kelim* som består av inom förståndet; och därför upphävdes de. Så kan det tolkas).

Men även de främmande tankarna, som allmänheten gav upphov till för att dra storhet över dem, det Ljuset stannar kvar för dem. När de är värdiga att ta emot, kommer de också att ta emot det var och en av dem orsakade när det högre Ljuset drogs över dem.

Detta är innebörden av "En stig som går genom ett kluvet hårstrå", som tas upp i den heliga *Zohar* (del 15, och i *Sulam*-kommentaren, punkt 33, s. 56), som särskiljer mellan höger och vänster. De två lotterna som fanns på *yom kippurim*, vilket är ånger från fruktan. Det fanns dessutom lotter på *purim*, vilket är ånger genom kärlek.

Detta beror på att det hände innan det första templet byggdes, och på den tiden behövde de ånger genom kärlek. Men dessförinnan krävdes att de hade ett behov av att ångra. Detta behov orsakar *dinim* och *se'arot* (hår i plural). Och detta är vad som menas med att Haman tilldelades makt från Ovan, enligt Jag sätter ett sådant styre över er, så att han skall regera över er.

Därför skrev man att Haman **"hade kastat pur, det är lott"** i månaden *adar*, som är den **tolfte**, som det står om Elisha, "tolv par oxar", "två rader, sex i varje rad", vilket är månaden *adar*, det vill säga **aderet se'ar**, och det är de största *dinim*.

På grund av detta visste Haman hur han skulle besegra Israel, eftersom Moses hade dött i månaden *adar*. Men han visste inte att Moses hade fötts i samma månad, enligt "Och de såg att det var gott". **Anledningen till detta är att när man stärker sig själv under den svåraste situationen, då tilldelas man de största Ljusen**, som kallas "Skaparens storhet".

Och detta är innebörden av **"tvinnat vitt garn"**. Men andra ord, eftersom de hade beviljats "stigen som löper genom ett kluvet hårstrå", "två rader, sex i varje rad", och sedan **tvinnat**, som kommer från orden **en bortförd främling**. Det betyder att *sitra achra*, det vill säga främlingen, annulleras och försvinner eftersom den redan har fullbordat sin uppgift.

Här ser vi hur alla *dinim* och motsägelser bara kommer för att visa Skaparens storhet. Med Jakob, som var en slät man, utan *se'arot*, var det således omöjligt att blotta Skaparens storhet, eftersom han inte hade någon anledning eller något behov av att sträcka fram dem. Jakob hade inga *kelim* (kärl) och av den anledningen kunde han inte ta emot välsignelserna från Isak, och det finns inget Ljus utan ett *kli*. Därför uppmanade Rebecka honom att ta emot Esaus kläder.

Och detta är innebörden av **"och denne höll med sin hand i Esaus häl"**. Det betyder att trots att han inte hade något hår, tog han det från Esau. Isak såg detta och sade, "rösten är Jakobs röst, men händerna är Esaus händer". Med andra ord tyckte Isak om den förbindelse som Jakob gjorde och därigenom skapades hans kärl för välsignelse.

Detta är anledningen till att vi behöver en så stor värld med så många människor. Det är så för att varje person ska införlivas i sin vän. Varje individ är alltså inblandad i en hel världs tankar och begär.

Därför kallas en människa för "en liten värld" av sig själv, på grund av över förståndet. Och innebörden av "Inte belönad" är att den som ännu inte har renats, "tar sin andel och sin väns andel i helvetet", det vill säga att han är inkorporerad i sin väns helvete.

Och om man inte har korrigerat sin väns andel, det vill säga att man inte har korrigerat sin del som är införlivad i världen, då betraktas man inte vara fullkomlig, även om man redan har korrigerat sin egen del av helvetet.

Nu kan vi förstå att trots att Jakob själv var slät, utan *se'arot*, **höll han med sin hand i Esaus häl**. Det betyder att han tar *se'arot* genom att blandas upp med Esau.

Så när man belönas med att korrigera dem, tar man sin väns andel i himlen, med vilket avses måttet på storheten av de högre Ljusen som man sträckte fram över folkets *se'arot*. Det belönas man med, trots att folket inte kan ta emot på grund av att de ännu inte har kvalificerats.

Nu kan vi förstå Jakobs och Esaus diskussion. Esau sade, "Jag har **nog**", och Jakob sade, "Jag har **allt**", det vill säga "två rader, sex i varje rad", som betyder **inom förståndet och över förståndet**, vilket är viljan att ta emot och Ljuset av *dvekut* (fasthållande).

Esau sade, "Jag har nog", som är ett Ljus som kommer till mottagandekärlen, inom förståndet. Jakob sade att han hade allt, det vill säga båda urskiljanden. Med andra ord använde han kärlen för mottagande men hade dessutom Ljuset av *dvekut* (fasthållande).

Detta är innebörden av den blandade folkhopen som byggde kalven och sade, "Detta är din Gud, Israel", det vill säga *ele* (**dessa**), utan *mi* (**vem**), vilket betyder att de bara ville koppla sig till *ele*, och inte till *mi*. Det betyder att de inte ville ha båda, som tillsammans utgör namnet *Elokim* (**Gud**), alltså **nog och allt**. Det ville de inte ha.

Detta är innebörden av *cherubim*, som är *kravia* och *patia*. En *kerub* vid ena änden, som är urskiljandet **nog**, och en *kerub* vid andra änden, som är urskiljandet av **allt**. Detta är också innebörden av "från platsen mellan de två keruberna; där talade rösten till honom".

Men hur kan det vara så? När allt kommer omkring är de båda ändar, motsatta från varandra. Likväl var han tvungen att göra en *patia* (dåre) och därmed ta emot. Och detta kallas över förståndet: man gör det man blir tillsagd trots att man inte förstår någonting av det man blir tillsagd.

Angående **"allt"**, som kallas över förståndet, måste man försöka arbeta med glädje därför att genom glädje uppenbaras det sanna måttet av **allt**. Om man inte har någon glädje måste man plåga sig själv för att man inte har någon glädje, då detta är den huvudsakliga platsen för arbete, att upptäcka glädje genom att arbete över förståndet.

När man inte har någon glädje från detta arbete måste man därför plåga sig själv. Och detta är innebörden av texten, "som **har ett därtill villigt hjärta**", att man är plågad och less på att inte ha någon glädje från detta arbete.

Detta är även betydelsen av, "Eftersom du inte tjänade Herren, din Gud, med glädje och hjärtans lust, medan du hade **överflöd på allt**" (5 Mos 28:47). Istället lämnade du **allt** och tog bara **nog**. Därför kommer du att hamna långt ner utan någonting, det vill säg att du kommer att förlora även **nog**. Men i den utsträckning man har **"allt"**, och befinner sig i glädje, i lika stor utsträckning tilldelas man **"nog"**.

Följaktligen bör vi tolka "där satt kvinnor som begrät Tammus" (Hesekiel 8:14). Rashi tolkar att de hade avgudadyrkan, att han hade bly i sina ögon, och de värmde upp det för att smälta ut blyet ur ögonen.

Vi bör tolka handlingen att gråta, vilket betyder att de inte hade någon glädje eftersom det fanns damm i ögonen. Damm eller stoft är bechina *dalet*, himmelriket, som är tro över förståndet.

Detta urskiljande bär formen av damm, det vill säga att det är oviktigt. Och detta arbete har smaken av damm, alltså, lika betydelselöst som damm. Liknelsen med kvinnorna som gråter för Tammus betyder att de bränner denna avgudadyrkan så att upphettningen ska skilja dammet från blyet.

Med detta menas att de gråter över arbetet som de fick, att tro på Hans välvilliga styre, över förståndet, när de samtidigt bara ser motsägelser i Hans vägledning. Detta är arbetet i *Kdusha*, och de vill ta bort dammet, det vill säga arbetet över förståndet, som kallas "damm". Men ögonen kallas "syn", och det antyder att man ser Hans styre, vilket är **inom förståndet**. Och detta kallas **"avgudadyrkan"**.

Detta kan liknas med en person vars yrke är att tillverka krukor och kärl av lera. Det går till så att han först gör runda bollar av leran och därefter skär och urholkar bollarna. Och när den unga sonen ser vad fadern gör skriker han, "Far, varför förstör du bollarna?" Sonen förstår inte att faderns huvudsakliga mål är hålen, eftersom bara hålen kan komma att bli behållare och förvaringskärl, och sonen vill täppa igen hålen som fadern gör i bollarna.

Det är likadant här. Dammet i ögonen som blockerar synen och gör så att var man än tittar, finner man motsägelser i Försynen. Men det är hela det *kli* med vilket man kan upptäcka gnistorna av ovillkorlig kärlek, som kallas "glädjen från en *mitzva*". Om detta sägs det, "om Skaparen inte hade hjälpt honom skulle han inte ha segrat". Det betyder att om Skaparen inte hade givit personen dessa tankar, skulle han inte haft förmågan att ta emot något uppstigande.

34. Ett lands förtjänst

Jag hörde under *tevet*, 1942

Det är känt att ingenting uppträder i sin sanna form, utan endast genom motsatsen, "som ljuset framför mörkret". Detta innebär att allting pekar mot något annat, och genom motsatsen av någonting, kan existensen av dess motsats förnimmas.

Det är därför omöjligt att uppnå något i fullständig klarhet om dess motsvarighet inte står att finna. Till exempel: Det är omöjligt att bestämma sig för och säga att någonting är bra om dess motsats saknas, alltså något som kan anses vara dåligt. Det samma gäller bitterhet och sötma, kärlek och hat, hunger och mättnad, törst och släckt törst, fasthållande och separation. Det visar sig vara omöjligt att komma att älska fasthållande innan man uppnår hatet för separation.

För att bli belönad graden av att hata separation måste man först veta vad separation är, det vill säga vad man är separerad ifrån, och då kan man säga att man vill korrigera separationen. Med andra ord bör man undersöka från vem och vad man är separerad. Därefter kan man försöka korrigera sig och ansluta sig till det man har separerats från. Om man exempelvis förstår att man kommer att vinna på att förenas med Honom, då kan man anta och veta vad man förlorar på att förbli separerad.

Vinst och förlust mäts i enlighet med njutningen och lidandet. Man håller sig ifrån det som orsakar en lidande, och hatar det. Avståndets mått beror på måttet av lidande, eftersom det ligger i människans natur att fly från lidande. Det ena är på så sätt beroende av det andra, det vill säga att alltefter lidandets storlek, anstränger man sig och utför allehanda gärningar för att hålla sig ifrån det. Med andra ord framkallar plågorna hat för det som orsakar plågorna, och i den utsträckningen håller man sig långt borta från det.

Här följer att man bör veta vad likhet i form är för att veta vad man måste göra för att åstadkomma fasthållande, vilket kallas "likhet i form". Genom det kan man komma att förstå vad olikhet i form och separation är.

Det är känt från böcker och författare att Skaparen är välvillig. Det betyder att Hans vägledning ter sig som välvilja för de lägre; och detta är vad vi måste tro.

Därför, när man undersöker hur världen ter sig, och börjar undersöka sig själv eller andra, hur de lider under Hans försyn istället för att glädjas, vilket passar Hans namn – Välvilja – då är det svårt för en att säga att Hans försyn är välvillig och skänker rikedom.

Vi måste dock veta att i det tillståndet, när man inte kan säga att Skaparen endast skänker gott, betraktas man som ogudaktig eftersom lidandet får en att fördöma sin Skapare. Bara när man ser att Skaparen skänker en njutning rättfärdigar man Skaparen. Det är som våra visa sade, "Vem är rättfärdig? Den som rättfärdigar sin Skapare", det vill säga den som säger att Skaparen leder världen på ett **rättfärdigt** sätt.

Alltså, när man lider flyttar man sig längre från Skaparen, eftersom man naturligtvis känner hat för Honom som ger en plågor. Därför, där man skulle ha älskat Skaparen, blir man nu motsatsen, man har nämligen kommit att hata Skaparen.

Enligt detta, vad bör man då göra för att kunna älska Skaparen? För det ändamålet har vi beviljats botemedlet i att åta oss Tora och *mitzvot*, för Ljuset däri omformar. Där finns Ljus, som låter en känna allvaret i tillståndet av separation. Och långsamt, allteftersom människan avser att skaffa sig Ljuset av Tora, skapas hatet för separationen i henne. Hon börjar känna vad som är orsaken till att hon och hennes själ är separerade och avlägsna från Skaparen.

Därför måste man tro att Hans vägledning är välvillig, men eftersom man är försjunken i egenkärlek, medför det att man har olikhet i form, eftersom det finns en korrigering som kallas "med avsikten att ge", vilket kallas "ekvivalens i form". Endast i detta kan vi ta emot **glädjen och njutningen. Oförmågan att ta emot glädjen och njutningen** som Skaparen vill skänka väcker hat för separationen i mottagaren, och då kan man inse den stora fördelen med ekvivalens i form och man börjar längta efter fasthållande.

Som följd pekar varje form på en annan form. Alla de nedstigningar där man känner att man har kommit till separation är därför ett tillfälle att urskilja mellan någonting och dess motsats. Med andra ord bör man lära sig förstå fördelen med uppstigningarna genom nedstigningarna. Annars skulle man inte kunna uppskatta vikten av att föras närmare från Ovan, och de uppstigningar man tilldelas. Man skulle vara oförmögen att hämta den vikt man kunde ha hämtat därifrån, liksom när man får mat utan att någonsin ha känt hunger.

Det visar sig att nedstigningarna, vilka är tider av separation, frambringar vikten av fasthållande i uppstigningarna, medan uppstigningarna får en att hata de nedstigningar som separationen orsakar en. Med andra ord kan man inte fastställa hur dåliga nedstigningarna är, då man talar illa om Försynen, och inte ens känner vem man baktalar, så att man kan veta att man kommer få ångra en sådan synd. Detta kallas att "baktala Skaparen".

Därför följer att just när man har båda formerna kan man urskilja avståndet mellan den ena och den andra, "som ljuset framför mörkret". Endast då kan man uppskatta och betrakta detta med fasthållande, genom vilket man kan uppnå glädjen och njutningen i **Skapelsetanken**, vilket är "Hans begär att gynna Sina skapelser". Allting som visar sig framför våra ögon är bara det som Skaparen vill att vi ska uppnå så som vi gör, eftersom dessa är sätt på vilka man uppnår det fullständiga målet.

Ändå är det inte så lätt att skaffa fasthållande vid Skaparen. Det kräver stor möda och ansträngning att uppnå förnimmelsen och känslan av glädje och njutning. Innan det måste man rättfärdiga Försynen, tro över förnuftet att Skaparen förhåller sig med godhet mot skapelserna, och säga, "de hava ögon och se icke".

Våra visa sade, "Habackuk kom och tillskrev dem till en", som det står skrivet **"den rättfärdige skall leva genom sin tro"**. Det betyder att man inte behöver ta hand om detaljer, utan koncentrera sig på en enda punkt, en **regel**, vilken är tro på Skaparen. Detta är vad man bör be för, alltså att Skaparen ska hjälpa en att bli kapabel till framgång i form av tro över förnuftet. Det finns kraft i tron: genom den, kommer man till hat för separationen.

Vi ser att det finns en stor skillnad mellan **tro, seende och vetande**. Någonting som kan ses och vetas, om intellektet nödvändiggör att det är bra att göra detta och beslutar sig för det en gång, då är det beslutet tillräckligt beträffande det man har beslutat sig för. Med andra ord, man utför handlingen i den form man beslutat sig för. Anledningen till detta är att intellektet gör en sällskap i varenda handling för att se till att inte bryta mot det som intellektet sagt till en, och låter en förstå till hundra procent, i den utsträckning intellektet förde en till det beslut man fattade.

Men detta med att tro är en fråga om potentiellt samtycke. Med andra ord, man övermannar intellektet och säger att det i sanning är värt mödan att arbeta så som tron kräver att man arbetar över förnuftet. Därför är tro över förnuftet endast användbart under själva handlingen, när man tror. Endast då är man villig att anstränga sig över förnuftet i arbetet.

När man istället överger tron ens för ett ögonblick, det vill säga när tron försvagas under en kort stund, upphör man genast med Tora och arbetet. Det hjälper en inte att man för en liten stund sedan tog på sig bördan av tro över förnuftet.

När man dock i sitt intellekt varseblir att detta är dåligt för en, att det är något som sätter ens liv på spel, behöver man inga upprepade förklaringar och resonemang om varför detta är farligt. Utan efter att man en gång till fullo i sitt intellekt insett att man bör utöva dessa ting, om vilket intellektet uttryckligen talar om för en vad som är dåligt och vad som är bra, följer man därför det beslutet.

Vi ser skillnaden som finns mellan det som intellektet kräver och det som bara tron kräver, och vad anledningen är till att när något baseras på tro måste vi ständigt komma ihåg trons form, annars faller man från sin grad ner i ett tillstånd av ogudaktighet. Dessa tillstånd kan utspelas även under en enda dag; man kan falla från sin grad många gånger under en dag därför att det är omöjligt att tron över förnuftet inte upphör ens för ett ögonblick under loppet av en dag.

Vi måste veta att anledningen till att man glömmer tron bottnar i det faktum att tro över förnuft och intellekt strider mot alla kroppens begär. Eftersom kroppens begär kommer från den natur som präglats i oss, vilken kallas "viljan att ta emot", vare sig i medvetandet/tanken eller i hjärtat, och därför drar kroppen oss alltid mot vår natur. Endast när man hänger sig fast vid tro har man makten att ta sig ur de kroppsliga begären till tro över förnuftet, vilket betyder mot kroppens förnuft.

Därför, innan man förvärvar kärlen för skänkande, vilka kallas fasthållande, kan tron inte finnas inom en som en fast grund. När tron inte skiner för en, ser man att man befinner sig i det lägsta möjliga tillståndet, och allt detta kommer till en på grund av olikhet i form, vilket är viljan att ta emot för sin egen skull. Denna separation orsakar alla plågor för en, fördärvar alla byggnadsverk och all möda man lagt ner i arbetet.

Man ser att i samma ögonblick som man förlorar tron, befinner man sig i ett värre tillstånd än när man påbörjade arbetet med att vandra på vägen mot givande. På så vis skaffar man sig hat för separationen, eftersom man omedelbart börjar uppleva plågor inom sig själv, och hela världen. Det blir svårt för en att rättfärdiga Hans försyn över skapelserna, att betrakta den som välvillig, och då känner man att hela världen mörknat inför en, och man har ingenting från vilket man kan få glädje.

Och därför skaffar man sig, varje gång man börjar korrigera sitt felaktiga förtal mot Försynen, hatet för separationen. Och genom hatet man känner under separationen börjar man älska fasthållande. Med andra ord, i samma utsträckning som man lider under separationen, förs man närmare fasthållande vid Skaparen. Likaledes, i samma utsträckning som man känner mörkret som dåligt, kan man komma att känna att fasthållande är en bra sak. Då vet man hur man ska värdesätta det när man tar emot ett visst mått av fasthållande, för tillfället, och vet då hur man uppskattar det.

Nu kan vi se hur all världens plågor blott är en förberedelse inför de verkliga plågorna. Det är dessa plågor människan måste nå, annars kommer hon aldrig kunna uppnå någonting andligt, eftersom det inte finns något Ljus utan ett kärl. Dessa plågor, de verkliga plågorna, kallas "fördömande av Försynen och förtal". Detta är vad man ber för, att inte baktala Försynen, och det är dessa plågor som Skaparen godtar. Detta är innebörden av ordspråket att Skaparen hör varje muns bön.

Anledningen till att Skaparen besvarar dessa plågor är att man då inte ber om hjälp för sina egna kärl för mottagande, eftersom vi kan säga att om Skaparen uppfyller alla ens önskningar, skulle detta avlägsna en från Skaparen på grund av den olikhet i form man då skulle få. Istället är fallet det motsatta: man ber om tro, så att Skaparen ska skänka en styrkan att övervinna och belönas med ekvivalens i form, ty man ser att när man inte har en bestående tro, det vill säga när tron inte skiner för en, kommer tankar som får en att tvivla på Försynen.

Detta, i sin tur, för en till ett tillstånd som kallas "ondska", i vilket man fördömer sin Skapare. Det visar sig att allt lidande man känner kommer på grund av att man talar illa om Försynen. Det visar sig att det som gör en illa är att där man skulle ha prisat Skaparen, och säga "Välsignad vare Han som skapat oss till Sin ära", vilket betyder att skapelserna visar aktning för Skaparen, ser man istället hur världens uppträdande inte passar Hans Namn, eftersom alla klagar och kräver att först borde det vara öppen försyn, att Skaparen leder världen med välvilja. Eftersom den inte är öppen, säger de att denna försyn inte förhärligar Honom, och det gör en sorgsen.

Av de plågor man känner drivs man på så vis till förtal. Därför, när man ber Skaparen att skänka trons kraft till en och belöna en med välvilja, är det inte därför att man vill ta emot det goda för att glädja sig själv. Istället gör man det för att man inte ska baktala; det är detta som plågar en. För sin egen skull, vill man över förnuftet tro att Skaparen leder världen med välvilja, och man vill att ens tro ska sätta sig i förnimmelserna, som om den var inom förnuftet.

Därför, när man utövar Tora och *mitzvot* vill man sträcka ut Guds Ljus, inte för sin egennyttas skull, utan för att man inte kan stå ut med att inte ha förmågan att rättfärdiga Hans försyn, vilken är välvillig. Det smärtar en att man vanhelgar Guds Namn, vilket är **Välvilja**, och att ens kropp påstår något annat.

Detta är allt som plågar en, eftersom genom att vara i ett tillstånd av separation, kan man inte rättfärdiga Hans vägledning. Detta betraktas som att hata tillståndet av separation. Och när man genomgår detta lidande, hör Skaparen ens bön, för en närmare Honom, och man belönas med fasthållande. Orsaken till detta är att smärtorna man känner på grund av separationen berättigar en att belönas med fasthållande; och då sägs det, "som ljuset framför mörkret".

Detta är innebörden av "Och vid allt detta är det en förmån för ett land". **Land** är skapelsen; med "**vid allt detta**" menas att med förmånen, det vill säga när vi ser skillnaden mellan tillståndet av separation och tillståndet av fasthållande, genom det beviljas vi fasthållande vid **allt**, eftersom Skaparen kallas "roten till **alla ting**".

35. Angående livskraften i Kdusha

Jag hörde 1945, Jerusalem

Versen lyder (Psaltaren 104): "Se ock havet, det stora och vida: ett tallöst vimmel rör sig däri, djur både stora och små."

Vi bör tolka:

1) **Havet** som det hav som tillhör *sitra achra*.

2) **Det stora och vida** betyder att den visar sig och ropar "Ge, ge", vilket pekar på stora kärl för mottagande.

3) **Djur** betyder att det finns högre Ljus där, vilka man kliver och trampar på med sina fötter.

4) **Tallöst vimmel**, att där finns små och stora djur, det vill säga att oavsett om man har en liten livskraft, eller en stor livskraft, finns allt detta i havet.

Anledningen till detta är att det finns en regel som säger att från Ovan ger de givande, och tagande, det tar de inte (allt som ges från Ovan tas inte emot i gengäld, utan stannar kvar nedan). Och därför, om man räcker fram någonting från Ovan och sedan befläckar det, blir det kvar nedan, men inte hos människan. Istället faller det ner i det hav som tillhör *sitra achra*.

Med andra ord, om människan frambär ett sken och inte kan upprätthålla det permanent på grund av att hennes *kelim* (kärl) ännu inte är tillräckligt rena för att duga åt Ljuset, det vill säga att hon kommer att ta emot det i kärl för givande liksom Ljuset som kommer från Givaren, då måste skenet ge sig av från henne.

Då faller skenet i händerna på *sitra achra*. Detta upprepas åtskilliga gånger, alltså att man räcker fram, och sedan ger det sig av.

Därför ökar ljusskenen i havet hos *sitra achra*, tills måttet är rågat. Det betyder att efter det att människan funnit det fulla måttet av sin ansträngning, kommer *sitra achra* lämna tillbaka allt hon tagit under sin egen auktoritet till människan. Detta är innebörden av **"Den**

rikedom han har slukat måste han utspy". Av detta följer att allt *sitra achra* hade tagit under sin egen auktoritet bara var liksom lämnat i förvar, det vill säga så länge hon hade kontroll över människan.

Och hela situationen med det herravälde hon hade var bara till för att man skulle ha utrymme att granska sina kärl för mottagande och släppa in dem i *Kdusha* (Helighet). Med andra ord, om hon inte hade härskat över människan, skulle människan nöja sig med lite och hennes kärl för mottagande skulle då förbli separerade. Hon skulle på så sätt aldrig haft förmågan att samla alla de *kelim* som tillhör hennes själs rot, ta dem in i *Kdusha*, och frambära det Ljus som tillhör henne.

Därför är det en korrigering att varje gång man räcker fram någonting och har ett nedstigande, måste man börja om på nytt, vilket innebär nya granskningar. Och det man hade sedan tidigare har trillat ner i *sitra achra*, och hon håller det i förvar under sin auktoritet. Efteråt får man ta emot allt hon tagit ifrån en under hela denna tid.

Likväl måste vi också veta att om man kunde upprätthålla ett visst sken, om än ett litet sådant, så länge det var permanent, skulle man redan betraktas som fullkomlig. Med andra ord skulle man ha kunnat gå framåt med denna upplysning. Så om man förlorar skenet, bör man därför beklaga det.

Detta är likt en person som planterar ett frö i jorden för att det ska växa upp och bli ett stort träd, men istället plockar upp det med en gång. Vilken nytta har man då av arbetet med att plantera fröet i jorden?

Därtill kan vi säga att han inte bara tog fröet och korrumperade det, utan vi kan också säga att han grävde upp ett helt träd med mogna frukter och korrumperade dem.

Detsamma gäller här: Om man inte hade förlorat detta ynkliga sken, skulle det ha vuxit sig till ett väldigt Ljus. Som följd är det inte nödvändigtvis så att man blivit av med kraften bara i det lilla skenet, utan det är verkligen som om ett väldigt Ljus har gått förlorat.

Vi måste veta att det finns en regel som säger att man inte kan leva utan livlighet och njutning, eftersom det härrör från skapelsens rot, vilket är Hans begär att gynna sina skapelser. Därför kan inte en enda skapelse leva utan livlighet och njutning. Och därför måste varje skapelse gå och leta efter en plats från vilken den kan ta emot glädje och njutning.

Men njutningen tas emot vid tre tillfällen: i det förflutna, i det nuvarande, och i framtiden. Dock sker det huvudsakliga mottagandet av njutning i det nuvarande. Även om vi ser att man också tar emot njutning från det förflutna och från framtiden, är det på grund av att det förflutna och framtiden skiner i nuet.

Och om man inte finner en förnimmelse av njutning i det nuvarande, får man livlighet från det förflutna, och man kan berätta för de andra om hur man var lycklig i en förgången tid. Av det kan man ta emot sitt uppehälle i nuet, eller föreställa sig hur man kommer att vara lycklig i framtiden. Men att mäta förnimmelsen av njutning från det förflutna eller från framtiden beror på i vilken utsträckning de skiner för en i det nuvarande. Vi måste också veta att detta förekommer i både materiella njutningar och andliga njutningar.

Som vi ser, att när människan arbetar, även i det materiella, är ordningsföljden att under arbetets gång är hon olycklig på grund av att hon anstränger sig. Och att hon kan fortsätta arbeta är enbart på grund av att framtiden skiner för henne, när hon kommer att ta emot lönen för sitt arbete. Detta skiner för henne i nuet, och det är anledningen till att hon kan fortsätta arbeta.

Om hon likväl inte har förmågan att föreställa sig den belöning hon kommer att få i framtiden, måste hon hämta njutning från framtiden, inte från den belöning hon kommer att få ta emot i framtiden. Med andra ord kommer hon inte finna nöje i belöningen, men hon kommer inte heller att känna lidande på grund av ansträngningen. Detta är vad hon gläds över nu, i det nuvarande, vad hon kommer att ha i framtiden.

Framtiden skiner för henne i nuet, att arbetet snart kommer att vara över, alltså den tid hon måste arbeta, och sedan får hon vila. Njutningen från vilan hon slutligen kommer att få skiner för henne. Med andra ord kommer hennes vinst att ligga i att hon inte längre kommer att pinas av det hon nu känner under arbetet. Och detta ger henne den kraft som gör det möjligt för henne att arbeta nu.

Om man inte har förmågan att föreställa sig att man snart kommer att befrias från de plågor man nu genomlider, blir man förtvivlad och sorgsen, och det tillståndet kan driva en till att ta sitt liv.

Detta är anledningen till att våra visa sade, "Den som tar sitt liv har ingen del i nästa värld", eftersom han förnekar Försynen, att Skaparen leder världen efter "Gott som gör gott". Istället bör han tro att dessa tillstånd kommer till honom därför att Ovan vill de ge honom *Tikkun* (korrigering), vilket betyder att man ska samla *reshimot* (hågkomst) från dessa tillstånd så att man ska kunna förstå världens uppförande mer intensivt och starkare.

Dessa tillstånd kallas **achoraim** (baksida). Och när man övervinner dessa tillstånd, kommer man att belönas med urskiljandet av **panim** (framsida), vilket betyder att Ljuset skiner in i dessa *achoraim*.

Det finns en regel som säger att man inte kan leva om man inte har en plats från vilken man kan ta emot glädje och njutning. Och därför, om man inte har förmågan att ta emot från det nuvarande, måste man fortfarande ta emot från det förgångna eller från framtiden. Med andra ord söker kroppen sitt uppehälle genom alla medel som står till dess förfogande.

Och då, om man inte går med på att ta emot näring från materiella ting, har kroppen inget annat val än att gå med på att ta emot sitt uppehälle från andliga ting eftersom den inte har något val.

På grund av detta måste den gå med på att ta emot glädje och njutning från kärl för givande, eftersom det är omöjligt att leva utan näring. Härav följer att när man är van vid att hålla Tora och *mitzvot lo lishma* (inte för Hennes namn), det vill säga för att ta emot en belöning för sitt arbete, har man förmågan att föreställa sig att man senare kommer att få ta emot en belöning, och kan redan arbeta med beräkningen att man kommer att få glädje och njutning efteråt.

Om man emellertid inte arbetar med avsikten att bli belönad, utan vill arbeta utan någon belöning, hur kan man då föreställa sig att man har någonting att livnära sig på? När allt kommer omkring kan man ju inte skapa sig någon bild alls, eftersom man inte har någonting att göra det på.

I *lo lishma* finns det av den anledningen inget tvingande behov av att ge näring från Ovan, eftersom man livnär sig på bilden av framtiden, och **från Ovan skänks bara det som är nödvändigt, och inte lyx**. Och därför, om man vill arbeta för Skaparen och inte har någon som helst önskan att livnära sig på andra ting, finns det inget annat råd, utan man måste få sitt uppehälle från Ovan. Orsaken är att man enbart kräver livets absoluta nödtorft, och då får man sitt uppehälle ur den heliga Gudomens struktur.

Det är som våra visa sade, "Envar som sörjer för allmänheten belönas med att se allmänhetens tröst". Allmänheten kallas "Den heliga *Shechina* (Gudomen)", eftersom allmänhet innebär ett kollektiv, vilket betyder Israels församling, eftersom *malchut* är ansamlingen av alla själar.

Eftersom man inte vill ha någon belöning åt sig själv, utan vill arbeta för Skaparen, vilket kallas att "höja Gudomen ur stoftet", så att det inte ska sänkas, det vill säga så att de inte vill arbeta för Skaparen, utan allt de ser är att det kommer att vara till nytta för deras egen skull, och att de då har bränsle till arbetet. Och vad beträffar Skaparens fördel, ser man inte vilken belöning man kommer att få i gengäld, och kroppen motsätter sig detta arbete eftersom den känner en smak av stoft i detta arbete.

En sådan människa vill arbeta för Skaparen, men kroppen gör motstånd. Och hon ber Skaparen att ge henne kraften att icke desto mindre kunna arbeta för att höja Gudomen ur stoftet. Som följd belönas hon med *panim* (framsidan) av Skaparens ansikte, vilket uppenbaras för henne, och fördöljandet avlägsnas från henne.

36. Vilka är de tre kropparna i människan

Jag hörde den tjugofjärde *adar*, 19 mars, 1944

Människan består av tre kroppar:

1) Den inre kroppen, vilket är en klädnad för själen av *Kdusha* (Helighet).

2) *Klipa* (skal) av *noga*.

3) Ormens skinn.

För att räddas från de två kropparna, så att de inte står i vägen för *Kdusha*, och så att människan ska kunna använda enbart den inre kroppen, utvägen för det är att det finns ett botemedel – att uteslutande begrunda sådana saker som angår den inre kroppen.

Det betyder att ens tankar alltid bör vila på den enda auktoriteten, det vill säga "det finns ingen annan än Han". Rättare sagt, Han gör, och kommer att göra alla handlingar, och det finns ingen skapelse i världen som kan skilja en från *Kdusha*.

Och eftersom man inte tänker åt de två kropparna dör de, då de inte har någon näring och ingenting att leva på, eftersom de tankar vi tänker för deras räkning är deras försörjning. Detta är innebörden av, "I ditt anletes svett skall du äta ditt bröd". Före synden med kunskapens träd, berodde uppehället inte på bröd. Närmare bestämt fanns det inte något behov av att sträcka ut Ljus och uppehälle, utan det upplystes.

Men efter synden, när *Adam ha rishon* hade fästs vid ormens kropp, då hade livet bundits samman med brödet, det vill säga att näringen alltid måste supas in på nytt. Och om de inte får näring dör de. Och detta blev en stor korrigering, så att människan kan räddas från de två kropparna.

Därför måste man med all sin makt försöka att inte tänka tankar som angår dem, och kanske är det detta våra visa sade, "tankar på överträdelse är svårare än en överträdelse", eftersom tankar är deras näring. Med andra ord får de näring från de tankar man tänker för dem.

På grund av detta måste man tänka uteslutande på den inre kroppen, för det är en klädnad för själen av *Kdusha*. Det betyder att man bör tänka tankar som är utanför huden. Detta innebär att utanför kroppens hud kallas utanför ens kropp, det vill säga utanför sin egen förtjänst, bara tankar på att gynna andra. Och detta kallas "utanför huden".

Orsaken är att utanför huden har *klipot* (plural för *klipa*) inget fäste, eftersom *klipot* bara griper tag i sådant som finns innanför huden, alltså sådant som tillhör människans kropp, och inte utanför hennes kropp, vilket kallas "utanför huden". Det betyder att de äger allt som kommer in i kroppens klädnad, och de kan inte hålla fast vid någonting som inte kläds i kroppen.

När människan envisas med tankar som är utanför huden, belönas hon med det som står skrivet **"Och sedan denna min sargade hud är borta, skall jag fri från mitt kött få skåda Gud"** (Job 19, 26). "Denna" är den heliga Gudomen, och hon står utanför huden. "Är borta" betyder att den har korrigerats och står "utanför huden". Då belönas man med **"skall jag fri från mitt kött få skåda Gud"**.

Det betyder att *Kdusha* kommer och kläder kroppens inre just när människan går med på att arbeta utanför huden, det vill säga utan någon klädnad. Men de ogudaktiga, som vill arbeta just när det finns en klädnad i kroppen, vilket kallas innanför huden, kommer då att dö utan visdom. Orsaken är att de då inte har någon klädnad och därför inte belönas med någonting. Snarare är det just de rättfärdiga som belönas med klädnad i kroppen.

37. En artikel för purim

Jag hörde 1948

Vi måste förstå ett flertal viktiga detaljer i *Megilla*[2]:

1) Det står skrivet: "En tid härefter upphöjde konung Achashverosh agagiten Haman." Vi måste förstå vad "En tid härefter" är, det vill säga efter det att Mordechai hade räddat kungen. Det kan tyckas rimligt att Kungen skulle ha upphöjt Mordechai. Men vad står det istället? Att han upphöjde Haman.

2) När Ester sade till kungen, "Ty vi äro sålda, jag och mitt folk", frågade kungen, "Vem är han, och var är han?" Det betyder att kungen inte visste någonting om detta, trots att det uttryckligen står att kungen sade till Haman, "Silvret vare dig skänkt, och med folket må du göra, såsom du finner för gott". Så vi ser här att kungen faktiskt kände till försäljningen.

3) Om "rätta sig efter var och ens önskan" sade våra visa (*Megilla* 12), "Rabba sade, 'de skulle rätta sig efter Mordechais och Hamans önskan'". Det är väl känt att där det bara står "Konungen" hänvisar den till Kungen över världen. Hur kan det då vara så att Skaparen skulle handla enligt en ogudaktigs önskan?

4) Det står skrivet: "Mordechai fick veta allt vad som hade skett." Det betyder att bara Mordechai visste, eftersom innan det står det, "under det att bestörtning rådde i staden Susan". Därför kände hela staden Susan till det.

---

[2] *Megillat Esther* (Esters skriftrulle), vilket hänvisar till Esters bok.

5) Det står skrivet: "Ty en skrivelse, som är utfärdad i konungens namn och beseglad med konungens ring, kan icke återkallas." Hur gav han så de andra breven efteråt, vilka slutligen ogiltigförklarade de första breven?

6) Vad betyder det att våra visa sade, "På *purim* måste man berusa sig tills man inte kan skilja den förbannade Haman från den välsignade Mordechai"?

7) Vad betyder det våra visa sade om versen "Och när man drack, gällde den lagen, att intet tvång skulle råda", vad är "gällde den lagen"? Rabbi Hanan sade på Rabbi Meirs vägnar, "enligt Toras lag." Vad är Toras lag? Mer ätande än drickande.

För att förstå det ovan nämnda måste vi först förstå detta med Haman och Mordechai. Våra visa sade om versen, "rätta sig efter var och ens önskan", det vill säga Haman och Mordechai. Vi bör tolka det som att Mordechais önskan är "enligt Toras lag", vilket är mer ätande än drickande, och Hamans önskan är motsatsen, mer drickande än ätande.

Vi frågade "Hur kan det vara så att Han skulle ställa i ordning en måltid enligt en ogudaktigs önskan?" Svaret på det står skrivet där intill, "intet tvång skulle råda". Det betyder att drickandet inte var påtvingat, och detta är innebörden av, "intet tvång skulle råda".

Det är som våra visa sade om versen, "Då skylde Mose sitt ansikte, ty han fruktade för att se på Gud". De sade att i utbyte mot "Då skylde Mose sitt ansikte", belönades han med "och han får skåda Herrens gestalt". Detta betyder att just därför att han inte behövde det (det vill säga att han kunde göra en *masach* (skärm) över det), av den anledningen tilläts han att ta emot. Det står också skrivet "Jag har lagt hjälp i en hjältes hand". Det betyder att Skaparen skickar hjälp till den som är mäktig som en hjälte och kan vandra på Guds vägar.

Det står skrivet **"Och när man drack, gällde den lagen, att intet tvång skulle råda"**. Vad är "gällde den lagen"? Eftersom "intet tvång skulle råda" betyder det att man inte behövde drickandet, men när de väl började dricka, greps de av det. Detta pekar på att de var bundna till drickandet, vilket betyder att de behövde drickandet, annars skulle de inte kunna röra sig framåt.

Detta kallas "tvång", och det betraktas som att de hade upphävt Mordechais metod. Detta är också vad som menas när våra visa sade att den generationen dömdes till att förgås eftersom de åtnjöt den ogudaktiges måltid.

Med andra ord, om de hade tagit emot drycken i form av "intet tvång skulle råda", skulle de inte ha upphävt Mordechais önskan, och det är Israels metod. Men efteråt, när de tog drycken i form av "tvång", följer att de själva dömde **Toras lag** till att förgås, vilket är urskiljandet av Israel.

Detta är vad som menas med mer ätande än drickande. Detta med att dricka hänvisar till avslöjandet av *chochma* (visdom), vilket kallas vetande. Ätande, å andra sidan, kallas *Ohr de chassadim* (Barmhärtighetens Ljus), vilket är tro.

Detta är innebörden av Bigetan och Teres, som sökte tillfälle att bära hand på kungen över världen. "Härom fick Mordechai kunskap... Saken blev nu undersökt och så befunnen". Detta sökande skedde inte med en gång, och det var inte lätt för Mordechai att skaffa sig det, men efter mycket arbete **uppenbarades denna felaktighet för honom**. När det väl blivit uppenbart för honom, **"blevo båda upphängda på trä", det vill säga efter förnimmelsen av att detta var besudlande**, då **hängdes** de, vilket betyder att de tog bort dessa handlingar och begär från världen.

"En tid härefter", betyder att efter allt arbete och all ansträngning Mordechai hade haft med den granskning han hade gjort, ville kungen belöna honom för hans mödor med att arbeta enbart i *lishma* (för Hennes namn) och inte för sin egen skull. Eftersom det finns en regel som säger att den lägre inte kan ta emot någonting utan att ha ett behov, eftersom det inte finns något Ljus utan ett kärl, och ett kärl kallas ett behov, när det inte är ett behov för hans egen skull, hur kan något skänkas till honom då?

Hade kungen frågat Mordechai vad han borde ge honom som belöning för hans arbete, och eftersom Mordechai är en rättfärdig, vars arbete är att enbart ge utan något behov av att stiga i grad, utan han nöjer sig med lite, ville kungen ge honom visdomens Ljus, vilket sträcks fram ur den vänstra linjen, och Mordechais arbete var bara från den högra linjen.

Vad gjorde kungen? Han upphöjde Haman, vilket betyder att han gjorde den vänstra linjen viktig. Detta är innebörden av "och gav honom främsta platsen bland alla de furstar som voro hos honom". Därtill gav han honom makten, det vill säga att alla kungens tjänare föll ned på knä framför Haman, "ty så hade konungen bjudit honom", att han skulle ta kontroll, och alla godtog honom.

Att de knäböjde är ett godtagande av styret, därför att de gillade Hamans tillvägagångssätt i arbetet mer än vad de gillade Mordechais tillvägagångssätt. Alla judar i Susan godtog Hamans enväldighet så mycket att det var svårt för dem att förstå Mordechais synsätt. När allt kommer omkring kan alla förstå att arbetet med att vandra på den vänstra linjen, vilket kallas **vetande**, är lättare när man vandrar på Skaparens vägar.

Det står skrivet att de frågade **"Varför överträder du konungens bud?"** Eftersom de såg att Mordechai envisades med sin åsikt om att vandra på **trons** väg, **blev de förvirrade**, och visste inte vilken sida som var rätt.

De gick och frågade Haman vem som hade rätt, som det står skrivet, "**berättade de det för Haman** för att se, om Mordechais förklaring skulle få gälla; ty han hade berättat för dem, att han var en **jude**". Det betyder att judens väg är mer ätande än drickande, vilket betyder att **tro** är ansatsen, och detta är hela judendomens grund.

Detta orsakade Haman en väldig oro, varför skulle inte Mordechai gå med på hans synsätt? När alla såg Mordechais tillvägagångssätt, att han hävdade att han själv skulle vandra judendomens väg, och de som tar en annan väg betraktas som att de dyrkar avbilder, därför står det skrivet, **"Men vid allt detta kan jag dock icke vara till freds, så länge jag ser juden Mordechai sitta i konungens port"**. Orsaken är att Mordechai påstår att enbart genom honom når man **kungens port**, och inte genom Haman.

Nu kan vi förstå varför det står att "Mordechai fick veta", alltså att det var just Mordechai som visste. Men det står skrivet "under det att bestörtning rådde i staden Susan", vilket betyder att alla visste.

Vi bör tolka det som att staden Susan var förvirrad och inte visste vem som hade rätt, men **Mordechai visste** att om Haman skulle få härska, skulle det leda till att Israels folk skulle utrotas. Med andra ord skulle han utplåna hela Israel från världen, det vill säga folket som tillhör Israels judendoms väg, vars grund i arbetet är tro över förståndet, vilket kallas "övertäckt barmhärtighet", att vandra tillsammans med Skaparen med slutna ögon, och alltid säga om sig själv "de hava ögon och se icke", eftersom hela Hamans fäste är på den vänstra linjen, vilket kallas vetande, vilket är motsatsen till tro.

Detta är vad som menas med lotterna som Haman kastade, som det var på *yom kippurim* (försoningens dag), som det står skrivet, "en lott för Herren och en lott för Asasel". Lotten för Herren betyder ett urskiljande av "höger", vilket är *chassadim* (barmhärtighet), vilket kallas "ätande" och är tro. Lotten för Asasel är den vänstra linjen, vilket faktiskt betraktas som "odugligt", och hela *sitra achra* (andra sidan) härrör från detta.

Därför sträcker sig en blockering för Ljuset från den vänstra linjen, eftersom bara den vänstra linjen fryser Ljusen. Detta är innebörden av **"kastades pur, det är lott"**, det vill säga att den tolkar vad som kastas. Det står *"pur"* vilket har att göra med **Pi Ohr** (en mun av Ljus, och uttalas *Pi Ohr*).

Alla Ljus blockerades genom lotten för Asasel, och vi finner att han kastade ner alla Ljus. Haman trodde att **"den rättfärdige får förbereda det, men det är den ogudaktige som får kläda sig i det"**. Med andra ord trodde Haman, vad beträffar alla de mödor och ansträngningar Mordechai hade gjort tillsammans med alla de som följe honom, att den belöning som de förtjänade, den belöningen trodde Haman att han skulle få ta.

Det betyder att Haman trodde att han skulle ta de Ljus som dök upp på grund av Mordechais korrigeringar under sitt herravälde. Allt detta berodde på att han såg att kungen gav honom kraften att bära fram visdomens Ljus nedan. När han kom till kungen och sade "förstör judarna", vilket innebär att upphäva Israels herravälde, vilket är tro och barmhärtighet, och blotta visdomen för världen, svarade kungen honom: **"Silvret vare dig skänkt, och med folket må du göra, såsom du finner för gott"**, vilket betyder efter Hamans önskan, enligt hans herravälde, vilket är **vänster och vetande**.

Hela skillnaden mellan de första och de andra breven finns i ordet **"judarna"**. I "avskrift av det skrivna påbudet" (avskriften avser innehållet som kom fram inför kungen; efteråt tolkas avskriften, och intentionen i avskriften förklaras) stod det **"att i vart och särskilt hövdingedöme ett påbud, öppet för alla folk, skulle utfärdas, att de skulle vara redo till den dagen"**. Det står inte vilka det avser, men Haman tolkade avskriften, som det står skrivet, **"en skrivelse, alldeles sådan som Haman ville"**.

Ordet **judarna** står skrivet i de andra breven, som det står skrivet, "I skrivelsen stod, att ett påbud, öppet för alla folk, i vart och särskilt hövdingedöme skulle utfärdas, att judarna skulle vara redo till den dagen att hämnas på sina fiender".

När Haman kom inför kungen berättade kungen för honom att silvret som hade förberetts skänks till dig, vilket betyder att du inte behöver göra någonting mer eftersom, "och med folket [som skänks till dig] må du göra, såsom du finner för gott".

Med andra ord vill folket redan göra såsom du finner för gott, det vill säga att folket vill ta emot ditt herravälde. Ändå sade inte kungen åt honom att upphäva Mordechais och judarnas herravälde. Istället var det förbestämt att nu, vid denna tid, skulle det ske ett avslöjande av *chochma*, vilket är som att finna nåd för edera ögon.

Avskriften, "i vart och särskilt hövdingedöme **ett påbud**, öppet för alla folk, skulle utfärdas". Det betyder att påbudet skulle utfärda **avslöjandet av *chochma*** (är) **för alla länder**.

Med det stod inte att urskiljandet om Mordechai och judarna skulle upphävas, vilket är tro. Istället var avsikten att det skulle ske ett avslöjande av *chochma* (visdom), men de skulle ändå välja *chassadim* (barmhärtighet).

Haman sade att eftersom det nu råder en tid för avslöjande av *chochma*, är det säkerligen så att detta avslöjande skänks nu för att man ska använda *chochma*, för vem skulle någonsin göra något som inte kan användas? Om det inte används följer att förfarandet varit förgäves. Därför måste det vara Guds vilja, och Skaparen hade givit detta avslöjande så att *chochma* skulle användas.

Mordechais argument var att avslöjandet var till enbart för att visa att det de tar för sig själva, för att vandra på den högra linjen, vilket är fördold *chassadim*, är inte därför att det inte finns något val och därför tar de denna väg.

Detta kan verka som tvång, det vill säga att de inte har något annat val eftersom det inte finns något avslöjat *chochma*. Nu när det finns avslöjat *chochma* finns det istället utrymme för dem att välja av sin egen fria vilja. Med andra ord väljer de en väg för *chassadim* hellre än det vänstra, vilket är avslöjandet av *chochma*.

Detta betyder att avslöjandet bara var till för att de skulle kunna avslöja vikten av *chassadim*, att det var viktigare för dem än *chochma*. Det är som våra visa sade **"Hittills med tvång, hädanefter frivilligt"**. Och detta är innebörden av **"stadgade judarna och antogo såsom oryggligt sed"**. Här följer att avslöjandet av *chochma* kom enbart så att de skulle kunna ta emot judens metod av egen vilja.

Och det var dispyten mellan Mordechai och Haman. Mordechais argument var att det vi nu ser, att Skaparen avslöjar *chochmas* herravälde, var till för att de skulle ta emot *chochma,* men bara för att förbättra *chassadim.*

Det betyder att de nu har en plats på vilken de kan visa att deras mottagande av *chassadim* är frivilligt, vilket betyder att de har utrymme för att ta emot *chochma,* eftersom det nu råder en tid för det vänstras herravälde, vilket skiner av *chochma,* och ändå väljer de *chassadim.* Av detta följer att de visar – genom att ta emot *chassadim* – att det högra styr över det vänstra.

Därför är det **judiska påbudet** det viktiga, och Haman påstod motsatsen, att Skaparens nu gällande avslöjande av den vänstra linjen, vilket är *chochma,* kommer för att man ska använda *chochma.* Annars skulle det betyda att Skaparen gjorde något som inte var nödvändigt, vilket betyder att Han gjorde någonting och att det inte finns någon som kan glädjas av det. Därför bör vi inte bry oss om vad Mordechai säger, utan alla borde lyssna på hans röst, och använda sig av avslöjandet av *chochma* som nu dykt upp.

Av detta följer att de andra breven inte upphävde de första. Snarare framfördes en förklaring och en tolkning av avskriften, att påbudet som utfärdades till alla folken, att avslöjandet av *chochma* som nu skiner, är **till för judarna**. Med andra ord är det för att judarna ska ha förmågan att välja *chassadim* av sin egen fria vilja, och inte för att det inte finns någon annan väg att välja.

Detta är orsaken till att det står skrivet i de andra breven, **"att judarna skulle vara redo till den dagen att hämnas på sina fiender"**. Det betyder att *chochmas* herravälde kommer för att visa att de föredrar *chassadim* framför *chochma,* och detta kallas "att hämnas på sina fiender". Orsaken är att deras fiender vill ha just *chochma,* medan judarna avvisar *chochma.*

Nu kan vi förstå frågeställningen vi hade om kungens fråga, "Vem är den, och var är den som har fördristat sig att göra så?" Och varför frågade Han? Kungen hade trots allt sagt till Haman, **"Silvret vare dig skänkt, och med folket må du göra, såsom du finner för gott"**.

(Det är som vi har sagt, att innebörden är att avslöjandet av *chochma* sker med avsikten att folket ska göra såsom du finner för gott, vilket betyder att det kan finnas ett utrymme för fritt val. Detta kallas "och med folket må du göra, såsom du finner för gott". Men om det inte sker något avslöjande av *chochma,* finns det inget utrymme för val, utan det *chassadim* som de tar, verkar vara för att de inte har något val.)

Det betyder att allt detta tilldrog sig därför att kungen gav order om att det nu skulle vara en tid för avslöjandet av *chochma.* Avsikten var att det vänstra skulle tjäna det högra. Genom det skulle det bli uppenbart att det högra är viktigare än det vänstra, och därför valde de *chassadim.*

Detta är innebörden av ***megillat Esther.*** Det verkar här finnas en motsägelse mellan termerna, eftersom ***megillat*** (**skriftrulle**) betyder att det är *galui* (avslöjat) för alla, medan ***Esther*** betyder att där finns *hastara* (fördöljande). Dock bör vi tolka det som att hela avslöjandet är till för att skapa utrymme för att välja fördöljande.

Nu kan vi förstå vad våra visa skrev, "På *purim* måste man berusa sig tills man inte kan skilja den förbannade Haman från den välsignade Mordechai". Angelägenheten med Mordechai och Ester kom före det Andra Templet, och templets uppbyggnad tyder på utsträckandet av *chochma,* och ***malchut*** kallas för "Templet".

Detta är vad som menas med att Mordechai sände Ester för att gå till kungen och be om sitt folk, och hon svarade, "Alla konungens tjänare", etc., "utan att vara kallad, så gäller för var och en samma lag: att han skall dödas", etc., "Men jag har icke på trettio dagar varit kallad att komma till konungen".

Det betyder att det är förbjudet att sträcka fram urskiljandet av *GAR de chochma* nedan, och den som inte sträcker fram *GAR* (vilket är tre *sfirot*, där var och en utgör tio, vilket är trettio), döms till döden, eftersom den vänstra linjen orsakar separation från livets liv.

"Såframt icke konungen räcker ut den gyllene spiran mot honom till tecken på att han får leva". Guld betyder *chochma* och *GAR*. Det betyder att endast genom uppvaknandet av Den Högre kan man tillåtas leva, och det betyder *dvekut* (fasthållande), vilket kallas liv, men inte genom uppvaknandet av den lägre.

Även om Ester är *malchut,* som behöver *chochma,* är det endast genom uppvaknandet av Den Högre. Men om hon sträcker fram *chochma* förlorar hon sig själv helt och hållet. I det hänseendet sade Mordechai till henne "(om) så skall nog hjälp och räddning beredas judarna från något annat håll", det vill säga genom att fullständigt upphäva den vänstra linjen, och då kommer judarna bara ha den högra linjen, vilket är *chassadim*, och då **"men du och din faders hus, I skolen förgöras"**.

Efter formen "fadern lägger grunden för dottern", måste hon ha *chochma* inom sig. Men det måste ske mer ätande än drickande. Om judarna dock inte ser något annat råd, blir de tvungna att upphäva den vänstra linjen, och således skulle hela hennes jag annulleras. Det är om detta hon sade **"Och skall jag gå förlorad, så må det då ske"**.

Med andra ord, om jag går, går jag förlorad, eftersom jag kan komma att börja tjäna, eftersom när den lägre vaknar upp orsakar det separation från livets liv. Och om jag inte går "så skall nog hjälp och räddning beredas judarna från något annat håll", det vill säga på en annan väg. De skulle upphäva den vänstra linjen helt och hållet, som Mordechai hade förklarat för henne. Det är orsaken till att hon tog Mordechais väg genom att bjuda in Haman till gästabudet, vilket betyder att hon sträckte fram den vänstra linjen som Mordechai hade sagt till henne.

Efteråt inkorporerade hon det vänstra i det högra och på så vis kunde det ske ett avslöjande av Ljusen nedan, och de kunde dessutom förbli i *dvekut*. Detta är innebörden av *megillat* Esther, det vill säga att trots att det sker ett avslöjande av Ljuset *chochma*, tar hon fortfarande formen av fördöljande som finns där (därför att Ester är *hester* – fördöljande).

Angående detta med att han inte visste, förklaras det i *Talmud Eser haSfirot* (Studie av de Tio *Sfirot*) (del 15, *Ohr pnimi*, punkt 217, stycke "Han skrev") att trots att det upplyste Ljus av *chochma*, är det omöjligt att ta emot utan *chassadim*, eftersom detta orsakar separation. Dock uträttades ett mirakel, genom fasta och gråtande sträckte de fram Ljuset *chassadim*, och då kunde de ta emot Ljuset *chochma*.

Dock finns det ingenting sådant innan korrigeringens slut. Men eftersom detta urskiljande kommer från urskiljandet av korrigeringens slut, under vilket det redan har korrigerats, som det står skrivet i den heliga *Zohar*: "Det är förbestämt att *SAM* skall bli en helig ängel", följer att det då inte kommer att finnas någon skillnad mellan Haman och Mordechai, att också Haman kommer att vara korrigerad. Och detta är innebörden av **"På *purim* måste man berusa sig tills man inte kan skilja den förbannade Haman från den välsignade Mordechai"**.

Vi bör även tillägga att med hänsyn till orden om att de hängdes, att detta kännetecknar hängandet på ett träd, vilket betyder att de förstod att detta var samma synd som synden med *etz ha daat* (kunskapens träd), eftersom besudlandet även där skedde i *GAR*.

Vad beträffar "satt i konungens port", kan vi tillägga att detta antyder att han satt och inte stod, eftersom att sitta kallas *VAK*, och att stå kallas *GAR*.

38. Att frukta Gud är Hans skatt

Jag hörde 31 mars, 1947

En skatt är en behållare i vilken ägodelarna placeras. Spannmål, till exempel, förvaras i ladugården, och dyrbara ting förvaras på ett mer välskyddat ställe. Och därför kallas varje mottaget ting efter sitt samband med Ljuset, och kärlen måste kunna ta emot dessa ting. Det är såsom vi lär oss att det inte finns något Ljus utan ett kärl, och detta kan tillämpas även i det materiella.

Men vad är detta kärl i andligheten, i vilket vi kan ta emot den andliga rikedomen som Skaparen vill skänka, och som passar Ljuset? Alltså, såsom i det materiella, där kärlet måste stå i samband med det objekt man placerar däri?

Till exempel: vi kan inte säga att vi har skatter av vin, vilka vi häller i nya säckar för att undvika att vinet surnar, eller att vi har fyllt tunnor med stora mängder mjöl. Istället är det brukligt att behållaren för vin är tunnor och krukor, och behållaren för mjölet är säckar och inte tunnor, etc.

Därför är frågan, vad är den andliga behållaren, kärlen med vilka vi kan göra en stor skatt av den högre Rikedomen?

Det finns en regel som säger att kossan vill mata mer än kalven vill dia. Anledningen är att Hans önskan är att gynna sina skapelser, och syftet med *tzimtzum* (begränsningen), måste vi tro är för vårt eget bästa. Orsaken måste vara att vi inte besitter de rätta kärlen där rikedomen kan förvaras, på samma sätt som de materiella kärlen måste vara rätt för det som placeras däri. Därför måste vi säga att om vi lägger till kärlen kommer det att finnas något som kan rymma ytterligare rikedom.

Svaret som kommer på detta är, att i Hans skattkammare har Skaparen enbart skatten att frukta Gud (*Brachot* 33).

Vi bör dock tolka vad fruktan är, att det är kärlet och att skatten består av detta kärl, och alla viktiga ting placeras däri. Han sade att fruktan är såsom det står skrivet om Moses: våra visa sade (*Brachot* 7) "Belöningen för 'Då skylde Moses sitt ansikte, ty han fruktade att se på Gud', han belönades med 'och han får skåda Herrens gestalt'".

Fruktan pekar på den fruktan man har över den väldiga njutning som existerar där, att man inte kommer att ha förmågan att ta emot den med avsikten att ge. Belöningen för det, för att man hade fruktan, är att man genom detta skapat sig ett kärl i vilket man kan ta emot den övre rikedomen. Detta är människans arbete, och förutom det, tillskriver vi allt till Skaparen.

Men detta är inte fallet med fruktan, därför att fruktan betyder att inte ta emot. Och det som Skaparen ger, ger Han enbart för mottagande, och detta är innebörden av, "Allt står i Guds händer förutom fruktan inför Gud".

Det är detta kärl vi behöver. Annars kommer vi att betraktas som dårar, som våra visa sade, "Vem är en dåre? Han som mister det som skänkts till honom". Det betyder att *sitra achra* (den andra sidan) kommer att ta rikedomen från oss om vi inte kan sikta på avsikten att ge, eftersom det då går till kärlen för mottagande, vilket är *sitra achra* och orenhet.

Detta är innebörden av "Och I skolen hålla det osyrade brödets högtid". Att hålla betyder att frukta. Och trots det är Ljusets natur att det håller sig för sig själv, vilket betyder att Ljuset ger sig av innan man vill ta emot Ljuset i kärl för mottagande. Ändå, man måste göra det själv, så mycket man kan, såsom våra visa sade, "Ni skall iaktta er själva lite underifrån, och jag skall iaktta er mycket från Ovan".

Anledningen till att vi tillskriver fruktan till människorna, som våra visa sade, "Allt står i Guds händer förutom fruktan inför Gud", är därför att Han kan ge allt utom fruktan. Orsaken är att det Skaparen ger **är mer kärlek, och inte fruktan**.

Anskaffandet av fruktan sker genom kraften hos Tora och *mitzvot*. Det betyder att när man åtar sig Tora och *mitzvot* med intentionen att bli belönad med att bringa belåtenhet till sin Skapare, vilar det siktet på handlingar i form av *mitzvot* och studerandet av Tora som får en att uppnå det. Annars kan man lika gärna låta bli. Trots att man håller Tora och *mitzvot* in i minsta detalj, kommer man förbli i graden av heligt icke levande.

Av detta följer att man alltid bör komma ihåg anledningen som förpliktar en att åta sig Tora och *mitzvot*. Detta är vad våra visa menade med "att din Helighet skall vara i Mitt Namn". Det betyder att Jag ska vara din orsak, vilket betyder att hela ditt arbete ska vara att vilja glädja Mig, att alla dina handlingar ska ske med avsikten att ge.

Våra visa sade (*Brachot* 20) "Allting som finns att hålla, finns att minnas". Detta betyder att alla de som tagit på sig att hålla Tora och *mitzvot* med siktet på att uppnå att "minnas", såsom i "När jag minns Honom, skall han icke plåga mig till sömns". Det följer att hållandet är huvudsakligen för att uppnå ihågkommande.

Ens begär är därför att komma ihåg att Skaparen är orsaken till att man håller Tora och *mitzvot*. Så är det därför att orsaken och avsikten med att hålla Tora och mitzvot är Skaparen, eftersom utan det kan man inte häfta fast vid Skaparen, därför att "han och Jag kan inte vistas i samma boning", på grund av olikheten i form.

Orsaken till att belöningen och bestraffningen inte visas, att vi bara måste tro på belöning och bestraffning, är att Skaparen vill att alla ska arbeta för Honom, och inte för sin egen skull. Detta urskiljs som olikhet i form med Skaparen. Om belöningen och bestraffningen skulle vara uppenbar, skulle man arbeta för egenkärlekens skull, det vill säga för att Skaparen ska älska en, eller på grund av självhat, alltså av fruktan för att Skaparen ska hata en. Här följer att orsaken till arbetet enbart är människan, inte Skaparen, och Skaparen vill att Han ska vara den drivande orsaken.

Det visar sig att fruktan är just när människan medger sin egen låghet, och säger att hennes tjänstgöring under Kungen, alltså att hennes avsikt är att ge till Honom, betraktas som ett stort privilegium, och att det är mer värt än hon kan säga. Det går under regeln om att när man ger till en viktig individ, betraktas det som att man tar emot från honom.

I den utsträckning man känner sin egen låghet kan man börja uppskatta Skaparens storhet, och begäret att tjäna honom kommer då väckas. Om man emellertid är högmodig, säger Skaparen "han och Jag kan inte vistas i samma boning".

Detta är innebörden av "En dåre, en ond, och en ohövlig passar ihop". Anledningen är att eftersom människan inte har någon fruktan, vilket betyder att hon inte kan sänka sig själv inför Skaparen och säga att det är en stor ära för henne att tjäna Honom utan någon belöning, kan hon inte ta emot någon visdom från Skaparen, och hon förblir en dåre. Den som är en dåre är då en ogudaktig, som våra visa sade, "Människan syndar inte om inte dårskapen farit i henne".

39. Och de fäste ihop fikonlöv

Jag hörde den tjugosjätte *shvat*, 16 februari, 1947

Lövet pekar på skuggan det lägger över ljuset, det vill säga över solen. Det finns två skuggor: den ena kommer från *Kdusha* (Heligheten), och den andra kommer på grund av en synd.

Således finns två typer av fördöljande av Ljuset. Likt skuggan som täcker solen i det materiella, ligger en fördoldhet över det högre Ljuset, vilket kallas "sol", och fördoldheten kommer från *Kdusha*, nämligen **på grund av ett val**. Det är som det står skrivet om Mose, "Då skylde Mose sitt ansikte, ty han fruktade för att se på sin Gud".

Skuggan kommer på grund av **fruktan**, och fruktan betyder att man är rädd för att ta emot gåvan, att man inte ska kunna sikta mot att göra det för givandets skull. Härav följer att skuggan kommer på grund av *Kdusha*, alltså att man önskar nå fasthållande vid Skaparen.

Med andra ord, *dvekut* (fasthållande) kallas att ge, och man är rädd att man kanske inte kommer ha förmågan att ge. Det visar sig att man har fasthållande vid *Kdusha*, och detta kallas "en skugga som kommer från *Kdusha*".

Det finns också en skugga som kommer på grund av en synd. Med det menas att man drabbas av fördoldheten, inte för att man inte vill ta emot, utan orsaken är tvärtom att man vill ta emot för mottagandets skull. Detta är skälet till varför Ljuset försvinner, eftersom det som skiljer *Kdusha* från *klipa* (skal) är att *Kdusha* inget annat vill än att ge och *klipa* vill inget annat än att ta emot, och inte ge alls. Av den anledningen anses den skuggan komma från *klipa*.

Det finns inga råd som kan hjälpa en att ta sig ur det tillståndet, förutom det som står skrivet, "och de fäste ihop fikonlöv och bundo omkring sig". "Bundo omkring sig" pekar på krafterna i kroppen som förenas i form av en skugga från *Kdusha*. Det innebär att de fastän de inte har Ljus, eftersom Ljusets Rikedom försvann på grund av en synd, ändå **övervinner genom att tjäna Skaparen med ren kraft, över förståndet,** vilket kallas **"med kraft"**.

Det står skrivet, **"Och de hörde Herren Gud, etc., då gömde sig mannen med sin hustru för Herren Guds ansikte"**. Med detta menas att de **gick in under skuggan**. Detta är innebörden av "Då skylde Mose sitt ansikte", och *Adam ha rishon* (Den förste människan) gjorde samma sak som Mose.

"Och sade till honom: 'Var är du?' Han svarade: 'Jag hörde dig i lustgården; då blev jag förskräckt, eftersom jag är naken; därför gömde jag mig'". Naken betyder att man blivit berövad det högre Ljuset.

Skaparen frågade, vad är orsaken till att du gick in i skuggan, som kallas **"eftersom jag är naken; därför gömde jag mig"?** Är det på grund av en skugga av *Kdusha* eller på grund av en synd? Skaparen frågade honom: "Har du icke ätit av det träd jag förbjöd dig att äta av?", vilket är på grund av en synd.

Men när skuggan kommer på grund av en synd, kallas den "bild, bildhuggare, och trollkarl", vilket är "Gud har gjort den ena såväl som den andra". Liksom det finns krafter i *Kdusha* som är till för att skapa förändring och visa tecken och omen, likaså finns krafter i *sitra achra*. Detta är anledningen till att **de rättfärdiga inte använder dessa krafter**, på grund av "denna såväl som den andra", **för att inte ge kraft åt *sitra achra* att göra som de gör.**

Det är endast vid sällsynta tillfällen Skaparen inte ger *sitra achra* samma kraft som finns i *Kdusha*. Det är likt Elia på berget Karmel när han sa "Svara mig" för att de inte ska säga att det är trolldom, vilket betyder att styrkan till att dölja det högre Ljuset finns där.

Därför är skärpet man fäster ihop av fikonlöv, vilket kommer från synden med Kunskapens Träd, dessa löv man fäster ihop, det vill säga denna skugga, kommer på grund av en synd, eftersom den inte kommer från *Kdusha*. När de själva väljer att gå in i skuggan, men gör det **eftersom de inte ser någon annan råd**, kan det fungera endast för att **ta sig ur tillståndet** av nedstigande. Efteråt måste arbetet dock börja om på nytt igen.

40. Tron på Rav, vad är måttet

Jag hörde 1943

Vi vet att det finns den högra vägen och den vänstra vägen. Höger kommer från ordet **det högra**, och hänvisar till versen "Och han trodde på Herren". Targum säger, **höger**, när rav säger åt lärjungen att ta den högra vägen.

Höger kallas vanligtvis "fullkomlighet", och vänster "ofullkomlighet", att det saknas korrigeringar där. I det tillståndet måste lärjungen tro på sin *rav*, som säger åt honom att vandra i den högra linjen, som kallas "fullkomlighet".

Och vad är denna "fullkomlighet" i vilken lärjungen bör vandra? Det är att man bör föreställa sig att man redan har belönats med fullkomlig tro på Skaparen, och redan känner i sina organ att Skaparen styr hela världen i form av "god som gör gott", vilket betyder att hela världen bara tar emot godhet från Honom.

Och ändå, när man ser på sig själv, ser man att man är fattig och utblottad. Och när man dessutom betraktar världen, ser man att hela världen plågas, var och en efter sin grad.

Man bör säga att **"de hava ögon och se icke"**. Det betyder att så länge människan står under flera auktoriteter, som kallas **de**, ser de inte **sanningen**. Vilka är dessa flera auktoriteter? Så länge man har två begär, trots att man tror att hela världen tillhör Skaparen, men att någonting också tillhör människan.

Faktum är att man måste annullera sin auktoritet inför Skaparens auktoritet, och säga att man inte vill leva för sin egen skull, och att den enda anledningen till att man vill leva är så att man ska kunna ge belåtenhet till Skaparen. Således annullerar man sin auktoritet helt och hållet, och då befinner man sig i den enda auktoriteten, som är Skaparens auktoritet. Först då kan man se sanningen, hur Skaparen leder världen genom välvillighetens egenskap.

Men så länge man står under flera auktoriteter, det vill säga när man fortfarande har två begär i både sinne och hjärta, är man inte i stånd att se sanningen. Istället måste man gå över förståndet och säga, "de hava ögon", men de ser inte sanningen.

Av detta följer att när man iakttar sig själv och vill veta om man nu befinner sig i en tid för nedstigande eller en tid för uppstigande, kan man inte få reda på det heller. Alltså att man tänker sig att man befinner sig i ett tillstånd av nedstigande, och också detta är inkorrekt, eftersom man nu mycket väl skulle kunna befinna sig i ett tillstånd av uppstigande, vilket innebär att man ser sitt sanna tillstånd, hur långt man är ifrån det heliga arbetet. På så vis har man nu kommit närmare sanningen.

Och det skulle kunna vara det motsatta, att man nu känner att man befinner sig i ett tillstånd av upprymdhet, när man i själva verket kontrolleras av mottagandet för sin egen skull, vilket kallas för "ett nedstigande".

Bara den som redan befinner sig i den enda auktoriteten kan urskilja och veta sanningen. Därför måste man lita på sin *ravs* åsikt och tro på vad *rav* förklarar för en. Det betyder att man bör göra så som ens rav säger åt en att göra.

Och trots att man ser många argument, och ser många läror som inte går hand i hand med ens *ravs* åsikt, bör man likväl lita på sin *ravs* åsikt och säga att det man förstår och ser i andra böcker som inte stämmer överens med sin *ravs* åsikt, så länge man befinner sig i flera auktoriteter, kan man inte förstå sanningen. Man kan inte se vad som står skrivet i andra böcker, den sanning de talar om.

Vi vet att när människan fortfarande inte är renad blir hennes Tora en **dödens dryck** för henne. Och varför står det "Om icke belönad, blir Tora en dödens dryck för henne"? Anledningen är att inga läror man läser eller hör om kommer att ge en någon fördel som gör att man kan tilldelas urskiljandet av **livet**, vilket är *dvekut* (fasthållande) med Livets Liv. Tvärtom dras man längre bort från Livets Liv, eftersom allt man gör är ämnat för kroppens behov, som kallas "att ta emot för sin egen skull", vilket betraktas som separation.

Detta innebär att genom sina handlingar blir man bara mer separerad från Livets Liv, och detta kallas **"dödens dryck"**, eftersom det bringar en död och inte liv. Med det menas att man kommer allt längre bort från givande, vilket kallas "ekvivalens i form med Skaparen", så som "som Han är barmhärtig, så skall ock du vara barmhärtig".

Vi måste också veta att när människan tar på sig det högra, då är tiden kommen för att sträcka fram den högre Rikedomen, eftersom "den välsignade håller sig till den välsignade". Med andra ord, eftersom man befinner sig i ett tillstånd av fullkomlighet, vilket kallas "välsignad", i det hänseendet har man för tillfället ekvivalens i form, då glädjen är ett tecken på att man befinner sig i fullkomlighet. Annars skulle det inte vara fullkomlighet.

Det är som våra visa sade, "Gudomligheten dröjer inte kvar om inte för glädjen över en *mitzva*". Här menas att orsaken till att det bringar glädje är den **mitzva** människan uträttade, vilket betyder att *rav* hade **befallt** en att ta den högra linjen.

Följaktligen håller man Ravs befallningar, att man har tilldelats en särskild tid för att vandra efter det högra och en särskild tid för att vandra efter det vänstra. Det vänstra är motsatt det högra, eftersom vänster innebär att man beräknar för sig själv och börjar undersöka vad man hittills skaffat sig i Guds arbete, och man ser att man är fattig och utblottad. Så hur kan man då befinna sig i fullkomlighet?

Trots det går man över förståndet på grund av *ravs* befallningar. Här följer att hela människans fullkomlighet byggdes över förnuftet, och detta kallas **"tro"**. Detta är innebörden av "Överallt på den plats, där jag stiftar en åminnelse åt Mitt namn, skall jag komma till dig och välsigna dig". **"Överallt på den plats"** betyder att även om man ännu inte är värdig välsignelsen, trots det, gav jag min välsignelse, ty du gör **en plats**, det vill säga **en plats för glädje**, på vilken **det högre Ljuset kan skina**.

41. Vad är storhet och litenhet i tro

Jag hörde på kvällen efter högtiden *pesach*, 29 mars, 1945

Det står skrivet "och de trodde på Herren och hans tjänare Mose". Vi måste förstå att Ljusen som tillhör *pesach* (passera förbi) har förmågan att skänka trons Ljus. Men tro inte att trons Ljus är en liten sak, eftersom storhet och litenhet uteslutande beror på mottagarna.

När människan inte arbetar efter sanningens väg tror hon att hon har för mycket tro, och det mått av tro hon har kan hon dela ut till flera människor, och då kommer de vara fruktande och fullkomliga.

Men den som vill tjäna Skaparen i sanning, och ständigt rannsakar sig själv, om han är villig att arbeta hängivet **"och med hela ditt hjärta"**, han ser att han ständigt har brist på tro, alltså att han alltid har för lite av det.

Bara när man har tro kan man känna att man alltid sitter framför Kungen. När man känner kungens storhet kan man upptäcka kärleken på två sätt: på ett bra sätt, eller genom hårda domar. Av den anledningen är den som söker sanningen den som behöver trons Ljus. Om en sådan person ser eller hör talas om ett sätt att skaffa sig trons Ljus, är han lycklig som om han funnit en stor förmögenhet.

För de människor som söker sanningen, under högtiden *pesach* som kan framkalla trons Ljus, läser vi därför ur *parasha* (Torastycket), "och de trodde på Herren och hans tjänare Mose", eftersom det är en sådan tid som kan skänka det.

42. Vad är akronymen ELUL[3] i arbetet

Jag hörde den femtonde *elul*, 28 augusti, 1942

För att kunna förstå det måste vi förstå ett flertal andra saker:

1) Angelägenheten om Kungadömet, minnena, och bockens horn, och innebörden av det våra visa sade, "annullera din vilja inför Hans vilja, så att han annullerar sin vilja inför din vilja".

---

[3] *ELUL* är en akronym av versen "Jag är min älskades och min älskade är min"

2) Våra visas ord, "Den onde – skall genast dö, och den rättfärdige – skall genast leva".

3) Versen, "Gersons söner voro Libni och Shimei".

4) Orden i den heliga *Zohar*: "*yod* är en svart punkt utan något vitt i".

5) *Malchut* av den Högre blir *Keter* för den lägre.

6) Vad är "glädje vittnar om att arbetet sker i fullkomlighet".

Alla dessa saker tillämpas i förberedelsen för månaden *elul*.

För att förstå allt ovan, måste vi först förstå skapelsens syfte, vilket sägs vara att Han önskar gynna sina skapelser. Och på grund av *tikkun* (korrigeringen), så att det inte ska finnas detta med "skammens bröd", utfördes en *tzimtzum* (begränsning), och från denna *tzimtzum* uppstod *masach* (skärm), genom vilken kärlen för mottagande förvandlas till givande.

Och när dessa kärl förbereds för att vara med avsikten att ge, tar skapelserna omedelbart emot det gömda och dyrbara Ljuset. Det betyder att de tar emot den glädje och njutning som fanns i skapelsens tanke, att gynna Hans skapelser.

Med det kan vi tolka det som står skrivet, "annullera din vilja inför Hans vilja", det vill säga annullera viljan att ta emot i dig inför viljan att ge, vilket är Skaparens vilja. Detta innebär att människan upphäver egenkärleken inför kärleken till Gud. Detta kallas att "annullera sig själv inför Skaparen", och det kallas *dvekut* (fasthållande). Därefter kan Skaparen skina i din vilja att ta emot eftersom den har korrigerats till en form för mottagande med avsikten att ge.

Detta är innebörden av "så att han annullerar sin vilja inför din vilja". Med det menas att Skaparen annullerar sin vilja, det vill säga den *tzimtzum* (restriktion) som fanns på grund av olikheten i form. Men nu, när det redan finns ekvivalens i form, sker utvidgningen av Ljuset i den lägres begär, som har korrigerats till en vilja att ge, då detta är skapelsens syfte, att gynna Hans skapelser, och nu kan det genomföras.

Nu kan vi tolka versen **"Jag är min älskades"**. Det betyder att genom att "Jaget" annullerar min vilja att ta emot inför Skaparen i form av allt för givandets skull, uppnås **"och min älskade är min"**. Med det menas att **min älskade**, som är Skaparen, "är min", han skänker mig den glädje och njutning som finns i skapelsens tanke. Således har det som förut var dolt och begränsat nu blivit avslöjande av ansiktet, då skapelsens syfte har avslöjats, vilket är att gynna Hans skapelser.

Vi måste veta att kärlen för givande kallas *YH (yod, hey)*, av namnet *HaVaYaH (yod, hey, vav, hey)*, vilka är rena kärl. Detta är innebörden av, "Alla som tar emot, tar emot i det renare kärlet". I det tillståndet belönas man med "och min älskade är min", och Han skänker en rikedomar, det vill säga att man belönas med avslöjande av ansiktet.

Men, det finns ett villkor för det: det är omöjligt för en att uppnå avslöjandet innan man får urskiljandet av *achoraim* (baksidan), vilket urskiljs som fördöljande av ansiktet, och man måste säga att det är lika viktigt för en som avslöjandet av ansiktet. Det betyder att man bör känna glädje som om man redan skaffat sig avslöjandet av ansiktet.

Dock kan man inte stå ut och uppskatta fördöljandet så som avslöjandet, förutom när man arbetar med givande. Då kan man säga, "Jag bryr mig inte om vad jag känner under arbetet eftersom det viktiga för mig är att jag vill ge till Skaparen. Om Skaparen förstår att Han kommer känna större belåtenhet om jag arbetar i form av *achoraim*, då håller jag med."

Men om man fortfarande har en tillstymmelse till mottagande, kommer man på tankar, och det är då svårt för en att tro att Skaparen leder världen efter "god som gör gott". Detta är innebörden av den första bokstaven *yod* i namnet *HaVaYaH*, och kallas "en svart punkt utan något vitt i", det vill säga att den endast innehåller mörker och fördöljande av ansiktet.

Det betyder att när man når ett tillstånd där man inte har något stöd, blir ens tillstånd svart, vilket är det lägsta urskiljandet i den högre världen, och det blir till *Keter* för den lägre, eftersom kärlet i *Keter* är ett kärl för givande.

Det lägsta urskiljandet i den Högre är *malchut*, som själv inte har någonting alls. Och bara i den meningen kallas det *malchut*. Med det menas att om människan åtar sig Himmelriket – **vilket är ett tillstånd av att inte ha någonting – med glädje**, efteråt blir det till **Keter**, vilket är ett kärl för givande och det renaste av *kli*. Med andra ord, mottagandet av malchut i ett tillstånd av mörker blir därefter ett *kli* av *Keter*, vilket är ett kärl för givande.

Det är som versen, **"Ty Herrens vägar äro rätta, och på dem vandra de rättfärdiga, men överträdarna komma där på fall"**. Detta betyder att överträdarna, de som kontrolleras av kärl för mottagande, kommer på fall och måste vika sig under bördan när de kommer till det tillståndet.

Men de rättfärdiga, de som befinner sig i kärl för givande, upphöjs av detta, det vill säga att av detta får de kärl för givande. (Ogudaktig bör tolkas som de, vars hjärtan ännu inte riktat in sig på att skaffa sig kärl för givande, och rättfärdiga är de, vars hjärtan redan riktat in sig på att skaffa sig kärl för givande, men fortfarande inte kan).

Det är som det står skrivet i den heliga *Zohar*, att den heliga Gudomen sade till Rashbi (Rabbi Shimon Bar-Yochai), **"Det finns ingen plats som kan gömmas från dig"**, och det är anledningen till att hon visar sig för honom. Detta är innebörden av vad Rashbi sade, "på grund av det, och till mig står hans åtrå", och detta är "Jag är min äskades och min älskade är min", och då förrättar han *VH* (*vav, hey*).

Detta är innebörden av att "Namnet är ofullkomligt, och tronen är ofullkomlig tills **hey** fogas samman med **vav**". *Hey* kallas "viljan att ta emot", vilket är det sista och slutgiltiga kärlet, i vilket *vav* kommer att dela ut i *hey*, och med detta avslutas korrigeringen.

Detta är innebörden av "den rättfärdige – skall genast leva". Med det menas att man själv ska säga i vilken bok man vill att ens namn ska skrivas upp. Om det är i de rättfärdigas bok, det vill säga de som vill skänkas en vilja att ge, eller inte? Eftersom man har många urskiljanden vad gäller viljan att ge, att man ibland säger "Ja, jag vill ha en vilja att ge, men inte upphäva viljan att ta emot helt och hållet". Snarare vill man ha två världar för sig själv, det vill säga att man vill ha viljan att ge för sin egen glädjes skull också.

Men bara de som önskar att omvända sina kärl för mottagande till kärl för givande och inte ta emot någonting för sin egen skull skrivs upp i de rättfärdigas bok. Det är för att man inte ska kunna säga, "Hade jag vetat att viljan att ta emot måste upphävas, hade jag aldrig bett om det", (så att man efteråt inte ska säga "Jag svor aldrig på detta").

Därför måste man oåterkalleligt säga vad man önskar med att upptecknas i de rättfärdigas bok, så att man inte klagar efteråt.

Vi måste veta att i arbetet finns de rättfärdigas bok, och de ogudaktigas bok, i en och samma person. Det betyder att man måste göra ett val och säkert veta vad man vill, eftersom ogudaktig och rättfärdig avser en och samma person.

Därför måste man säga om man vill skrivas upp i de rättfärdigas bok, att genast börja leva, vilket betyder att man häftar fast vid Livets Liv, att man vill göra allt för Skaparens skull. Och när man kommer för att skrivas upp i de ogudaktigas bok, där alla som vill vara mottagare för sin egen skull upptecknas, bör man säga att de ska skrivas upp där för att genast dö, vilket betyder att viljan att ta emot för sin egen skull ska upphävas i en, som om den hade dött.

Likväl tvivlar människan då och då. Med andra ord vill man inte att ens vilja att ta emot ska upphävas direkt. Det är svårt för en att på en gång bestämma sig för att var enda liten gnutta av mottagande ska dö omedelbart, det vill säga att man inte håller med om att alla ens begär efter mottagande ska annulleras på en gång.

Istället vill man att små stycken av ens mottagande ska annulleras gradvis och långsamt, inte allt på en gång, vilket innebär att kärlen för mottagande ska fungera till viss del, och kärlen för givande till en viss del. Av detta följer att den människan inte har någon stadig och tydlig synpunkt.

En stadig synpunkt är att man, å ena sidan, påstår att allt är mitt, det vill säga att allt är till för viljan att ta emot. Å andra sidan, påstår man att allt är till för Skaparens skull, och detta kallas en stadig synpunkt. Men vad kan man göra om kroppen inte samtycker till ens åsikt om att allt är till för Skaparens skull?

I det tillståndet kan vi säga att den personen gör allt han kan för att helt och hållet tillhöra Skaparen, vilket betyder att han ber Skaparen om hjälp att verkställa alla hans begär uteslutande för Skaparens skull. Det är om detta vi ber, "Kom ihåg oss för livets skull, och skriv upp oss i livets bok".

Detta är anledningen till att han skriver, *"malchut"*, att människan ska åta sig urskiljandet av en svart punkt utan något vitt i. Detta är innebörden av "annullera din vilja", så att din åminnelse ska stiga inför Mig, och då kommer Hans vilja annulleras inför din vilja. Med vad? Med ett horn, det vill säga med moderns horn, vilket betyder att det hela beror på ånger.

Med andra ord, om människan godtar svartheten, bör hon också försöka göra det på ett hedervärt sätt, och inte på ett vanhedrande sätt. Detta kallas "moderns horn", vilket betyder att hon betraktar det som ädelmodigt och aktningsvärt.

Enligt detta bör vi tolka det som står skrivet, "Gersons söner voro Libni och Shimei". Om man ser att man har förvisats från arbetet, bör man veta att detta är på grund av **Libni**,[4] just därför att man vill ha vithet. Med andra ord, om man tilldelas vithet, att allt man gör kommer att skina, vilket betyder att man kommer att känna en god

---

[4] Ett ord som liknar det hebreiska ordet *lavan* (vit).

smak i Tora och i bönen, då är man villig att lyssna och ta på sig Tora och *mitzvot*.

Detta är innebörden av "Shimei".[5] Det betyder att det är just i form av "vithet" som man kan höra. Men under arbetet ser man en svart form, och kan inte gå med på att höra om att ta på sig detta arbete. Därför måste man förvisas från Kungens sal, då mottagandet av Himmelriket måste ske med villkorslös hängivenhet.

Men när man säger att man är villig att ta på sig arbetet på villkoret att det ska finnas en vit form där, det vill säga att dagen ska skina för en, och man inte går med på det om arbetet uppträder för en som en svart form, då har man ingen plats i Kungens sal. Orsaken är att de, som önskar arbeta för givandets skull, tillåts komma in i Kungens sal, och när man arbetar för givandets skull, då bryr man sig inte om vad man känner under arbetet.

Snarare är det så, att till och med i ett tillstånd där man ser en svart form, gör det inget intryck på en, utan man vill bara att Skaparen ska ge en styrkan så att man kan övervinna alla hinder. Det betyder att man inte ber Skaparen om en vit form, utan om kraft så att man kan övervinna alla fördöljanden.

Om de människor som vill arbeta för givandets skull alltid befinner sig i ett vitt tillstånd, tillåter detta dem att fortsätta arbeta. Orsaken är att medan det skiner, kan man arbeta även i form av mottagande för sin egen skull.

Därför kommer människan aldrig kunna veta om hennes arbete sker i renhet eller inte, och detta gör att hon aldrig kan belönas med *dvekut* (fasthållande) vid Skaparen. Av den anledningen skänks hon en svart form från Ovan, och då kan hon se om hennes arbete sker i renhet.

Med andra ord, om man kan känna glädje också i ett svart tillstånd, då är det ett tecken på att ens arbete sker i renhet, eftersom man

---

5 Ett ord som liknar det hebreiska ordet *shmi'a* (att höra).

måste vara glad och tro att man gavs chansen att arbeta för givandets skull från Ovan.

Det är som våra visa skrev, "Alla som är giriga är arga". Det betyder att den som är försjunken i mottagande för sin egen skull är arg, eftersom de alltid saknar något. De måste ständigt fylla sina kärl för mottagande.

Men den som vill vandra längs givandets väg bör alltid vara glad. Det betyder att i varje form som lägger sig över en, bör man känna glädje, eftersom man inte har någon avsikt att ta emot för sin egen skull.

Det är därför han säger att, hur som helst, om man verkligen arbetar för givandets skull, bör man självfallet vara glad över att man har tillåtits skänka belåtenhet till sin Skapare. Och om man känner att detta arbete fortfarande inte är för givandets skull, bör man också känna glädje eftersom man för sin egen skull säger att man inte vill ha någonting. Man är lycklig över att viljan att ta emot inte kan njuta av detta arbete, och det bör skänka en glädje. Men om man tänker att man också ska vinna något på detta arbete, då tillåter man *sitra achra* (den andra sidan) att klamra sig fast vid ens arbete, och detta orsakar en sorg, och ilska, etc.

43. Angående ämnet tro och sanning

Jag hörde

Sanning är det man känner och ser med sina ögon. Detta urskiljande kallas "belöning och bestraffning", det vill säga att man inte kan tjäna någonting utan arbete. Det liknar en person som sitter i sitt hem och inte vill göra någonting för att försörja sig själv. Han säger att eftersom Skaparen är god som gör gott, och försörjer alla, kommer Han säkert att stå för hans behov, medan det utav honom själv inte krävs några handlingar.

Om personen beter sig på detta sätt kommer han självklart att svälta till döds. Också förnuftet nödvändiggör det, så verkar det för våra ögon, och detta är förvisso sant, alltså att han kommer att dö av svält.

Men på samma gång måste man över förståndet tro att man skulle kunna sörja för alla sina behov utan ansträngning och besvär, på grund av privat försyn. Med andra ord, Skaparen gör, och kommer att göra var enda handling, och själv hjälper man inte Honom på något sätt, utan Skaparen gör allt, och man kan varken lägga till eller dra ifrån.

Men hur kan dessa två saker gå hand i hand, eftersom det ena motsäger det andra? Ett urskiljande kallas vad människans medvetande uppnår, alltså utan människans hjälp, det vill säga utan föregående arbete och ansträngning uppnås ingenting. Detta kallas "sanning", eftersom Skaparen ville att människan skulle känna på det viset. Det är därför denna väg kallas "sanningens väg".

Låt dig inte förvirras av detta, att om dessa två vägar står i motsägelse till varandra, hur är det då möjligt att detta tillstånd är sant? Svaret är att sanningen inte hänvisar till vägen och tillståndet. Snarare hänvisar sanningen till förnimmelsen av att Skaparen ville att människan skulle känna så; detta är "sanning". Här följer att detta med sanning kan sägas just om Skaparen, alltså om hans vilja, att han vill att man känner och ser på detta sätt.

Men på samma gång måste man tro att även om man inte känner och inte ser med sitt förstånd att Skaparen kan hjälpa en att skaffa alla vinster som finns att få utan någon ansträngning, är det endast med hänsyn till privat försyn.

Orsaken till att man inte kan uppnå privat försyn före det att man uppnår belöning och bestraffning är att privat försyn är en evig sak, och förståndet är inte evigt. Något som är evigt kan inte klädas i något som inte är evigt. Och därför, när man har belönats med urskiljandet av belöning och bestraffning, blir belöningen och bestraffningen ett *kli* (förvaringskärl), i vilket privat försyn kan klädas.

Nu kan vi förstå versen, "Ack, Herre, fräls! Ack, Herre, låt väl gå!" "Fräls" hänvisar till belöning och bestraffning. Man måste be att Skaparen ska försörja en med arbete och ansträngning genom vilken man kan belönas. Samtidigt bör man be om välgång, vilket är privat försyn, det vill säga att man belönas med all världens förtjänster utan arbete och ansträngning.

Vi ser också detta i materiella ägodelar (vilket urskiljs genom deras separation i rum, alltså i två olika kroppar, medan i andliga ting undersöks allt i en enda kropp men två gånger). Det finns människor som skaffar sin egendom just genom väldiga ansträngningar, energi och med stor förnuftighet, och samtidigt ser vi motsatsen, att folk som inte är lika förnuftiga, som inte har lika mycket energi och inte gör stora ansträngningar, har framgång och blir herre över världens största ägor och förmögenheter.

Svaret är att dessa materiella ting sträcker sig från dess högre rötter, alltså från belöning och bestraffning och från privat försyn. Den enda skillnaden är att det i andligheten uppträder på ett ställe, alltså i ett föremål, men en åt gången, det vill säga i en människa men i två olika tillstånd. Och i det materiella sker det på en gång, men i två föremål, det vill säga på en gång och i två olika människor.

44. Förstånd och hjärta

Jag hörde den tionde *tevet*, 1 februari, 1928

Man måste undersöka om tron är vid gott skick, alltså om man har fruktan och kärlek, som det står skrivet, "Om jag nu är fader, var är då den heder, som skulle visas mig? Och om jag är en herre, **var är då den fruktan**, som man skulle hava för mig?" Och detta kallas **"förstånd"**.

Vi måste också se till att det inte finns några begär för egennytta, att inte ens en tanke på att begära för sin egen skull ska uppstå, utan alla ens begär ska vara med avsikten att ge till Skaparen. Detta kallas "**hjärta**", vilket är innebörden av "Den Barmhärtige vill ha hjärtat".

45. Två urskiljanden i Tora och i arbetet

Jag hörde den första *elul*, 5 september, 1948

Det finns två urskiljanden i Tora, och det finns två urskiljanden i arbetet. Det första är urskiljandet av **fruktan**, det andra är urskiljandet av **kärlek**. Tora kallas ett helhetens tillstånd, alltså talar vi inte om det tillstånd människans arbete befinner sig i, utan vi talar med hänsyn till Tora i sig.

Det första kallas "kärlek", vilket betyder att man har ett begär och en längtan efter att känna till Skaparens vägar och Hans dolda skatter, och därför strävar och anstränger man sig för att uppnå sin önskan. Man betraktar allting man upptäcker i Tora under studierna som en ovärderlig skatt. Alltefter ens uppskattning av viktigheten av Tora växer man gradvis, tills man slutligen sakta blir visad Toras hemligheter, i enlighet med ens ansträngning.

Det andra urskiljandet är fruktan, vilket betyder att man vill vara Skaparens tjänare. Eftersom "Den som inte känner till Den Högres budord, hur kan han tjäna Honom?" fruktar man och bävar inför tanken på att inte veta hur man ska tjäna Skaparen.

När man lär sig denna väg, blir man, varje gång man upptäcker en smak i Tora och kan använda den, förtjust, upprymd och ivrig i den utsträckning man uppskattar vikten av att tilldelas någonting ur Tora. Och om man framhärdar på detta sätt visas man gradvis Toras hemligheter.

Här finns en skillnad mellan ytliga läror och Toras visdom: I ytliga läror förminskar upprymdheten intellektet, eftersom känslor står i motsats till intellekt. Således försvagas förståndet av upprymdheten.

Men i Toras visdom är upprymdheten en essens, som medvetandet. Orsaken är att Tora är liv, som det står skrivet, "visdomen bevarar livet för den som besitter den", eftersom visdom och liv är samma sak.

Och därför, alltefter visdomen tar form i förståndet, dyker den upp i känslan, eftersom livets Ljus fyller alla organ. (Det verkar för mig som att det är anledningen till att man alltid bör vara utom sig av lycka över Tora, eftersom det i denna upprymdhet finns en stor skillnad mellan ytliga läror och Toras visdom.)

Likaså är det **i arbetet**, vilket anses vara den vänstra linjen eftersom det urskiljs som mottagande. Detta med mottagande betyder att man vill ta emot eftersom man känner en avsaknad, och i begär och avsaknad gör vi tre urskiljanden: 1) individens begär; 2) allmänhetens begär; 3) *Shechina* (Gudomens) begär.

All ens avsaknad betraktas som att man vill tillfredsställa bristen; och anses därför vara mottagande, den vänstra linjen. Tora innebär emellertid att man arbetar, inte för att man känner en avsaknad som måste korrigeras, utan därför att man vill ge belåtenhet till sin Skapare.

(Det liknar en bön, och lovprisande, och tacksamhet. När man engagerar sig på ett sådant sätt att man känner att man befinner sig i fullkomlighet och inte ser några otillräckligheter i världen, kallas det "Tora". Men om man ägnar sig åt det när man känner otillräcklighet, kallas det "arbete".)

Dessutom måste två urskiljanden göras under arbetet: 1) på grund av **kärlek till Gud**, när man vill hålla fast vid Skaparen, när man känner att detta är den plats där man kan få utlopp för den kärlek man känner, och älska Skaparen; 2) på grund av fruktan, när man **fruktar Gud**.

46. Israels herravälde över klipot

Jag hörde

Angående Israels herravälde över *klipot* (skalen), och vise versa, *klipots* herravälde över Israel. Först måste vi förstå vad "Israel" är och vad "världens länder" är.

Det förklaras på många ställen att Israel betyder "internalitet", och kallas främre *kelim* (kärl), med vilka människan kan arbeta för att skänka belåtenhet till sin Skapare. "Världens länder" kallas externalitet, vars uppehälle uteslutande kommer från mottagande och inte från givande.

Världens länders herravälde över Israel ter sig så att de inte kan arbeta i form av givande i främre *kelim*, utan endast i bakre *kelim*. De frestar Skaparens arbetare att sträcka fram Ljusen ner i bakre *kelim*.

Israels herravälde betyder att om de ger krafter så att var och en ska kunna arbeta för att skänka belåtenhet till sin Skapare, det vill säga enbart i främre *kelim*, och även om de sträcker fram *chochma* (visdom), sker det bara i form av "En stig att färdas på", och inte mer.

47. På den plats där du finner Hans storhet

Jag hörde

"På den plats där du finner Hans storhet, där finner du Hans ödmjukhet." Det betyder att den som alltid står i sant *dvekut* (fasthållande), ser att Skaparen sänker sig själv, det vill säga att Skaparen finns på de låga platserna.

Människan vet inte vad hon ska ta sig till, och därför står det skrivet: "Han som sitter så högt, Han som ser ned så djupt – ja, vem i himmelen och på jorden?" Då ser hon Skaparens storhet och "Han som ser ned så djupt", vilket betyder att hon sänker himlen till jorden. Rådet som ges för detta är att tänka att om detta begär kom från Skaparen har vi inget större än det, som det står skrivet, "Han som lyfter den fattige ur dyn".

Först måste man se till att man har ett begär. Om man inte har det bör man be om det, varför har man det inte? Orsaken till att man inte har ett begär är att medvetenheten har förminskats.

I varje *mitzva* [föreskrift/budord] måste man därför be, varför är man inte medveten om att man inte håller *mitzvan* fullständigt? Med andra ord täcker viljan att ta emot över så att man inte ska se sanningen.

Om man skulle se att man befann sig i ett sådant lågt tillstånd skulle man naturligtvis inte vilja vara där. Istället bör man varje gång anstränga sig i arbetet tills man kommer till ånger och samvetskval, som det står skrivet "Han för ner i dödsriket, och upp därifrån".

Det betyder att när Skaparen vill att den ogudaktige ska ångra sig, gör Han dödsriket så lågt för honom att han inte vill vara kvar där. Och därför måste han be vädjande till Skaparen att visa honom sanningen genom att lägga till Toras Ljus till honom.

48. Det primära fundamentet

Jag hörde på kvällen efter *shabbat*, *Vayera*, 8 november, 1952

Det primära fundamentet är en väg som alla är bekant med. Orsaken till den försiktighet och vaksamhet vi har rörande intellektet är att det byggs på en grund som består av en fråga. Om man stöter på den välkända frågan måste man vara på sin vakt, beväpnad och skyddad, och ögonblickligen svara med det välkända svaret.

Med andra ord upprättas hela byggnadsverket på frågor och svar, när den som vandrar Skaparens väg belönas med att upprätta

Gudomens byggnadsverk. Och när man inte har något utrymme för frågor och svar, kallas man "upprätt".

Skaparen har förberett en plats även för dem som redan har belönats med Gudomlighetens permanenta klädande, och redan befinner sig på gradernas väg, som inte längre har någon plats för det ovan nämnda arbetet. På den här platsen har de ett oberoende fundament där tron kan vara.

Trots att det är svårt att förstå hur någonting sådant kan finnas på höga grader, kan Skaparen själv göra en sådan sak. Detta är innebörden av mittlinjens korrigering, och förbudet mot mottagande från den vänstra linjen.

Då ser vi att *chochma* enbart framträder i *malchut*. Trots att *malchut* är ett motsatt attribut jämfört med *chochma*, är *malchut* ändå just den plats i vilken *chochma* visar sig.

Detta är innebörden av, "tag du hand om detta vacklande rike". Våra visa sade att människan inte kan upprätthålla en lag om hon inte förut misslyckats med den. Med **lag** menas ett urskiljande av *malchut* (och detta är betydelsen av bruden; att gå till bruden kallas "lag"[6]). Den byggs uteslutande på hinder, det vill säga på en tid för frågor. När man inte har några frågor har man inte namnet "**tro**" eller "**Gudomlighet**".

49. Det viktigaste är förståndet och hjärtat

Jag hörde på torsdag, *Vayera*, 6 november, 1952

Det bör finnas en förberedelse i urskiljandet av "förstånd", i det arbete som har att göra med urskiljandet av tro. Det betyder att om man är vårdslös i arbetet med tron, faller man ner i ett tillstånd där man bara vill ha kunskap, vilket är ett *klipa* (skal), och går emot den

---

[6] På hebreiska skrivs orden "brud" och "lag" med samma bokstäver, men i olika ordning.

heliga *Shechina* (Gudomen). Därför är ens arbete att varje gång stärka urskiljandet av "förståndet".

Likaledes, om man känner vårdslöshet i arbetet med hjärtat, bör man stärka arbetet som har att göra med urskiljandet av "hjärtat", och göra motsatta ingrepp, vilket betyder plågande av kroppen, vilket är motsatsen till viljan att ta emot. Skillnaden mellan vårdslöshet i arbetet med förståndet och arbetet med hjärtat är att det finns ett elakt *klipa* (skal) mot förståndet som kan orsaka ett tillstånd där människan "grubblar över arbetets början".

Därför måste man utföra motsatta handlingar, vilket betyder att varje gång en förnyelse sker i urskiljandet av "förståndet", tar man på sig ånger över det förflutna och acceptans för framtiden. Man kan få källan som orsakar det från utskiljandet av "icke-levande". Och detta med trons klädande är en oupphörlig och evig sak. Därför kommer man alltid ha det som en måttsticka på om arbetet är rent eller inte, eftersom klädandet av *Shechina* avlägsnar sig endast på grund av en bristfällighet, antingen i förståndet eller i hjärtat.

50. Två tillstånd

Jag hörde den tjugonde *sivan*

Det finns två tillstånd i världen. I det första kallas världen "smärta", och i det andra kallas den "heliga *Shechina*" (Gudomligheten). Det är så eftersom man, innan man blir försedd med korrigeringen av ens gärningar till att vara med avsikten att ge, upplever världen endast i form av smärtor och plågor.

Därefter blir man dock belönad med att se att den heliga *Shechina* är klädd i hela världen, och då betraktas det som att Skaparen fyller hela världen. Då kallas världen för den heliga *Shechina*, vilken tar emot från Skaparen. Det kallas "föreningen mellan Skaparen och Gudomligheten". På samma sätt som Skaparen ger, är nu också hela världen sysselsatt endast med givande.

Det är likt en sorgsen melodi. Somliga musiker vet hur man framför lidandet, om vilket melodin är komponerad, eftersom alla melodier är likt ett talat språk där melodin strävar efter att återge de ord man vill säga. Om melodin framkallar tårar hos åhörarna till den grad att alla gråter på grund av det lidande melodin uttrycker, då kallas det "en melodi", och alla älskar att höra den.

Men hur kan folk finna nöje i lidande? Eftersom melodin inte pekar på lidande i nuet, utan i det förflutna, alltså plågor som redan är förbi, har förljuvats och mättats, av den anledningen kan folk finna nöje i att höra dem. Det vittnar om förljuvandet av domar, att smärtorna man genomlidit har förljuvats. Därför är dessa lidanden behagliga att höra på, och då kallas världen "heliga *Shechina*."

En viktig sak man bör veta och känna är att det finns en ledare över staden, som våra visa sa, "Patriarken Abraham sa, 'Det finns ingen stad utan en ledare'". Man bör inte tänka att allt som sker i världen är tillfälligheter, och att *sitra achra* förmår en att synda och påstå att allt är tillfälligheter.

Detta är innebörden av *hammat* (kärl av) *keri* (säd). Det finns ett *hamma* fyllt med *keri*. *Keri* får en att tänka att allt är *bemikreh* (tillfälligheter). (Även när *sitra achra* ger en sådana tankar som att allt är tillfälligheter, utan någon ledning, är detta heller ingen slump, utan Skaparen vill ha det på det viset.)

Man måste dock tro på belöning och bestraffning, och att det finns en dom och en domare, och att allt sköts av Guds försyn genom belöning och bestraffning. Anledningen är att ibland, när man får ett uppvaknande och ett begär efter arbetet inför Gud, och man tror att det sker av en slump, bör man veta att, även här, föregicks uppvaknandet av en ansträngning från ens egen sida. Man bad att få hjälp från Ovan för att kunna utföra en handling med intention, och detta kallas att åstadkomma *MAN*.

Men ändå har man redan glömt det hela och betraktar det inte som en handling, eftersom man inte fick ett omedelbart svar på bönen, så att man kan säga "ty du lyssnar till varje muns bön". Ändå bör man tro att ordningsföljden från Ovan är att svaret på bönen kan komma flera dagar och månader efter det att man ber.

Man bör inte tro att det är av en slump att man nu har mottagit detta uppvaknande man har. Emellanåt säger man, "Nu när jag känner att jag inte saknar någonting eller har några bekymmer, är mitt medvetande klart och sunt, och av den anledningen kan jag fokusera mitt förnuft och mitt begär på arbetet inför Gud".

Härav följer att när man kan säga att hela ens åtagande i arbetet inför Gud är, "hans styrka och händers makt har förvärvat honom denna förmögenhet". När man därför har förmågan att åta sig och uppnå andliga behov, bör man tro att detta är svaret på bönen. Det man tidigare bett om, den bönen har nu besvarats.

Också när man läser en bok och Skaparen öppnar ens ögon och man känner ett uppvaknande, även då är den vanligaste reaktionen att man tillräknar det slumpen. Allt detta är dock styrt.

Fastän man vet att hela Tora är Skaparens namn, hur kan man säga att ett slags upphöjd förnimmelse kommit tack vare boken man läser? Man måste veta att man ofta läser boken och vet att hela Tora är Skaparens namn, och likväl inte erhåller någon upplysning och förnimmelse. Istället känns allt torrt, och kunskapen man besitter är inte till någon hjälp alls.

När man studerar en särskild bok och sätter sitt hopp till Honom, bör studierna därför baseras på tro, att man tror på Guds försyn och att Skaparen kommer att öppna ens ögon. Vid den punkten kommer man i behov av Skaparen och har således kontakt med Skaparen. Därigenom kan man uppnå fasthållande vid Honom.

Det finns två krafter som står i motsats till varandra, en högre kraft och en lägre kraft. Den högre kraften är, som det står skrivet, "Envar som är uppkallad efter mitt namn, och som jag har skapat till min ära". Det betyder att hela världen skapades endast till Skaparens ära. Den lägre kraften är viljan att ta emot, som hävdar att allting skapades för dess skull, både kroppsliga och andliga ting, allt är till för egenkärlek.

Viljan att ta emot hävdar att den förtjänar den här världen och den nästa världen. Självklart vinner skaparen i slutändan, men det kallas för "lidandets väg". Det kallas även "en lång väg". Men det finns även en kort väg, som kallas "Torans väg". Det borde vara allas avsikt – att förkorta tiden.

Detta kallas "skall jag med hast fullborda detta." Annars kommer det att ske "när tiden är inne", som våra visa sade, "belönad – skall jag med hast fullborda detta; ej belönad – när tiden är inne", "att jag sätter över er en konung sådan som Haman, och han skall tvinga er till omdanande."

Tora börjar med *Bereshit* (I begynnelsen) etc. "Och jorden var öde och tom, och mörker" etc. och avslutas med "inför hela Israel."

I begynnelsen ser vi att jorden är "öde och tom, och mörker", men när de sedan korrigerar sig själva till att ge, blir de belönade med "Och Gud sade: Varde Ljus" etc. tills Ljuset uppenbarar sig "inför hela Israel".

51. Om du träffar på denna usling

Jag hörde efter *pesach* (judisk påskhögtid), 27 april, 1943

"Om du träffar på denna usling, släpa honom till seminariet, etc. och om inte, påminn honom om dödens dag." Det betyder att man ska påminna honom om att arbetet bör vara på den plats där han inte är närvarande, vilket är bortom ens hud. Detta kallas att "arbeta utanför sin kropp", att man inte har en enda tanke på sin egen kropp.

52. En överträdelse omkullkastar inte en mitzva

Jag hörde under kvällen på *shabbat*, nionde *iyar*, 14 maj, 1943

"En överträdelse kullkastar inte en *mitzva* (föreskrift)" och en *mitzva* omkullkastar inte en överträdelse. Det är brukligt inom arbetet att man måste ta den goda vägen. Men det dåliga i människan tillåter henne inte att ta den goda vägen.

Man måste dock veta att man inte behöver utrota ondskan, då detta är omöjligt. Man behöver endast hata ondskan, som det står skrivet "I som älsken Herren, haten det onda". Det är därför endast hat som behövs, eftersom hat har en förmåga att separera sådant som håller ihop.

Av den anledningen existerar ondskan inte av sig själv. Istället beror ondskans existens på älskandet av ondskan eller hatandet av ondskan. Det betyder att om man älskar ondskan, då blir man fånge under ondskans auktoritet. Om man hatar ondskan tar man sig ur dess premisser och då har ondskan inte längre herravälde över den människan.

Härav följer att det huvudsakliga arbetet inte ligger i själva ondskan, utan i måttet av kärlek och i måttet av hat. Och av denna anledning framkallar en överträdelse fler överträdelser. Vi måste ställa frågan, "varför förtjänar man ett sådant straff?" När man faller under arbetet måste man ha hjälp med att åter resa sig från fallet. Här ser vi dock att fler hinder staplas på det första, så att man faller ännu lägre ner än i ens första fall.

Men för att man ska kunna känna hat mot ondskan tilldelas man mer ondska, så att man ska känna hur överträdelsen avlägsnar en från arbetet inför Gud. Trots att man kände sorg över den första överträdelsen, kände man fortfarande inte ett mått av ånger som var tillräckligt för att man skulle kunna hata ondskan.

Och därför framkallar en överträdelse fler överträdelser, och varje gång känner man sorg och ånger, och detta uppmanar en förvisso att hata ondskan, tills måttet av ens hat mot ondskan är fullständigt. Vid den punkten skiljs man från ondskan, eftersom hat framkallar separation.

Därför ser vi att om man hittar ett visst mått av hat mot ondskan på en sådan nivå som kan framkalla separation, behöver man inte korrigeringen "en överträdelse framkallar fler överträdelser", och naturligtvis sparar man på så sätt tid. När man har blivit belönad, tillåts man att känna Guds kärlek. Detta är innebörden av, "I som älsken Herren, haten det onda". De bara hatar ondskan, men själva ondskan förblir, och det är endast hatet av ondskan vi behöver.

Detta kommer från "Dock gjorde du honom nästan till ett gudaväsen", och detta är innebörden av det ormen säger, "så att I bliven såsom Gud och förstån, vad gott och ont är". Det vill säga att när man anstränger sig och vill förstå alla företeelser i Försynen, som Skaparen, betyder detta att "En människas högmod bliver henne till förödmjukelse". Det betyder att man vill förstå allt med det ytliga förnuftet, och om man inte förstår det, befinner man sig i låghet.

Sanningen är att om man vaknar upp för att få veta någonting, är det ett tecken på att man behöver få veta detta. Och när man övervinner sitt eget förstånd, det man önskar förstå, och tar allting i tro över förståndet, kallas detta den största lågheten i mänskliga attribut. Du ser att i den utsträckning man har ett begär efter att veta mer, och likväl tar det i tro över förståndet, befinner man sig i en ännu större låghet.

Nu kan vi förstå vad de uttydde om versen "Men mannen Mose var mycket saktmodig", ödmjuk och tålmodig. Det betyder att han stod ut med låghet i högsta möjliga mått.

Detta är betydelsen av att *Adam ha rishon* åt av livets träd innan synden, och att han befann sig i fullkomlighet. Men han kunde inte vandra längre än den grad han stod på, eftersom han inte kände något begär i sitt tillstånd. På grund av det kunde han naturligtvis inte upptäcka alla de heliga namnen.

Av den anledningen "Underbara äro Hans gärningar mot människornas barn", så att han skulle äta från kunskapens träd på gott och ont. Och genom denna synd lämnade alla Ljus honom, och därför tvingades han begripligt nog att påbörja sitt arbete på nytt.

Och skriften säger om det att han drevs ut ur Edens lustgård därför att om han skulle ha ätit av livets träd skulle han ha levt för evigt. Detta är innebörden av världarnas inre. Om man tar sig in där, blir man kvar där för evigt. Det betyder att ännu en gång skulle man stå utan något begär. Och för att kunna gå och uppenbara de heliga namnen, vilka uppträder genom korrigeringen av gott och ont, var han därför tvungen att äta av kunskapens träd.

Det är likt en människa som vill skänka sin vän en stor tunna fylld med vin, men hans vän har bara en liten bägare. Vad gör han då? Han häller vin i den bägaren och tar med bägaren hem, där han tömmer den. Därefter går han tillbaka med bägaren och fyller den åter igen med vin. Sedan går han ännu en gång till sitt hus, tills han har tagit emot hela vintunnan.

Jag har hört honom berätta ännu en liknelse om två vänner, av vilka den ena blev en kung och den andra blev mycket fattig, och han hade hört talas om hur hans vän blivit kung. Den fattige gick till sin vän kungen, och berättade om sitt usla skick.

Kungen gav honom ett brev till skatteministern om att han under två timmar skulle få så mycket pengar han ville. Den fattige kom fram till skattkammaren med en liten ask, gick in och fyllde den lilla asken med pengar.

När han kom ut sparkade ministern till asken och alla pengarna föll ner på golvet. Och så fortsatte det om och om igen, och den fattige mannen grät, "Varför gör ni såhär mot mig?" Slutligen sade han, alla pengar du tagit med dig ut under hela denna tid är dina och du ska ta allt med dig. Du hade inte behållare som var stora nog att ta tillräckligt med pengar från skattkammaren, och därför spelade vi dig detta spratt.

53. Angående ämnet begränsning

Jag hörde under kvällen på *shabbat*, den första *sivan*, 4 juni, 1943

Ämnet begränsning är när en person begränsar tillståndet han befinner sig i och inte önskar *gadlut* (storhet). Istället vill han stanna kvar i sitt nuvarande tillstånd för alltid, och detta kallas evig *dvekut* (fasthållande). Även om han har det minsta möjliga *katnut* (litenhet), om det skiner för alltid betraktas det som att han har tilldelats evig *dvekut*, oavsett vilket mått av *gadlut* han har.

Om han emellertid vill ha mer *gadlut*, betraktas det som lyx. Och detta är innebörden av "all sorg är överflödig", vilket betyder att han blir sorgsen för att han önskar sig onödig lyx. Detta är vad som menas med att när Israel kom för att ta emot Tora, förde Moses fram folket till bergets fot, som det står skrivet, "och de ställde sig nedanför berget".

(Ett berg [hebreiska: *har*] betyder tankar [hebreiska: *hirhurim*]). Moses förde dem till tankens ände, till förståelsen och till orsaken, den lägsta graden som finns. Först då, när de gick med på ett sådant tillstånd, att vandra i det utan tvekan och rörelse, att förbli där som om de hade det största *gadlut*, och vara lyckliga över det, detta är innebörden av "Tjänen Herren med glädje". Anledningen är att under *gadlut* är det irrelevant att säga att Han skänker arbete för att de ska vara glada, eftersom glädjen under *gadlut* kommer av sig själv. Istället skänks de glädjens arbete under tiden för *katnut*, så att de ska känna glädje trots att de känner *katnut*. Och detta är ett stort arbete.

Detta kallas gradens huvudsakliga del, vilket är ett urskiljande av *katnut*. Detta urskiljande måste vara bestående, och *gadlut* är bara ett tillägg. Dessutom bör människan längta efter den huvudsakliga delen, inte efter tilläggen.

54. Syftet med arbetet

Det jag hörde den sextonde *shvat*, 13 februari, 1941

Det är känt att träldomen i huvudsak består av att ge belåtenhet till Skaparen. Ändå måste vi veta vad givande betyder, eftersom det används ofta, och vi vet att vanan mattar av smaken. Därför måste vi utförligt klargöra innebörden av ordet **givande**.

Saken är den, att också viljan att ta emot är inkorporerad i viljan att ge hos den lägre (men viljan att ta emot kan användas med korrigeringar), annars skulle det inte finnas någon förbindelse mellan givaren och mottagaren. Orsaken är att det är omöjligt att den ena ger och den andra inte ger någonting i gengäld, och att det där skulle finnas ett tillstånd av partnerskap.

Enbart när de båda visar kärlek för varandra finns förbindelse och vänskap mellan dem. Men om den ena visar kärlek och den andra inte svarar, en sådan kärlek är overklig och har ingen rätt att existera. Våra visa upplyste oss om versen, "och för att säga till Zion: Du är mitt folk" (Jesaja 51), säg inte *ami* (mitt folk), utan *imi* (med mig),[7] "vara Min partner" (*Zohar, Bereshit* s.5), vilket betyder att skapelserna har ett partnerskap med Skaparen.

Här följer att när den lägre vill ge till Skaparen, bör också den lägre ta emot från Skaparen. Detta kallas partnerskap, när den lägre ger, och den Högre också ger.

Men viljan att ta emot bör längta efter att häfta fast vid Honom och ta emot Hans rikedom, och uppehälle, och godhet; och detta var syftet med skapelsen, att gynna Hans skapelser.

Men på grund av sönderslagningen som skedde i världen *Nekudim*, föll viljan att ta emot under *klipots* (skalens) herravälde, och genom detta gjordes två urskiljanden i *kli* (kärlet). Det första är att det

---

[7] Båda orden består av samma bokstäver på hebreiska, och när det inte finns några punkttecken, som i Bibeln, ser de likadana ut.

utvecklades en relation till de separerade njutningarna, och arbetet med att ta sig ur *klipots* auktoritet kallas "renandets arbete". Det andra urskiljandet som inträffade på grund av sönderslagningen är avskildheten från andliga njutningar.

Med andra ord blir människan avlägsen andligheten, och har inget begär efter andligheten. Och korrigeringen av det kallas *Kdusha* (Helighet), där arbetets förfarande är att begära Hans storhet. I det tillståndet skiner Skaparen för en i dessa kärl. Dock måste vi veta att i den utsträckning man har *kelim* (plural för *kli*) av **renhet**, viket kallas "haten det onda", i samma utsträckning kan man arbeta i **Kdusha**, som det står skrivet, "I som älsken Herren, haten det onda".

Av detta följer att det finns två urskiljanden, det första är renhet och det andra är *Kdusha*. **Kdusha** kallas *kli*, vilket är förberedelsen för att ta emot Hans godhet, i form av att gynna Hans skapelser. Men detta *kli* tillskrivs den lägre, vilket betyder att det är upp till oss att reparera. Med andra ord är det upp till oss att begära det goda, och detta betyder att i stor utsträckning inlåta sig i Hans storhet och sin egen låghet.

Likväl står den rikedom som bör anlända i **Kdushas kli** i Skaparens händer: Han är den som skänker myckenhet till den lägre. Vid en sådan tid kan den lägre inte hjälpa till med det på något sätt, och detta kallas, "Vad som ännu är fördolt hör Herren, vår Gud, till".

Skapelsens Tanke, som kallas "att gynna Hans skapelser", börjar från *Ein sof* (utan slut). Av den anledningen ber vi till *Ein sof*, det vill säga till förbindelsen som existerar mellan Skaparen och skapelserna. Detta är innebörden av det som står skrivet i Aris skrifter, att vi måste be till *Ein sof*.

Orsaken till det är att *Atzmuto*, (Han själv) inte har någon förbindelse med skapelserna, eftersom förbindelsen börjar i *Ein sof*, där Hans Namn finns, vilket är skapelsens rot. Detta är innebörden av det som står skrivet i *Yerushalmi*,[8] att den som ber kommer att be till Namnet, och Hans Namn och *Ein sof* kallas enligt legendens ord, **"Ett torn fyllt med goda ting"**. Detta är anledningen till att vi ber till Namnet, för att ta emot den förtjänst som har förberetts för oss.

Det är därför *Keter* kallas "Hans begär att gynna Sina skapelser", och själva gynnandet kallas *chochma* (visdom), vilket är rikedomens essens. Det är därför *Keter* kallas *Ein sof* och "den Utstrålande". Men *chochma* kallas ännu inte "det utstrålade", eftersom det fortfarande inte finns något *kli* i *chochma*, och då betraktas det som Ljus utan *kli*.

chochma urskiljs därför också som den Utstrålande eftersom det inte finns något uppnående i Ljuset utan *kli*, och hela skillnaden mellan *Keter* och *chochma* är att där är roten till det utstrålade mer blottad.

55. Haman från Tora, varifrån

Jag hörde den sextonde *shvat*, 13 februari, 1941

Haman från Tora, varifrån? "Har du icke ätit av det träd som jag förbjöd dig att äta av?" (1 Mos 3:11). Vi måste förstå vad kopplingen är mellan Haman och *etz ha daat* (kunskapens träd). *Etz ha daat* betraktas som tillståndet av mottagandets storhet, vilket inte befinner sig i *Kdusha* (Helighet) och måste föras in i *Kdusha* genom korrigeringar.

Urskiljandet av Haman är också tillståndet av mottagandets storhet, som det står skrivet, att Haman sade, "Vem skulle konungen bevilja ära", kungen över världen, "mer än mig?" Det betyder att det urskiljs som tillståndet av mottagandets storhet, och detta urskiljs som, "Och då hans frimodighet växte på Herrens vägar".

---

[8] Jerusalem-Talmud.

56. Tora kallas för indikation

Jag hörde angående *Beshalach*, 2 februari, 1941

Tora kallas "indikation", från orden "skjuta igenom".[9] Det betyder att när man ger sig hän åt Tora, känner man sin egen avlägsenhet i den utsträckning man anstränger sig. Med andra ord visas man sanningen, det vill säga att man visas måttet av sin tro, vilket är sanningens hela utgångspunkt.

Utgångspunkten för att hålla Tora och *mitzvot* är måttet av ens tro, det blir då uppenbart att hela ens utgångspunkt enbart byggs på den uppfostran man fått. Detta beror på att en uppfostran är tillräcklig för att man ska kunna hålla Tora och *mitzvot* in i minsta detalj, och allt som kommer från ens uppfostran kallas "tro inom förståndet".

Trots att det går emot ens förstånd, alltså att ens förstånd nödvändiggör att man, i den mån man gör tillägg i Tora, borde känna att man kommer närmare Skaparen. Dock visar Tora alltid mer av sanningen för en. När man söker sanningen, för Tora en närmare sanningen och man ser då måttet av sin tro på Skaparen.

Det är för att man ska kunna be om nåd och be Skaparen att verkligen föra en närmare Honom, vilket betyder att man belönas med tro på Skaparen. Då kommer man kunna lovprisa och visa Skaparen sin tacksamhet för att man tillåtits att föras närmare Honom.

Men när man inte ser måttet av sin avlägsenhet och ständigt tror att man lägger till, ser vi att man upprättar sina byggnadsverk på en ranglig byggstomme, och man har inget utrymme att be till Skaparen om att föras närmare Honom. Av detta följer att man inte har något utrymme för ansträngning för att tilldelas fullkomlig tro, eftersom man endast anstränger sig för det man behöver.

---

[9] På hebreiska används samma ord för att skjuta och för att indikera, visa och ange någonting.

Och därför, så länge man inte är värdig att se sanningen, är fallet det motsatta. Ju mer man lägger till i Tora och *mitzvot*, desto mer lägger man till i måttet av sin fullkomlighet och ser inte att man saknar något. Därför har man inget utrymme att anstränga sig och be för att beviljas verklig tro på Skaparen, eftersom när man känner korruption, bör vi säga korrektion.

Men när man i sanning hänger sig åt Tora och *mitzvot*, indikerar Tora sanningen för en, eftersom Tora har förmågan att visa ens sanna tillstånd vad gäller tro (och detta är innebörden av "låt det bli känt").

När man ger sig hän åt Tora och ser sanningen, vilket innebär ens mått av avlägsenhet från andligheten, och man ser att man är en sådan låg varelse, att det inte finns någon person på hela jorden som är sämre än en själv, då kommer *sitra achra* till en med ett annorlunda argument: Sannerligen, ens kropp är faktiskt väldigt ful, och det är sant att det inte finns någon person i hela världen som är fulare än man själv.

Hon säger så för att man ska bli förtvivlad, eftersom hon är rädd att man ska märka det och komma och korrigera sitt tillstånd. Av den anledning håller hon med om vad man säger, att man är en ful person, och låter en förstå att om man fötts med större färdigheter och bättre egenskaper, skulle man kunna övervinna sin ondska och korrigera den, och skulle därigenom ha uppnått *dvekut* (fasthållande) vid Skaparen.

Svaret på detta bör vara att det man säger läggs fram i *Masechet Taanit* (s.20), att Rabbi Elezar, son till Rabbi Shimon, kom från ett inhägnat torn, från sin rabbis hus. Han red på sin åsna längs flodens strand, och kände stor glädje. Hans förstånd var grovt, eftersom han hade studerat mycket Tora.

En väldigt ful person dök upp längs vägen. Han sade till honom: "Hallå Rabbi", men han svarade inte. Han sade till honom: "Fåfängt, så ful denna man är, kan hända är alla män från din stad lika fula som du?" Han svarade: "Jag vet inte, men gå och säg det till den hantverkare som skapat mig, hur kan detta kärl du skapat vara så fult?" Eftersom han visste att han hade syndat, steg han ned från sin åsna.

Enligt det ovan nämnda kan vi se, att eftersom han hade lärt sig mycket Tora, hade han genom detta beviljats att se det sanna avståndet mellan sig själv och Skaparen, det vill säga måttet av sin avlägsenhet och närhet. Detta är vad som menas med att hans förstånd var grovt, vilket betyder att han såg den fullständiga formen hos någon som är stolt, vilket är viljan att ta emot, och då kunde han se sanningen i att det var han som var fulast. Hur fick han se sanningen? Genom att lära sig mycket Tora.

Hur ska han således kunna häfta fast vid Honom, eftersom han är en sådan ful person? Detta är anledningen till att han frågade om alla människor var lika fula som han, eller om det bara var han som var ful, och resten av människorna i världen inte var fula.

Vad var svaret? "Jag vet inte". Det betyder att de inte känner, och därför vet de inte. Och varför känner de inte? Det är av den enkla anledningen att de inte hade belönats med att se sanningen, eftersom de saknade Tora, så att Tora kan visa dem sanningen.

På detta svarade Elijahu honom: "gå till den hantverkare som skapat mig", eftersom han såg att han hamnat i ett tillstånd från vilket han inte kunde stiga upp. Av den anledningen dök Elijahu upp och sade till honom, "gå till den hantverkare som skapat mig". Med andra ord, eftersom Skaparen gjorde dig så ful, måste Han ha vetat att det är med dessa *kelim* (kärl) som målet kan uppnås. Så oroa dig inte, skrid framåt och ha framgång.

57. Skall föra honom fram såsom ett brännoffer till Hans vilja

Jag hörde angående *yitro*, 5 februari, 1944

Om versen, **"skall föra honom fram såsom ett brännoffer till Hans vilja"**, sade våra visa, "Hur då?" Han tvingas tills han säger "Jag vill". Vi måste också förstå vad vi ber om, "Varde en vilja", eftersom kon vill mata mer än kalven vill dia, så varför måste vi be, "Varde en vilja Ovan"?

Det är känt att för att frambringa rikedomen från Ovan, måste det föregås av ett uppvaknande från nedan. Vi måste förstå varför vi behöver ett uppvaknande från nedan. Av den orsaken ber vi om att det ska finnas en vilja Ovan. Det betyder att vi måste framkalla ett begär från Ovan att räcka fram nedan.

Det är inte tillräckligt att vi har ett begär, utan det måste också finnas en god vilja från Givarens sida. Även om det finns ett generellt begär att gynna Hans skapelser, väntar Han likväl på att vårt begär ska väcka Hans begär.

Med andra ord, om vi inte är i stånd att framkalla Hans begär, är det ett tecken på att mottagarens begär ännu inte är fulländat. Därför är det just precis genom att be att det ska finnas en vilja Ovan, som vårt begär förvandlas till ett genuint begär, som är lämpligt som ett *kli* (kärl) för att ta emot rikedomen.

Samtidigt måste vi säga, att allt vi gör, både gott och ont, allt detta sträcker ned sig från Ovan (vilket är innebörden av privat försyn), att Skaparen gör allting. Ändå måste vi samtidigt ångra de onda gärningarna, trots att dessa också sträcker sig ned från Ovan.

Förståndet nödvändiggör att vi måste ångra, men rättfärdiga domen, att vi förtjänar de onda gärningarna. Icke desto mindre är fallet det motsatta; vi måste vara ledsna över att vi inte tillåts utföra goda gärningar, viket säkerligen är följden av ett straff, vilket betyder att vi inte är värdiga att tjäna Kungen.

Om allt styrs, hur kan vi då säga att vi inte är värdiga, eftersom inga handlingar görs nedan? För det syftet skänks vi dåliga tankar och begär som avlägsnar oss från Guds arbete, att vi inte är värdiga att tjäna Honom. Av den anledningen finns en bön som kommer av det, att detta är en plats för korrigering så att vi kan vara värdiga och kapabla att ta emot Kungens arbete.

Nu kan vi se varför det finns en bön för ett visst besvär. Detta besvär måste ha kommit som ett straff, och straff måste vara korrigeringar, eftersom det finns en regel som säger att straffet är en korrigering. Varför ber vi då Skaparen ta bort våra korrigeringar?

Våra visa sade om versen, "så att din broder bliver vanärad i dina ögon", eftersom den slagne är din broder. Vi måste veta att bönen faktiskt korrigerar personen mer än vad straffet gör. När bönen således dyker upp istället för straffet, då lyfts plågorna bort och bönen placeras i dess ställe, för att korrigera kroppen.

Detta är innebörden av det våra visa sade, "Belönad – genom Tora; icke belönad – genom plågor". Vi måste veta att Toras väg är en mer framgångsrik väg och frambringar större förtjänster än lidandets väg. Orsaken är att dessa *kelim* (kärl) som kommer vara lämpade för att ta emot det högre Ljuset är bredare, och kan nå *dvekut* (fasthållande) vid Honom.

Detta är innebörden av, "han tvingas tills han säger 'jag vill'". Det betyder att Skaparen säger, "Jag vill ha de lägres handlingar".

Innebörden av bön är det våra visa sade "Skaparen skapade de rättfärdigas bön", och med hjälp av bönen, kan deras *kelim* (kärl) göras lämpliga för att Skaparen senare ska kunna skänka rikedomen, eftersom det då finns ett *kli* som kan ta emot rikedomen.

58. Glädje är en "återspegling" av goda gärningar

Jag hörde på *sukkot*, den fjärde *inter*

Glädje är en "återspegling" av goda gärningar. Om gärningarna tillhör *Kdusha* (Heligheten), uppstår därav glädje. Dock måste vi veta, att det också finns ett urskiljande av *klipa* (skal). För att veta om det är i *Kdusha*, sker granskandet i förståndet. I *Kdusha* finns förstånd, och i *sitra achra* (andra sidan) finns inget förstånd, eftersom en annan gud är ofruktbar och inte bär frukt. När man stöter på glädje, bör man därför utforska Toras ord, för att upptäcka Toras tänkesätt.

Vi måste också veta att glädjen urskiljs som det upphöjda sken som uppstår på grund av MAN,[10] vilket är goda gärningar. Skaparen dömer en där man är. Med andra ord, om man tar på sig Himmelrikets börda för evigt, kommer omedelbart ett upphöjt sken på det, vilket också det betraktas som evighet.

Även om man ser att man uppenbarligen snart kommer att falla från sig grad, dömer Han ändå en där man är. Det betyder, att om man nu bestämt sig för att åta sig Himmelrikets börda för all framtid, betraktas det som fullkomlighet.

Men om man åtar sig Himmelrikets börda och inte vill att detta tillstånd ska stanna kvar i en för evigt, den saken, och den gärningen, betraktas inte som fullkomlighet, och naturligtvis kan då inte heller det högre Ljuset komma och vila därpå. Orsaken är att det är fullkomligt och evigt, och det står inte i begrepp att förändras. Med en människa däremot, även om man vill det, kommer tillståndet man befinner sig i inte vara för evigt.

---

[10] Förkortning för *mayin nukvin* (kvinnliga vatten).

59. Angående staven och ormen

Jag hörde den trettonde *adar*, 23 februari, 1948

"Mose svarade och sade: 'Men om de nu icke tro mig eller lyssna till mina ord'" etc. "Då sade Herren till honom: 'Vad är det du har i din hand?' Han svarade: 'En stav'. Han sade: 'Kasta den på marken'. När han då kastade den på marken, förvandlades den till en orm; och Mose flydde för honom" (2 Mos: 4).

Vi måste förstå att det inte finns mer än två grader, antingen *Kdusha* (Helighet) eller *sitra achra* (andra sidan). Det finns inget mellanliggande tillstånd, utan samma stav förvandlas till en orm om den kastas på marken.

För att förstå det, ska vi inleda med våra visas ord, att Han lade *Shechina* (Heligheten) på träd och stenar. Träd och stenar kallas saker av mindre värde, och just på detta sätt placerade Han sin *Shechina*. Detta är vad som menas med frågan, "Vad är det du har i **din hand**?"

En **hand** betyder det som uppnås, från orden "och om en hand kan nå". En **stav** betyder att allt man uppnår byggs på urskiljandet av mindre värde, vilket är tro över förståndet.

(Anledningen är att tro anses vara av mindre värde och vara låghet. Människan uppskattar sådant som kan klädas i förståndet. Men om ens förstånd inte uppnår det, utan gör motstånd, då bör man säga att tron är av högre värde än ens förstånd. Här följer att man då sänker sitt förstånd, och trots det man förstår inom förnuftet, att man gör motstånd mot Skaparens väg, säger att tron är viktigare än förståndet. Anledningen är att alla de begrepp som står i motsats till Skaparens väg är värdelösa begrepp.

Istället, "de hava ögon och se icke, de hava öron och höra icke". Det betyder att man annullerar allt man gör och ser, och detta kallas att gå över förståndet. Och därför verkar det som låghet och litenhet för människan.

Dock betraktas tro inte som litenhet med Skaparen. Orsaken är att den människa som inte har någon annan utväg och måste ta trons väg betraktar det som låghet. Men Skaparen kunde ha lagt sin *Shechina* på något annat än träd och stenar.

Likväl valde Han just detta sätt, vilket kallas tro. Han måste ha valt det eftersom det är bättre och mer framgångsrikt. Vi finner att tro inte betraktas vara av mindre värde för Honom. Snarare motsatsen, denna väg har många förtjänster, men den uppträder som låg för skapelsernas ögon.)

Om staven kastas på marken och man vill arbeta med ett högre urskiljande, det vill säga inom förståndet, nedvärdera över förståndet, och detta arbete verkar lågt, förvandlas ens Tora och arbete ögonblickligen till en orm. Detta är innebörden av den förhistoriska ormen och "till den högmodige säger Skaparen: han och Jag kan inte vistas i samma boning".

Anledningen är, som vi har sagt, att Han lade sin *Shechina* på träd och stenar. Om man kastar urskiljandet av staven på marken och höjer sig själv för att arbeta med ett högre attribut, är det således redan en orm. Det finns ingen mitt, det är antigen en orm eller *Kdusha*, eftersom all Tora och allt arbete man fått genom urskiljandet av staven, allt det har nu övergått i urskiljandet av ormen.

Vi vet att *sitra achra* inte har några Ljus. Därför är det även så i det materiella, att viljan att ta emot endast har brister, men ingen tillfredställelse av bristerna. Och kärlen för mottagande förblir i evigt underskott, utan tillfredställelse, eftersom den som har etthundra, vill ha tvåhundra etc., och man dör utan att ens uppnå hälften av vad man önskat sig.

Detta härrör från de högre rötterna, roten till *klipa* (skalet) är viljan att ta emot, och de har inga korrigeringar under de sex tusen åren. *Tzimtzum* (restriktionen) placeras över dem, och således har de inga Ljus och rikedomar.

Detta är orsaken till att de lockar människan att dra Ljus till deras grad. Och de Ljus människan tar emot genom att hålla fast vid *Kdusha*, eftersom rikedomen skiner i *Kdusha*, när de frestar henne att dra ner rikedomen till deras tillstånd, tar de emot det Ljuset. På så vis äger de herravälde över människan, det vill säga att de orsakar henne belåtenhet i det tillstånd hon befinner sig för att hon inte ska röra på sig.

På grund av detta kan man inte gå framåt under detta herravälde, eftersom man inte känner något behov av en högre grad. Eftersom man inte har något behov, kan man inte flytta sig från sin plats.

I det tillståndet är man oförmögen att bedöma om man går framåt i *Kdusha*, eller motsatsen. Orsaken är att *sitra achra* ger kraft att arbeta hårdare, eftersom man nu befinner sig inom förståndets ramar, och kan därför arbeta utan att vara i ett tillstånd av låghet. Som följd kommer man då att stanna kvar i *sitra achras* auktoritet.

För att man inte ska stanna kvar i *sitra achras* auktoritet, gjorde Skaparen en korrigering som innebär att om man lämnar urskiljandet av staven, faller man omedelbart ner i urskiljandet av ormen. Man faller omedelbart ner i ett tillstånd av misslyckanden och har inga krafter att stärka, om man inte godtar urskiljandet av tro, vilket kallas låghet, ännu en gång.

Härav följer att själva misslyckandena får en att åter igen hänge sig åt urskiljandet av staven, vilket är urskiljandet av tro över förståndet. Detta är innebörden av det Moses sade "Men om de nu icke tro mig eller lyssna till mina ord". Det betyder att de inte kommer vilja inlåta sig i arbetet i tro över förståndet.

I det tillståndet sade Skaparen till honom, "Vad är det du har i din hand? En stav". "Kasta den på marken", och då "förvandlades den till en orm". Det betyder att det inte finns något mellanliggande tillstånd mellan staven och ormen. Det är snarare för att veta om människan befinner sig i *Kdusha*, eller i *sitra achra*.

Det visar sig att de i vilket fall som helst inte har något annat val än att lägga sig till med urskiljandet av tro över förståndet, vilket kallas "en stav". Denna stav bör hållas i handen; staven bör inte kastas. Detta är innebörden av versen, "Arons stav, den hade knoppar".

Det betyder att all grönska människan fick genom att tjäna Skaparen grundades just på Arons stav. Med detta menas att Han ville ge oss ett tecken så att vi kan veta om vi vandrar sanningens väg eller inte. Han gav oss ett tecken bara för att vi ska få kännedom om arbetets utgångspunkt, det vill säga vilken utgångspunkt man arbetar efter. Om utgångspunkten är staven, då är det *Kdusha*, och om utgångspunkten är inom förståndet, då är detta inte vägen som leder till *Kdusha*.

I själva arbetet, det vill säga i Tora och i bönen, finns det emellertid ingen skillnad mellan den som tjänar Honom och den som inte tjänar Honom. Orsaken är att motsatsen gäller där: om utgångspunkten är inom förståndet, det vill säga baserat på vetande och mottagande, ger kroppen bränsle för arbetet, och människan kan studera och be med större ihärdighet och hänförelse, eftersom det baseras på inom förståndet.

Men när man tar vägen som leder mot *Kdusha*, vars utgångspunkt är givande och tro, fordras omfattande förberedelser så att *Kdusha* kan skina för en. Utan förberedelsen, ger kroppen inte de krafter som behövs i arbetet, och man måste alltid göra väldiga ansträngningar, eftersom människans rot är mottagande, och inom förståndet.

Och därför, om ens arbete grundas på jordiskhet, kan man alltid vara tillfreds. Men om ens utgångspunkt i arbetet är urskiljandet av givande och över förståndet, behöver man oupphörliga ansträngningar för att inte falla tillbaka i sin rot av mottagande, och inom förståndet.

Man får inte vara försumlig en enda minut, annars kommer man falla tillbaka i sin jordiska rot, vilken kallas "stoft", som det står skrivet "Ty du är stoft, och till stoft skall du åter varda". Och det var efter synden med kunskapens träd.

Människan undersöker om hon går framåt i *Kdusha* eller motsatsen, eftersom en annan gud är steril och inte bär någon frukt. Den heliga *Zohar* ger oss det tecknet, att just på trons grund, som kallas "en stav", tilldelas man "var fruktsamma och föröka er" i Tora. Detta är innebörden av "Arons stav, den hade knoppar": knoppandet och spirandet kommer just genom staven.

Liksom man dagligen stiger upp ur sängen och tvättar sig för att rena sin kropp från kroppens smuts, på samma sätt bör man tvätta sin kropp ren från smutsen från *klipa*, undersöka sig själv för att se om ens urskiljande av staven är i fullkomlighet.

Detta bör vara en oavbruten undersökning, och om man distraheras från det, faller man omedelbart in i *sitra achras* auktoritet, som kallas mottagande för sin egen skull. Människan förslavas omedelbart av dem, och eftersom vi vet att Ljuset skapar *kli*, så mycket som man arbetar för att ta emot, i samma utsträckning behöver man bara ett begär att ta emot för sin egen skull, och därmed avlägsnas man från sådant som har med givande att göra.

Nu kan vi förstå våra visas ord, "Var mycket, mycket ödmjuk." Varför denna uppståndelse med "mycket, mycket" som det står? Orsaken är att man kommer i behov av skapelserna, genom att man redan har hedrats en gång. Till en början tar man emot äran utan att vilja njuta av den, utan av andra orsaker, som för Toras salighets skull, etc. Man är säker på denna granskning eftersom man vet att man inte har något begär efter ära överhuvudtaget.

Här följer att det är rimligt att tänka sig att det är tillåtet att ta emot äran. Dock är det fortfarande förbjudet att ta emot eftersom Ljuset skapar kärlet. Och därför, efter att man tagit emot äran, kommer man i behov av äran, och därmed befinner man sig redan under dess herravälde, och det blir svårt att bryta sig loss från äran.

Som resultat skaffar man sig sin egen verklighet och det blir då svårt att annullera sig inför Skaparen, eftersom man har blivit ett separat väsen genom äran, och för att uppnå *dvekut* (fasthållande) måste man annullera sin verklighet fullständigt. Av den anledningen står det "mycket, mycket". "Mycket" är att det är förbjudet att ta emot ära för sin egen skull, och det andra "mycket" är att även när ens intention inte är för sin egen skull, är det fortfarande förbjudet att ta emot.

60. Ett mitzva som kommer genom en överträdelse

Jag hörde angående *Tetzave*, 14 februari, 1943

Ett *mitzva* som kommer genom en överträdelse betyder att om man inlåter sig i arbetet för att få en belöning, då delas det upp i två saker:

1) Mottagandet av arbetet, vilket kallas ett *mitzva*

2) Intentionen: att få en belöning. Det kallas en synd eftersom mottagandet tar en från *Kdusha* (Heligheten) till *sitra achra* (andra sidan).

Hela utgångspunkten och orsaken som gav en styrkan att arbeta var belöningen; därför betyder ett *mitzva* **"som kommer"** att man lockades att utföra detta *mitzva*, och det är överträdelsen. Detta är anledningen till att det kallas ett *"mitzva* **som kommer"**; det som framkallar detta *mitzva* är överträdelsen; vilket bara är en belöning.

Rådet i en sådan situation är att man bör utföra sitt arbete i form av "utan att se mer", att hela ens syfte med arbetet är att öka Himmelrikets prakt i världen. Detta kallas att arbeta för att höja Gudomen ur stoftet.

Angelägenheten om att höja Gudomen betyder att den **heliga Gudomen kallas "själarnas samfälle"**. Det tar emot rikedomen från Skaparen och fördelar den till själarna. Det som förvaltar och överför rikedomen till själarna kallas "föreningen mellan Skaparen och Gudomen", varvid rikedomen bärs fram till de lägre. Om det emellertid inte finns någon förening, frambärs rikedomen inte till de lägre.

För att klargöra detta; eftersom Skaparen ville glädja sina skapelser, tänkte Han därför på hur rikedomen skulle fördelas, och Han tänkte även på hur rikedomen skulle tas emot. Och båda finns potentiellt. Detta betyder att själarna kommer efteråt och tar emot den verkliga rikedomen.

Vidare kallas rikedomens potentiella mottagare för den "heliga Gudomen", eftersom Skaparens tanke är en fulländad verklighet, och han har inget behov av själva handlingen. Av den anledningen är den lägre... [avbruten]

61. Omkring Honom stormar det med makt

Jag hörde den nionde *nisan*, 18 april, 1948

Om versen "omkring Honom stormar det med makt" sade våra visa att Skaparen är särskilt noggrann med de rättfärdiga. Han frågade: Om de överlag är rättfärdiga, varför förtjänar de ett hårt straff?

Saken är den, att alla de gränser vi talar om i världarna är ur mottagarnas perspektiv, det vill säga att de lägre begränsar och begränsar sig till en viss grad, och på så vis förblir de nedan. Ovan godtar de allt som de lägre gör, i den utsträckningen bärs därför rikedomen fram nedan. Genom sina tankar, ord och handlingar förmår de lägre på detta vis rikedomen att komma ner från Ovan.

Det visar sig att om den lägre betraktar en mindre handling eller ett ord som om det vore en viktig handling, så som att betrakta ett avbrott i fasthållandet vid Skaparen som ett brott mot Toras allvarligaste av förbud, då uppstår samtycke med den lägres åsikt från Ovan, och Ovan betraktas det nu som om han överskridit det allvarligaste förbudet. Därför säger den rättfärdige att Skaparen är särskilt noggrann med honom, och som den lägre säger, detta godtas Ovan.

När den lägre inte förnimmer ett smärre förbud som ett viktigt sådant, betraktas inte heller de obetydligheter han bryter mot som hårda förbud från Ovan. Av den anledningen behandlas en sådan människa som om hon vore en liten person, vilket betyder att hennes *mitzvot* anses vara små, och även hennes synder anses vara små. De båda vägs lika och i allmänhet betraktas hon vara en liten person.

Den människa som emellertid uppmärksammar de obetydliga sakerna och säger att Skaparen är mycket noggrann med dem betraktas vara en stor person, och både hennes synder och hennes *mitzvot* är stora.

Människan kan lida när hon begår en överträdelse i den utsträckning hon känner njutning när hon uträttar en god gärning. Det finns en liknelse om detta: En man begick ett förfärligt brott mot kungadömet och dömdes till tjugo års fängelse och straffarbete. Fängelset fanns utanför landets gränser på någon ödslig plats ute i världen. Domen verkställdes med omedelbar verkan och mannen skickades till den ödsliga platsen vid världens ände.

Väl där fann mannen andra människor som dömts av kungadömet att vara där han var, men han drabbades av minnesförlust och glömde att han hade en fru och barn, vänner och bekanta. Han trodde att det inte fanns någonting mer i hela världen än denna ödsliga plats och människorna som fanns där; att han hade fötts där och att detta var det enda han kände till. Därför är hans sanning enligt hans nuvarande förnimmelse och han inte har någon vetskap om den faktiska verkligheten, bara enligt sin kunskap och sina förnimmelser.

I fängelset undervisades han om regler och bestämmelser så att han inte skulle bryta mot lagen igen, så att han skulle kunna hålla sig ifrån de brott som stod skrivna där och veta hur han kan korrigera sig själv så att han kan föras därifrån. I kungens böcker lärde han sig att den som bryter mot denna regel, till exempel, skickas till ett ödsligt land långt bort från all bebyggelse. Det hårda straffet gör ett starkt intryck på honom, och han ifrågasätter rättvisan i de hårda straff som utdelas.

Men han kan aldrig tänka sig att han själv skulle vara den som bröt mot landets lagar, att han har tilldelats ett hårt straff och att domen redan har verkställts. Eftersom han dessutom drabbats av minnesförlust kommer han aldrig känna av sitt sanna tillstånd.

Detta är innebörden av "omkring Honom stormar det med makt": Han måste vara uppmärksam på minsta rörelse, att han själv har brutit mot kungens budord, och redan har bannlysts från bebyggelsen. Och nu, genom många goda gärningar börjar hans minne fungera igen och han börjar känna hur långt bort han är från den bebodda platsen i världen.

Han börjar ångra sitt förflutna tills han frisläpps och förs tillbaka till den bebodda platsen, och detta arbete kommer just genom människans arbete. Människan börjar känna hur avlägsen hon är från sitt ursprung och sin rot tills hon tilldelas fasthållande vid Skaparen.

62. Stiger ner och eggar, stiger upp och klagar

Jag hörde den nittonde *adar alef,* 29 februari, 1948

Stiger ner och eggar, stiger upp och klagar. Människan måste alltid undersöka sig själv för att se till att hennes Tora och arbete inte sjunker ned i avgrunden. Orsaken är att människans storhet mäts med måttet av hennes *dvekut* (fasthållande) vid Skaparen, det vill säga, med **måttet av hennes annullering inför Skaparen**.

Med andra ord förtjänar ens egenkärlek inte någon uppmärksamhet, istället vill man annullera sitt jag fullständigt. Anledningen är att för den som arbetar med avsikten att ta emot, mäts arbetet med måttet av jagets storhet. Då blir man en varelse, ett subjekt, och en separat

155

auktoritet. I ett sådant tillstånd är det svårt för en att annullera sig själv inför Skaparen.

Men när man arbetar med avsikten att ge, och slutför sitt arbete, vilket betyder att man har korrigerat alla sina kärl för mottagande för sin egen skull av det man hade i sin själs rot, då har man inte någonting kvar att göra i världen. Av den anledningen bör man uteslutande tänka och koncentrera sig på den punkten.

Ett tecken som visar på att man vandrar på sanningens väg, om man befinner sig i "stiger ner och eggar", det vill säga att hela ens arbete är i ett tillstånd av nedstigande. I det tillståndet befinner man sig i *sitra achra* (andra sidan), och då stiger man upp och klagar, vilket betyder att man känner att man befinner sig i ett tillstånd av uppstigande, och klagar på andra. Men den som arbetar i renhet klagar alltid på sig själv och ser andra som om de vore på en högre grad än vad man känner att man är.

63. Jag har lånat, och jag gottgör

Jag hörde på aftonen efter *shabbat*, 1938

Förstå vad våra visa sade, "Jag har lånat, och jag gottgör". Det innebär att syftet med att himmel och jord skapades var Ljuset av *shabbat*. Detta Ljus bör uppenbaras för de lägre, och detta syfte visar sig genom Tora och *mitzvot* och goda gärningar.

Gmar tikkun (korrigeringens slut) avser när detta Ljus uppträder i sin fullkomlighet genom ett uppvaknande från nedan, det vill säga när Tora och *mitzvot* föregick det. Men innan *gmar tikkun* finns även ett urskiljande av *shabbat*, som kallas "en skepnad av nästa värld", när Ljuset av *shabbat* skiner både i individen och i allmänheten som helhet.

Ljuset av *shabbat* kommer genom kredit, det vill säga utan någon föregående ansträngning, men efteråt måste man dock betala av all kredit. Med andra ord kommer man betala tillbaka efteråt, genom att göra all ansträngning man skulle ha gjort innan man tilldelades Ljuset.

Detta är innebörden av "Jag har lånat", det vill säga dra till sig Ljuset av *shabbat* på kredit, och jag gottgör, från versen "låt håret på kvinnans huvud lossna".[11] Det betyder att Skaparen kommer avslöja detta Ljus bara om Israel lånar, det vill säga sträcker fram det. Trots att de ännu inte är värdiga, kan de ändå dra det till sig på kredit.

64. Från lo lishma till lishma

Jag hörde angående *Vayechi*, fjortonde *tevet*, 27 december, 1947

Från *lo lishma* kommer vi till *lishma*. Om vi ägnar vår uppmärksamhet åt detta, kan vi säga att perioden för **lo lishma** är den viktigaste, eftersom det är lättare att förena handlingen med Skaparen.

Anledningen är att i **lishma** säger man att man gjorde den goda gärningen för att man tjänar Skaparen i fullkomlighet, och att alla ens handlingar är för Skaparens skull. Av detta följer att man är handlingens ägare.

Men när man inlåter sig i **lo lishma** gör man inte den goda gärningen för Skaparens skull, och då visar det sig att man inte kan komma till Honom med klagomål om att man förtjänar en belöning. Alltså står Skaparen inte i skuld till en.

Så varför gjorde man den goda gärningen? Bara på grund av att Skaparen tillhandahöll ett tillfälle så att denna Samael [ett uttryck för vårt inre fundamentala ego, ö.a.] kunde driva på och tvinga en att göra det.

---

[11] På hebreiska används samma ord för att släppa, att lossa och betala av.

Till exempel, om en person får besök i sitt hus, och han skäms över att vara sysslolös, tar han en bok och studerar Tora. Så, vem studerar han Tora för? Det är inte för Skaparens *mitzvas* skull, för att han vill vinna ynnest inför Skaparens ögon, utan det är för gästerna som kommit in under hans auktoritet, för att finna nåd inför människors ögon. Hur kan man då söka belöning från Skaparen för denna Tora, eftersom han tog på sig arbetet för gästernas skull?

Här följer att för honom står Skaparen inte i skuld, och istället kan han debitera gästerna, att de ska betala en belöning, det vill säga hedra honom för att han studerar Tora. Dock kan han inte skuldsätta Skaparen.

När man utför självundersökning, och säger att man äntligen studerar Tora, och kastar undan orsaken, det vill säga gästerna, och säger att man nu arbetar enbart för Skaparen, då bör man omedelbart säga att allting styrs från Ovan. Det betyder att man beviljats att arbeta i Tora av Skaparen, och man är inte värdig att ta emot något element av sanning. Man är ovärdig sanningen och därför tillhandahöll Skaparen en falsk orsak, och genom denna orsak tar man upp arbetet med Tora.

Alltså är Skaparen den som verkställer, och inte individen. Och vidare bör man då prisa Skaparen, att Han, även när man befinner sig i ett sådant lågt tillstånd, inte överger en utan ger en kraft, det vill säga bränsle, så att man vill ta sig an Toras ord.

Om vi uppmärksammar denna handling noggrant lägger vi märke till att Skaparen är den verkställande, i form av, "Enbart Han gör och kommer att göra alla handlingar". Likväl lägger man inte någon handling i den goda gärningen. Trots att man uträttade denna *mitzva,* gjorde man inte det för *mitzvan,* utan av en annan orsak (människan), och den orsaken kom från separationen.

Sanningen är att det är Skaparen som är orsaken, Han är anledningen som tvingade en till detta. Men Skaparen är täckt med en annan klädnad, och inte en *mitzvas* klädnad, utan med en annan fruktan eller en annan kärlek. Under *lo lishma* är det därför lättare att tillskriva den goda gärningen till Skaparen och säga att Han är den goda gärningens utövare, och inte människan.

Detta är enkelt eftersom man inte vill göra det för en *mitzva*, utan för ett annat skäl. Men i *lishma* vet man av sig själv att man arbetar på grund av en *mitzva*.

Detta betyder att man själv var orsaken, alltså på grund av en *mitzva*, men inte på grund av att Skaparen placerade en idé och ett begär efter att göra denna *mitzva* i ens hjärta, utan för att man valde det själv. Sanningen är att allt gjordes av Skaparen, men människan kan inte uppnå privat försyn innan hon har uppnått belöning och bestraffning.

65. Angående det uppenbara och det fördolda

Jag hörde den tjugonionde *tevet*, 18 januari, 1942

Det står skrivet, "Det som ännu är fördolt hör Herren, vår Gud, till; men det som är uppenbarat, det gäller för oss och våra barn till evig tid, för att vi skall göra efter alla denna lags ord". Vi bör fråga, "Vad vill texten säga oss med detta, att det fördolda tillhör Herren?" Vi ska inte säga att fördolt betyder ouppnåeligt och att uppenbart betyder uppnåeligt. Vi ser att det finns människor med kunskap om den fördolda delen, liksom det finns människor som saknar kunskap om den uppenbara delen.

Och man kan inte säga att detta innebär att det finns fler människor med kunskap om den uppenbara delen än om den fördolda delen. (I sådana fall har vi bara lagt fram en liten del av helhetsbilden).

Saken är den att i denna värld ser vi att det finns handlingar som uppenbaras som handlingar framför våra ögon. Det betyder att människans hand är inblandad där. Vidare finns det handlingar där vi ser att en handling har utförts, men där människan inte kan göra någonting. Istället är det en dold kraft som verkar.

Det är som våra visa sade, "Det finns tre deltagare i människan – Skaparen, hans fader och hans moder". Det uppenbara budordet är att vara fruktsam och föröka sig. Denna handling uträttas av föräldrarna. Och om föräldrarna sköter sin uppgift ordentligt placerar Skaparen en själ i den nyfödde, vilket betyder att föräldrarna sköter den uppenbara delen, eftersom de bara kan göra den del som är uppenbar. Men den dolda delen – att placera en själ i den nyfödde – där kan föräldrarna inte göra någonting, enbart Skaparen själv gör detta.

Likaledes med *mitzvot*, där vi bara måste göra den uppenbara delen, då det bara är där vi kan handla, det vill säga inlåta oss i Tora och *mitzvot* enligt "som **uträttar** Hans befallning". Men i den dolda delen, det vill säga själen i att hålla Tora och *mitzvot*, där kan man inte göra någonting. Och när man håller Tora och *mitzvot* genom handling, vilket kallas "att göra", bör man be till Skaparen att Han ska utföra den dolda delen, det vill säga placera en själ i den praktiska delen av vår andel.

Den praktiska delen kallas "ett stearinljus för en *mitzva*", vilket bara är stearinljus, som måste tändas av "Tora, Ljuset". Toras Ljus antänder *mitzvan* och skänker oss själen och livligheten i den praktiska delen, som med den nyfödde, där det finns tre deltagare.

Och detta är innebörden av "Det som ännu är fördolt hör Herren, vår Gud, till; men det som är uppenbarat, det gäller för oss och våra barn till evig tid", vilket betyder att vi måste arbeta i form av "Allt vad du förmår uträtta med din kraft må du söka uträtta". Det är bara här vi kan handla; men att erhålla själen och livskraften, det beror på Skaparen.

Och detta är innebörden av "Det som ännu är fördolt hör Herren, vår Gud, till". Skaparen lovar att om vi sköter andelen som är uppenbar för oss, handlar efter de praktiska villkoren i Tora och *mitzvot*, kommer Skaparen placera en själ i våra handlingar. Men innan vi belönas med det dolda, vilket kallas "en själ", är vår uppenbara del som en kropp utan själ. Vi måste därför belönas med den dolda delen, och detta står uteslutande i Skaparens händer.

66. Givandet av Toran

Jag hörde under en måltid på aftonen på *shavuot* (pingst), 1948

Angelägenheten om Torans överlåtande som utspelades på berget Sinai betyder inte att Tora överlämnades en gång, varpå överlåtandet upphörde. Snarare finns det ingen frånvaro i andligheten, eftersom andligheten är en evig sak, oändlig. Men eftersom vi, från givarens perspektiv, inte duger för att ta emot Toran, säger vi att upphörandet kommer från Den Högre.

Men då, vid berget Sinais fot, var hela Israel redo att ta emot Tora, som det står skrivet "Israel lägrade sig där mitt emot berget, som en människa med ett hjärta". Den gången var hela folket redo; de hade enbart en intention, vilket var den enda tanken på mottagandet av Toran.

Dock sker inga förändringar från Givarens perspektiv – Han ger alltid. Det står skrivet, i Baal Shem Tovs namn, att man varje dag måste höra de tio budorden på berget Sinai.

Tora kallas "livets dryck" och "dödens dryck". Vi måste förstå hur två motsatser kan sägas om en och samma sak.

Vi måste veta att vi inte kan uppnå någon verklighet så som den är i sig själv. Snarare uppnår vi allting enligt våra förnimmelser. Och verkligheten, så som den är i sig själv, är vi inte intresserade av överhuvudtaget. Därför uppnår vi inte Tora så som den är i sig själv, utan bara i överensstämmelse med våra förnimmelser. Således följer alla våra intryck bara våra förnimmelser.

Så när man studerar Tora, och Tora avlägsnar en från kärleken till Gud, betraktas denna Tora givetvis som en "dödens dryck". Och i motsats till detta, om den Tora man lär sig för en närmare kärleken till Gud, betraktas den givetvis som en "livets dryck".

Men själva Tora, Toras existens i sig själv, utan hänsyn till den lägre som måste uppnå den, betraktas som "Ljus utan *kli*", vilket inte går att uppnå överhuvudtaget. Så när vi talar om Tora menar vi de förnimmelser som personen tar emot från Tora, och det är bara förnimmelserna som bestämmer verkligheten för skapelserna.

När man arbetar för sin egen skull kallas det *lo lishma* (inte för Hennes namn). Men från *lo lishma* kommer vi fram till *lishma* (för Hennes namn). Så om man inte har belönats med mottagandet av Tora, hoppas man på att belönas med att ta emot Tora nästa år. Men när man har belönats med *lishma* i sin helhet har man ingenting mer att göra i denna värld, eftersom man redan har korrigerat allting så att det är *lishma* i sin helhet.

Av den anledningen kommer det varje år en tid för givandet av Toran, eftersom den tiden är redo för ett uppvaknande från nedan. Orsaken är att detta är uppvaknandet för den tid då Ljuset från givandet av Toran uppenbarades i de lägre. Därför sker ett uppvaknande från Ovan, vilket skänker styrka till de lägre så att de ska kunna uträtta handlingen som berättigar dem att ta emot Toran, liksom då, när de var redo att ta emot Toran.

Så om man går längs en väg där *lo lishma* kommer att ge en *lishma*, går man på sanningens väg. Då bör man hoppas att man slutligen kommer belönas med att uppnå *lishma*, och belönas med mottagandet av Toran.

Dock krävs varsamhet, att man ständigt håller målet framför sina ögon, annars kommer man snart gå på den motsatta linjen, eftersom kroppens rot är mottagande för sin egen skull. Därför dras den alltid mot sin rot, vilket är mottagande med avsikten att ta emot, motsatsen till Tora, som kallas "livets träd". Detta är orsaken till att kroppen anser att Tora är "dödens dryck".

162

67. Vänd dig bort ifrån det som är ont

Jag hörde på helgdagen *sukkot* (lövhyddohögtiden), 5 oktober, 1942,
Jerusalem

Vi måste vara varsamma med "Vänd dig bort ifrån det som är ont",
och hålla de fyra förbunden.

1) Ögonens förbund, vilket är varningen om att inte se på kvinnor.
   Och förbudet är inte nödvändigtvis för att det kan leda till en
   tanke. Beviset för det är att förbudet även gäller en gammal man
   på hundra år. Snarare är den verkliga anledningen att det sträcker
   sig ner från en mycket hög rot: varningen finns därför att om
   man inte är försiktig kan man komma att se på den heliga
   Shechina (Gudomen).

2) Tungans förbund, var vaksam vad gäller sanning och falskhet.
   De granskningar som existerar nu, efter *Adam ha rishons* synd, är
   granskningar som sker i sant och falskt. Men innan synden med
   kunskapens träd gällde granskningarna bittert och sött. När
   granskningen sker i sanning och falskhet är det dock helt
   annorlunda.

Av den anledningen måste vi vara försiktiga med att ändra på våra
ord. Trots att man tror att man bara ljuger för sin vän bör vi veta att
kroppen är som en maskin: så som den har vant sig att gå, så
fortsätter den också att gå. Och därför, när den är van vid falskhet
och bedrägeri är det då omöjligt att vandra på någon annan väg, och
den tvingar en att fortsätta med falskhet och bedrägeri även när
man är ensam.

Då visar det sig att man måste förråda sig själv och man kan inte
berätta sanningen för sig själv överhuvudtaget, eftersom man inte
ser någon särskild fördel med sanningen.

Vi skulle kunna säga att den som tror att han bedrar sin vän i själva
verket bedrar Skaparen, eftersom bara Skaparen finns förutom
människan. Orsaken är att skapelsens grunddrag ligger i att

människan kallas "skapelse" endast med hänsyn till sig själv. Skaparen vill att människan ska känna att hon är en egen verklighet, separerad från Honom; men förutom det är allt, "hela jorden är full av Hans härlighet".

När man ljuger för sin vän, ljuger man alltså för Skaparen; och när man gör sin vän ledsen, gör man Skaparen ledsen. Av denna anledning kommer det vara till hjälp, vad gäller Skaparen, om man är van att säga sanningen. Det vill säga, om man har lovat Skaparen någonting, kommer man försöka hålla sitt löfte, eftersom man inte är van vid att ändra på sitt ord, och därigenom kommer man belönas med "Herren är din skygd". Om man håller och gör det man säger, då håller också Skaparen, "Välsignad vare den man som säger och gör" i gengäld.

Det finns ett tecken i tungans förbund, att inte tala om allt som är möjligt, eftersom genom att tala avslöjas det som finns i hjärtat, och detta ger de externa något att greppa tag i. Orsaken är att så länge man inte är fullständigt ren och avslöjar något från sitt inre, får *sitra achra* (andra sidan) kraft att klaga Ovan och göra narr av ens arbete, "Vad för slags arbete är det han bjuder uppåt, när hela hans avsikt med detta arbete är riktad neråt?"

Detta besvarar en stor fråga: vi vet att "en *mitzva* framkallar en *mitzva*"; så varför ser vi att man ofta faller från sitt arbete? Som vi sade ovan smädar och klagar *sitra achra* på ens arbete, och kommer sedan ner och tar ens själ. Alltså, eftersom man redan har smädat Ovan och sagt att ens arbete inte var rent, att man istället arbetar i form av mottagande för sin egen skull, kommer hon ner och tar ens livs ande genom att fråga, "Vad är din avsikt med denna tjänstgöring?". Och även om man belönats med en viss upplysning av livets ande, förlorar man den igen på grund av detta.

Rådet för detta är att vandra i anspråkslöshet, så att hon inte får veta om ens arbete, enligt "Han avslöjar inget från hjärtat till munnen". Då får *sitra achra* inget veta om ens arbete, eftersom hon bara känner till sådant som uppenbaras genom ord eller handling; sådant kan hon gripa tag i.

Och vi bör veta att smärta och lidande huvudsakligen kommer genom dem som baktalar. Därför bör vi vara så försiktiga vi kan med att tala. Vidare bör vi veta att till och med när vi talar om världsliga ting, avslöjar detta ändå hjärtats hemligheter. Detta är innebörden av "Min själ blev utom sig vid tanken på hans ord". Detta är tungans förbund, med det måste vi vara aktsamma.

Och att detta bör hållas särskilt under uppstigandet, eftersom det är svårt att vandra bland höga grader och vara försiktig under nedstigandet.

68. Förbindelsen mellan människan och sfirot

Jag hörde den tolfte *adar*, 17 februari, 1943

Innan *Adam ha rishons* synd:

1) Hans *guf* (kropp) kom från *bina de malchut de Assiya*;
2) Och han hade NRN från *Bria* och NRN från *Atzilut*.

Efter det att han syndat:

Hans *guf* föll ner i urskiljandet av ormens skinn, vilket är *bechina dalets klipa*, som kallas "denna världs stoft". Skalet *noga*, vilket är till hälften gott och till hälften ont, är iklätt hans inre *guf*. Och alla goda gärningar han uträttar sker enbart med denna *guf* av *noga*. Och genom att inlåta sig i Tora och *mitzvot*, tar han sin *guf* tillbaka till fullkomlig godhet igen, och då avlägsnas hans *guf* från ormens skinn. Och då belönas han med NRN av *Kdusha*, i enlighet med hans handlingar.

Förbindelsen mellan människans NRN och *sfirot*:

Grundvalen i människans NRN kommer från *bechinat malchut* av de tre *sfirot*, *bina* och ZON från varje värld i *ABYA*. Om han belönas med *NRN de Nefesh*, tar han emot från de tre *bechinot, malchut de bina* och *ZON de Assiya*. Om han belönas med *NRN de Ruach*, tar han emot från de tre *bechinot, malchut de bina* och *ZON de Yetzira*. Och om han belönas med *NRN de Neshama*, tar han emot från de tre *bechinot, malchut de bina* och *ZON de Bria*. Och om han belönas med *NRN de Chaya*, tar han emot från de tre *bechinot, malchut de bina* och *ZON de Atzilut.*

Och detta är vad våra visa sade, att människan bara tänker utifrån sitt hjärtas tankar, att **hela kroppen betraktas som "hjärta"**. Och trots att människan består av tre urskiljanden, icke-levande, vegetativ, djurisk och talande, finns de alla inristade i hjärtat.

Eftersom *Adam ha rishons guf* föll ner i ormens skinn efter synden, vilket är *bechina dalets klipa,* som kallas "denna världs stoft", när han då beräknar hör alla hans tankar till hjärtat, det vill säga hans *guf* från *bechina* av ormens skinn.

Och när han vinner framgång genom att ägna sig åt Tora och *mitzvot* – det enda botemedlet – renar det hans kropp, om han siktar mot att skänka belåtenhet till sin Skapare. Detta betyder att ormens skinn ger sig av från honom. Den tidigare handlingen i Tora och *mitzvot*, som kallas "skalet Noga", betraktas då vara det "inre *guf*", vilket är till hälften gott och till hälften ont. Detta betyder att han nu har uppnått ekvivalens i form.

Och då belönas han med *NRN* av *Kdusha*, i enlighet med sina gärningar. Det vill säga, från början uppnår han *NRN de Nefesh* från världen *Assiya*. Senare, när han undersöker alla urskiljanden som tillhör världen *Assiya*, belönas han med *NRN de Ruach* från världen *Yetzira*, fram tills han förvärvar *NRN de Chaya de Atzilut.*

Varje gång skapas det därigenom en ny och annorlunda struktur i hans hjärta: där det tidigare fanns en inre *guf* från skalet Noga, vilket är till hälften gott och till hälften ont, har denna *guf* nu blivit fullständigt god genom den rening han mottog från Tora och *mitzvot.*

När han hade en kropp som bestod av ormens skinn, tvingades han av den anledningen tänka och beräkna sina tankar endast utifrån tankarna i sitt hjärta. Detta betyder att alla hans tankar bara handlade om hur han kunde tillfredsställa de begär som *klipa* krävde av honom. Han hade varken råd eller möjlighet att tänka tankar och rikta sina intentioner, förutom det som satt i hans hjärta, vilket då var i form av ormens skinn, det värsta av *klipot*.

Dessutom, när han belönas genom sitt arbete i Tora och *mitzvot*, till och med i *lo lishma* (inte för Hennes Namn), när han ber och kräver Skaparen att hjälpa honom genom att inlåta sig i Tora och *mitzvot* enligt "Allt vad du förmår uträtta med din kraft må du söka uträtta", och han inväntar barmhärtighet från Ovan, att Skaparen på detta sätt ska hjälpa honom att uppnå *lishma*, att den enda belöningen han ber om i utbyte för sitt arbete är att han ska belönas med att få arbeta med avsikten att skänka belåtenhet till sin Skapare, som våra visa sade, "Ljuset som finns där omdanar".

I det tillståndet renas kroppen som består av ormens skinn, det vill säga att den kroppen skiljs från honom, och han belönas med en helt annan struktur – en struktur från *Nefesh de Assiya*. Och han lägger till ytterligare, tills han skaffat sig en struktur från *Nefesh* och *Ruach de bina* och *ZA* och *malchut de Atzilut*.

Men inte ens då har han något val att tänka andra tankar, utan bara i enlighet med det som strukturen av *Kdusha* bjuder. Detta innebär att han inte har något utrymme att tänka tankar som går emot sin egen struktur, istället måste han tänka och handla endast med avsikten att skänka belåtenhet till sin Skapare, så som hans struktur av *Kdusha* nödvändiggör.

Allt det ovan nämnda betyder att man inte kan korrigera sin egen tanke, utan man bör sikta enbart med sitt hjärta, rikta sitt hjärta rakt mot Skaparen. Då kommer alla ens tankar och handlingar otvunget sikta mot att skänka belåtenhet till sin Skapare. Och när man korrigerar sitt hjärta för att ha ett hjärta och begär efter *Kdusha*, blir hjärtat det *kli* där det högre Ljuset kan placeras. Och när det högre

Ljuset skiner i hjärtat, stärks hjärtat, och man kommer ständigt lägga till och komplettera.

Nu kan vi tolka våra visas ord, "Underbar är den lära som leder till en handling". Det betyder att man leds till handling genom Toras Ljus, eftersom **Ljuset som finns där omdanar. Detta kallas "en handling"**. Detta innebär att Toras Ljus bygger upp en ny struktur i ens hjärta.

Så ens tidigare *guf*, som kom till en från ormens skinn, har skiljts från en och man har istället belönats med en helig *guf*. Den inre *guf*, vilken kallas "skalet Noga", som var till hälften gott och till hälften ont, har blivit fullständigt gott, och nu finns *NRN* i det, vilket man skaffar sig genom sina handlingar, allteftersom man lägger till och kompletterar.

Innan man belönas med en ny struktur förblir hjärtat oförändrat, trots att man försöker rena det. I det tillståndet betraktas man vara i form av "som uträttar Hans befallning". Dock måste vi veta att arbetets början är just i form av "som uträttar Hans befallning".

Men detta är inte fullkomlighet; man kan inte rena sina tankar i det tillståndet eftersom man inte kan räddas från tankar på överträdelse, då ens hjärta består av *guf de klipa*, och man inte kan göra annat än att tänka de tankar som man har i sitt hjärta. Snarare kan bara Ljuset förändra det. Då försvinner den *guf* som separerar, och den inre *guf*, skalet *noga*, som till hälften var ont, blir fullkomligt gott. I det tillståndet leds man till handling av Tora genom att en ny struktur skapas inom en. Och detta kallas "en handling".

69. Först kommer världens korrigering

Jag hörde under *sivan*, juni, 1943

Han sa att först kommer världens korrigering, sedan kommer den fullständiga gottgörelsen, Messias ankomst. Detta är innebörden av "dina ögon skola se upp till dina lärare" etc., "ty kunskap om Herren ska uppfylla landet". Detta är betydelsen av det han skrev, att först kommer världarnas inre korrigeras, och därefter korrigeras världarnas yttre. Men vi måste känna till att världarnas yttre är en högre grad än korrigeringen av det inre.

Och roten till Israel kommer från världarnas inre. Det är innebörden av "Ty I ären ju mindre än alla andra folk". Men genom att korrigera det inre, korrigeras även det yttre, fast i små delar. Och det yttre kommer att korrigeras varje gång (tills många småmynt samlas och bildar en stor summa), tills hela det yttre har korrigerats.

Till exempel, den huvudsakliga skillnaden mellan det inre och det yttre är när inte alla organ samtycker till det när man uträttar en *mitzva*. Det är likt en människa som fastar. Vi säger att hennes inre samtycker med fastan, men hennes yttre känner sig obekväm med fastan, eftersom kroppen alltid står i motsats till själen. Därför bör skillnaden mellan Israel och världens länder göras enbart i det som angår själen; men vad gäller kroppen, i detta är de lika: också Israels kropp intresserar sig bara för sin egen vinst.

Därför, när individerna i hela Israel är korrigerade, kommer hela världen korrigeras av sig själv. Det följer att världens länder kommer att korrigeras i den utsträckning vi korrigerar oss själva. Detta är innebörden av vad våra visa sade, "Belönad – dömer sig själv och hela världen till förtjänstens vågskål". Och de sade inte, "dömer hela Israel", utan "hela världen till förtjänstens vågskål". Med andra ord kommer det inre att korrigera det yttre.

70. Med en stark hand och utgjuten vrede

Jag hörde den tjugofemte *sivan*, 28 juni, 1943

För att förstå det som står skrivet, "med stark hand, … och utgjuten vrede skall jag sannerligen regera över er", bör vi förstå att det finns en regel som säger att det inte finns något tvång i andligheten, som det står skrivet, "Icke har du, O Jakob, kallat mig hit, i det du har gjort dig möda för min skull, du Israel". Det finns en känd tolkning av talaren från Duvna; så vad betyder "med stark hand, … och utgjuten vrede skall jag sannerligen regera över eder"?

Han sade att vi bör veta att av alla de som verkligen vill ägna sig åt Guds arbete med avsikten att häfta fast vid Honom och komma in i Kungens palats, släpps inte alla in. Istället testas man – om man inte har några andra begär än ett begär efter *dvekut* (fasthållande) släpps man in.

Och hur kan personen testas så att man ser att han bara har ett enda begär? Han tilldelas hinder. Detta betyder att han skickas främmande tankar och främmande budbärare som hindrar honom från att överge denna väg och följa pöbelns väg.

Och om han övervinner alla svårigheter och bryter sig igenom alla spärrar som blockerar hans väg, och småsaker inte längre kan avleda honom, då skickar Skaparen stora *klipot* och triumfvagnar, för att kasta undan honom så att han inte ska släppas in i att enbart hålla fast vid Skaparen, och inte någonting annat. Detta anses som att Skaparen avvisar honom med sin starka hand.

Om Skaparen inte skulle visa sin starka hand skulle han vara svår att avleda eftersom han har ett starkt begär efter att bara hålla fast vid Skaparen och inte någonting annat.

Men när Skaparen vill avvärja någon vars begär inte är så starkt, då avleder Han honom med någonting litet. Genom att få ett stark begär efter det materiella lämnar han redan det heliga arbetet helt och hållet, och det finns då inget behov av att avvärja honom med en stark hand.

Men om han övervinner all vedermöda och alla hinder, då är han inte lätt att tillbakavisa, utom med en stark hand. Och om han till och med övervinner den starka handen, och inte vill flytta sig från *Kdushas* (Helighetens) plats överhuvudtaget, och verkligen vill häfta fast just vid Honom, och ser att han avvisas, då säger man att vrede utgjuts över honom. Annars skulle han släppas in. Men eftersom Skaparens vrede utgjuts över honom släpps han inte in i Kungens palats, så att han verkligen kan hålla sig fast vid honom.

Här följer att innan han vill flytta sig från sin plats, och bryta sig in och vill släppas in, kan man inte säga att han känner att vrede utgjuts över honom. Men när han ändå inte rör sig från sin plats efter alla de avvisningar som han kastas tillbaka av, det vill säga när den starka handen och den utgjutna vreden har uppenbarats för honom, då "skall jag sannerligen regera över er". Anledningen till detta är att Himmelriket bara kan uppenbaras för en om man stormar fram med stora ansträngningar, och först då släpps man in i Kungens palats.

71. Min själ i lönndom sörja

Jag hörde den tjugofemte *sivan*, 28 juni, 1943

"Så måste min själ i lönndom sörja över sådant övermod", över Israels övermod. Han frågar, "Kommer det klagorop inför Skaparen för att det finns 'makt och fröjd i Hans boning'?" Vi måste förstå vad det betyder att gråta Ovan. Gråt sker på en plats där man inte kan klara sig själv. Då gråter man för att den andre ska hjälpa en. Innebörden av "i lönndom" är de fördöljanden och motsägelser som uppträder i världen.

Och detta är innebörden av "min själ i lönndom sörja", eftersom "Allting står i Guds händer, utom fruktan för Gud".

Om detta sade våra visa att det gråts i de inre hemmen. Detta betyder att när Ljuset endast skiner i det inre och Ljuset inte blottas utvändigt på grund av att de lägre saknar *kelim* att ta emot med, då gråts det. Men när Ljuset kan blottas utvändigt, i de yttre hemmen, när rikedomen uppenbaras nedan, för de lägre, då finns det "makt och fröjd i Hans boning", och allting blir synligt. Men när Han inte kan ge till de lägre kallas det att "gråta", eftersom Han behöver de lägres *kelim*.

72. Tillit är Ljusets klädnad

Jag hörde den tionde *nisan*, 31 mars, 1947

Tillit är Ljusets klädnad, och kallas "liv". Orsaken är att det finns en regel som säger att det inte finns något Ljus utan ett *kli* (kärl). Av den anledningen kan Ljuset, som kallas "livets Ljus", bara klä sig i ett *kli* av något slag. Det *kli* som livets Ljus klär sig i kallas vanligtvis "tillit". Det betyder att man ser att man kan klara av vad som helst.

Således förnimms och identifieras Ljuset i tillitens *kli*. Därför mäts livet man har med måttet av tillit som uppstår där. Man kan mäta sin livskrafts omfattning enligt tilliten man har.

Därigenom kan man i sig själv se att så länge livskraftens nivå är hög skiner tilliten över allting, och man ser ingenting som kan hålla en tillbaka från det man vill uppnå. Orsaken till detta är att livets Ljus, vilket är en kraft från Ovan, skiner på en så att man kan arbeta med övermänskliga krafter, eftersom det övre Ljuset inte är begränsat så som materiella krafter är.

Men när livets Ljus lämnar en, vilket betraktas som att man har stigit ner från sin tidigare nivå av livskraft, då blir man listig och frågvis. Man börjar beräkna lönsamheten i allting, om det är värt mödan att göra eller inte. Och man blir återhållsam istället för livlig och sprudlande som man var innan man började tappa livskraften.

Dock har man inte visdomen att säga att allt förstånd och all list som man nu använder för att tänka igenom allting med har kommit för att man har förlorat sitt livs anda som man tidigare hade. Istället tror man att man nu har blivit smart, inte så som man var innan man förlorade livets Ljus. Man tycker snarare att man var vårdslös och oförsiktig förut.

Men man bör veta att all den **visdom** man nu har förvärvat kom till en på grund av att man har förlorat livets anda som man tidigare hade. Tidigare värderade man alla handlingar med livets Ljus som Skaparen gav en. Men nu, när man befinner sig i en nergång, har den onda böjelsen styrkan att komma till en med sina "välgrundade argument".

Rådet i denna situation är att man bör säga att man nu inte kan tala med sin kropp och argumentera mot den. Snarare bör man säga, "Nu är jag **död**, och jag inväntar de dödas återuppståndelse". Därefter måste man börja arbeta över förståndet, vilket innebär att man säger till sin kropp, "Allting du säger är sant, och jag har inget rationellt svar till dig. Likväl hoppas jag på att jag ska få börja arbeta på nytt. Nu åtar jag mig Tora och *mitzvot,* och nu ska jag bli proselyt, och våra visa sade, 'en proselyt som omvänts är likt ett nyfött barn'. Nu inväntar jag Skaparens frälsning; Han kommer säkerligen att hjälpa mig så att jag åter hamnar på Helighetens väg. Och när jag har Helighetens styrka, då kommer jag ha ett svar till dig. Men än så länge saknar jag Helighetens sinnelag, och därför måste jag gå över förståndet. Av den anledningen kan du vinna med ditt intellekt och det finns ingenting jag kan göra annat än att tro på våra visa som sade att jag måste hålla Tora och *mitzvot* med tro över förståndet. Förvisso måste jag tro att jag, med trons kraft, kommer att få hjälp från Ovan, som våra visa sade, 'Den som kommer för att renas får hjälp'".

73. Efter tzimtzum

Jag hörde 1943

Efter *tzimtzum* (restriktionen), blev de högre nio *Kdushas* plats, och *malchut,* som försågs med *tzimtzum,* blev världarnas plats. Och här finns två saker att urskilja: 1) en tom plats, som är *klipots* plats, vars essens är begäret att endast ta emot för sin egen skull; och 2) en tillgänglig plats, det vill säga en plats som blev tillgänglig så att man kan stoppa in vad man själv vill – *Kdusha* eller motsatsen.

Vore det inte för *tzimtzum* skulle hela verkligheten vara i form av rent Ljus. Först efter det att *tzimtzum* inträffade fanns det utrymme för att välja mellan gott och ont.

Gåvan räcks fram på den platsen genom att man väljer det goda. Och detta är innebörden av det som står skrivet i Aris skrifter, att Ljuset från *Ein sof* skiner på de lägre. *Ein sof* kallas "begäret att gynna Hans skapelser". Och trots att vi urskiljer många världar, tio *sfirot*, och andra namn, kommer allt detta från *Ein sof*, även kallat Skapelsetanken.

Namnen *sfira* och "värld" kommer sig av att rikedomen, som strömmar ner från *Ein sof*, färdas genom den värld och *sfira* som anges. Eftersom de lägre inte kan ta emot Hans gåvor utan förberedelse och korrigering, gjordes korrigeringar så att de lägre kan ta emot dem. Dessa kallas *sfirot*.

Med andra ord har varje *sfira* sin egen unika korrigering. På grund av det finns det många urskiljanden. Men dessa urskiljanden finns bara ur mottagarnas perspektiv eftersom när den lägre tar emot rikedomen från *Ein sof*, tar den emot genom särskilda korrigeringar som anpassar den så att den kan ta emot gåvan. Detta är vad som menas med att ta emot genom en särskild *sfira*; trots att det inte sker några förändringar i själva gåvan.

Nu kommer du förstå vad som menas med bönen som vi ber till Skaparen, som är Ljuset från *Ein sof*, Skaparens förbindelse med de skapade, som kallas, "Hans önskan att gynna sina skapelser". Och även om det finns många namn i bönens ändamål, tolkas den som att gåvorna och rikedomarna ska flöda ner genom själarnas korrigeringar. Orsaken är att det är just genom själarnas korrigeringar som rikedomen slutligen kan hamna i mottagarens händer.

74. Värld, år, själ

Jag hörde 1943

Vi vet att det inte finns någon verklighet om det inte finns någon som kan varsebli verkligheten. Så när vi säger *"Nefesh de Atzilut"* betyder det att vi förnimmer ett särskilt mått av uppnående i den Högre rikedomen, ett mått som vi kallar *Nefesh*.

Och värld avser det "gemensamma" inom det som uppnås, vilket betyder att alla själar har en gemensam form, vilket gör att alla som uppnår den graden uppnår det namnet, nämligen *Nefesh*. Detta innebär inte nödvändigtvis att en särskild individ uppnår det namnet och just i den formen, utan att för alla som uppnår den graden – vilket givetvis sker genom att förbereda sig för *Kdusha* och renhet – uppträder rikedomen i en sådan form som vi kallar *Nefesh*.

Vi kan förstå det utifrån ett exempel från det materiella, taget från vår värld: När en person säger till en annan: "Nu åker jag till Jerusalem", när han nämner stadens namn vet och förstår alla vilken stad han menar. Alla är säkra på att de känner till den plats han talar om, eftersom de som varit där vet vad det handlar om.

75. Det finns nästa världs urskiljande, och det finns vår världs urskiljande

Jag hörde under en festmåltid i samband med en omskärelse, Jerusalem

Det finns nästa världs urskiljande, och det finns vår världs urskiljande. Nästa värld betraktas som "tro", och vår värld betraktas som "uppnått".

Om nästa värld står det skrivet: "de skall äta och de skall fröjdas", vilket betyder att tillfredställelsen aldrig upphör. Orsaken till detta är att allt som tas emot genom tro är obegränsat. Men det som tas emot genom det uppnådda har redan gränser, eftersom allt som kommer in i den lägres *kelim,* begränsas av de lägre. Således finns det en gräns för vår världs urskiljande.

76. Och alla dina spisoffer skall du beströ med salt

Jag hörde den trettionde shvat, *januari-februari, när vi firade att del sex avslutats, Tiberias*

"Och alla dina spisoffer skall du beströ med salt", saltets förbund. Förbundet motsvarar förståndet. Alla kan förstå att när två människor handlar vänligt mot varandra, när kärlek verkar mellan dem, behöver de minsann inte skapa något förbund mellan varandra. Men på samma gång kan vi se att det är just när kärleken verkar som man vanligtvis ingår i ett förbund. Då sade han att förbundet snarare är till för tiden efteråt.

Detta betyder att överenskommelsen görs nu så att de senare, om det uppstår en situation där var och en tycker att det egna hjärtat inte är helt i enlighet med sin väns hjärta, redan har en överenskommelse. Denna överenskommelse kommer att tvinga dem att komma ihåg förbundet de ingick i, så att de kan fortsätta med kärleken även i detta tillstånd.

Och detta är innebörden av "Och alla dina spisoffer skall du beströ med salt", det vill säga att allt *krevut*[12] i Guds arbete bör handla om Kungens förbund.[13]

---

[12] På hebreiska betyder *krevut* såväl närmande som strider, fältslag

[13] På hebreiska både uttalas och stavas orden *Melach* (salt) och *Melech* (kung) mycket lika.

77. Man lär sig av sin själ

Jag hörde den åttonde *elul*, 24 augusti, 1947

"Man lär sig av sin själ".

Vi vet att hela Tora studeras främst för själens behov, det vill säga för de som redan belönats med förnimmelsen av en själ. Likväl längtar de efter att utforska Toras ord från andra som har uppnått, för att lära sig nya tillvägagångssätt som föregångarna har uppfunnit i sina förnyanden i Tora. På så vis blir det lätt för dem att göra framsteg i de höga graderna, det vill säga, genom dem kan de vandra från grad till grad.

Men det finns en del av Tora som är förbjuden att avslöja, eftersom varje själ bör genomgå den granskningen själv, och inte få den gjord för sig av någon annan. Därför är det förbjudet att avslöja Toras ord för dem, så länge de själva inte har genomgått den granskningen.

Detta är orsaken till att de högsta och mest visa döljer många ting. Men förutom den delen, ligger det en stor förtjänst i allt vad själarna kan ta emot från andras nyskapande i Tora. Och "man lär sig av sin själ" hur och vad man kan ta emot, vilka av de andras påfund i Tora som man kan ta hjälp av, och vad det är man själv måste förnya.

78. Tora, Skaparen och Israel är ett

Jag hörde i *sivan*, juni, 1943

"Tora, Skaparen och Israel är ett".

När man studerar Tora bör man därför studera *lishma*. Detta innebär att man studerar med avsikten att Tora ska lära en, det vill säga så som namnet Tora antyder, vilket betyder "instruktioner". Och eftersom "Tora, Skaparen och Israel är ett" får man lära sig Skaparens vägar i Tora, hur Han kläds i Tora.

79. Atzilut och BYA

Jag hörde den femtonde *tamuz*, första *Pinchas*, 18 juli, 1943

Atzilut betraktas vara från *chazeh* och uppåt, vilket enbart är kärl för givande. *BYA* betyder mottagande med avsikten att ge, det lägre *hey* som stiger upp till *binas* plats.

Eftersom människan är försjunken i viljan att ta emot med avsikten att ta emot, kan hon inte göra någonting utan att det sker i mottagande för sin egen skull där. Av den anledningen sade våra visa: "Från *lo lishma* kommer man till *lishma*". Det betyder att vi påbörjar arbetet med Tora och *mitzvot* för att "ge oss denna världs rikedomar", och först efteråt "ge oss nästa världs rikedomar".

Och när man studerar på detta sätt bör man komma att studera *lishma*, för Toras skull. Detta innebär att Tora kommer att lära en Skaparens vägar. Och först bör man utföra sötandet med *malchut* i *bina*, vilket betyder att man lyfter *malchut*, som kallas "viljan att ta emot", till *bina*, vilket betraktas som givande. Det vill säga att hela ens arbete kommer att vara med avsikten att ge.

Och då blir det mörkt. Man känner att världen har övergått i mörker eftersom kroppen bara ger kraft att arbeta i form av mottagande och inte i form av givande. I det tillståndet finns endast ett råd: att be Skaparen öppna ens ögon så att man kan arbeta i form av givande.

Och detta är innebörden av "vem står för frågan?" Detta hänvisar till *bina*, som kallas *mi* (vatten) och frågan kommer från versen "att fråga om regnet", det vill säga bön. Eftersom de når tillståndet "*binas* vatten" finns det utrymme att be om det.

80. Angående rygg mot rygg

Jag hörde

Panim ve achor (ansikte och rygg).

Panim betyder att ta emot gåvor eller att ge gåvor.

Avfärdande kallas *achoraim* (baksida), det vill säga varken mottagande eller givande.

I början av arbetet befinner man sig därför i ett tillstånd av *achor be achor* (rygg mot rygg) eftersom man fortfarande har kärlen som tillhör begäret efter mottagande. Om man skulle sträcka ner rikedomen in i dessa *kelim* kan man besudla Ljuset, eftersom man betraktas vara av motsatt egenskap, då Ljuset kommer från roten, och roten inte gör annat än ger.

Av den anledningen använder den lägre *imas kelim*, som kallas *achoraim*, vilket betyder att de vill undvika att besudla genom att inte ta emot. Och inte heller den Utstrålande ger till dem, på grund av det ovan nämnda, att Ljusen tar vara på sig själva för att den lägre inte ska kunna besudla dem. Därför kallas det *achor be achor*.

För att förklara det som står skrivet på många ställen, att "där det finns en brist finns det något som *klipa* kan suga sig fast i". Vi skulle kunna säga att orsaken är att denna plats ännu inte är fri från *aviut*. I annat fall skulle Ljuset skina i perfektion, eftersom det högre Ljuset aldrig upphör. Om det finns en plats som har korrigerats med en *masach* dras Ljuset dit omedelbart. Och eftersom det finns en plats med brister, det vill säga frånvaro av det högre Ljuset, finns det säkerligen *aviut* (grovhet, vilja att ta emot) där, vars fäste är i viljan att ta emot.

81. Angående att lyfta MAN

Jag hörde

Vi vet att gnistor från *Kdusha* föll ner i *BYA* på grund av sönderslagningen. Men där, i *BYA*, kan de inte korrigeras och måste därför lyftas upp till *Atzilut*. Och genom goda gärningar och *mitzvot* med avsikten att skänka belåtenhet till sin Skapare, och inte för sin egen skull, stiger dessa gnistor upp till *Atzilut*. Där integreras de i den Högres *masach*, vid gradens *rosh*, där denna *masach* finns kvar för alltid. Vid den tidpunkten sker ett *zivug* (andlig sammanfogning) på *masach* med ett *hitkalelut* (sammanblandning, införlivande) av gnistorna, och det högre Ljuset breder ut sig i alla världar alltefter den mängd gnistor som har lyfts upp.

Detta förlopp liknar *hizdakchut* (renandet) av *partzufim de akudim*. Vi har lärt oss att under dess *hizdakchut*, när Ljuset ger sig av på grund av denna *hizdakchut*, då stiger *masach de guf* tillsammans med *reshimot* till *peh de rosh*. Orsaken är att när den lägre slutar ta emot betraktas det som att den har renats från sitt *aviut* (vilja att ta emot). Således kan *masach* åter igen stiga upp till *peh de rosh*, eftersom nedstigandet till graden *guf* skedde därför att Ljuset kom ner från Ovan och in i kärlen för mottagande.

Dessutom urskiljs *rosh* alltid som att den är nerifrån och upp, det vill säga som ett motstånd till utvidgningen. Och när *guf* slutar ta emot Ljusen som kommer ner från Ovan på grund av frånvaron av den *masach* som renats genom *bitush* (en serie slag eller stötar) i det interna och det externa, betraktas det som att *masach de guf* har renats från sin *aviut*, och stigit till *rosh* med *reshimot*.

Vidare, när man inlåter sig i Tora och *mitzvot* med avsikten att ge och inte att ta emot, stiger gnistorna därigenom upp till *masach* i *rosh* i världen *Atzilut* (och de stiger grad för grad tills de når fram till *rosh de Atzilut*). Och när de integreras i denna *masach*, och Ljusets nivå visar sig i enlighet med storleken på *masach*, då läggs mer Ljus till i alla världar. Och även den person, som framkallade förbättringen

Ovan, får ta emot upplysningar för att han har gjort framsteg Ovan, i världarna.

82. Bönen man alltid bör be

Det jag fick höra på tu man hand angående *Vayera*, november 1952

Tro urskiljs som *malchut*, tolkat i förstånd och hjärta, det vill säga givande och tro. Och i motsats till tron finns "förhudens" urskiljande, vilket är vetande, vars sätt är att uppskatta förhudens urskiljande. Men tro, som kallas "den heliga *Shechina* (Gudomen)", ligger i stoftet. Detta betyder att arbetet betraktas som skamligt, och alla flyr från och undviker att vandra denna väg. Men endast denna väg kallas "*Kdushas* och den rättfärdiges väg".

Skaparen vill att Hans namn enbart ska uppenbaras på detta sätt, eftersom man genom detta sätt kan vara säker på att de högre Ljusen inte befläckas, då allt vilar på givande och *dvekut* (fasthållande). Dessutom kan inte *klipot* suga från detta urskiljande, eftersom deras enda fäste är på kunskap och mottagande.

Och där det finns mörker kan den heliga *Shechina* inte ta emot de högre Ljusen, eftersom de annars skulle falla ner i *klipot*. På grund av det finns det sorg i *Shechina*, det vill säga att de högre Ljusen hindras från att dras ner dit så att de kan ge till själarna.

Och detta beror uteslutande på de lägre. Den Högre kan bara dela ut det högre Ljuset; men kraften hos *masach*, att de lägre inte vill ta emot någonting i kärlen för mottagande, beror på de lägres arbete; det vill säga att de lägre måste utföra den granskningen.

83. Angående höger vav och vänster vav

Jag hörde den nittonde *adar*, 24 februari, 1943

Det finns urskiljandet *ze* (denna eller detta i maskulin form) och urskiljandet *zot* (denna eller detta i feminin form). Moses betraktas som *ze*, vilket är kungens marskalk. Resterande profeter betrakta som *zot* eller *koh* (bokstäverna *chaf* och *hey*), vilket är innebörden av *yadcha* (din hand), vänster *vav*. Det finns också urskiljandet höger *vav*.

Och detta är innebörden av "*zayinot* som samlas", som samlar två *vav*. Detta är vad som menas med "och en som innesluter dem", vilket är tretton och betraktas vara en fullkomlig grad.

Det finns ett höger *vav* och ett vänster *vav*. Höger *vav* kallas "livets träd", och vänster *vav* betraktas som "kunskapens träd", där platsen för vakthållning finns. De två *vav* kallas "de tolv *challas*",[14] två rader, sex stycken per rad, vilket är innebörden av de tretton *tikkunim* (korrigeringarna), som är tolv, och en som innesluter dem och kallas "tur och renad".

Den innehåller också den trettonde korrigeringen som kallas "skall icke renas", vilket är innebörden av *zayinot* som samlas. *Zayin* är *malchut*; hon innesluter dem. Innan man belönas med "skall icke vända åter till dårskap", kallas hon "skall icke renas". Och de som redan belönats med att icke vända åter till dårskap kallas "renade".

Detta är innebörden av "skall avslöja sina smaker i tolv tjut, som är ett tecken i skyn, två gånger och svagt" (i sången *Jag skall förbereda en måltid*). Det står också skrivet, "hon skall krönas med *vavot* och *zayinot* som samlas" (i sången *Jag skall lovprisa med en sång*). Vi ska tolka kröningen med dessa *vavot* som att förbindelsen mellan två *vavot* är innebörden av de tolv tjuten (som är de tolv *challa*) vilket är ett tecken i skyn.

---

[14] Flätat skägg (ett bröd som enligt judisk tradition serveras under sabbat). Översättarens anmärkning: Barkis eller bergis på svenska.

Ett tecken kallas *Yesod*, och det kallas "två gånger och svagt", vilket betyder att *vaverna* har fördubblats: Det vänstra *vav* kallas "kunskapens träd", vakthållningens plats. Sedan blev de svaga (vilket kallas "lätt"), och då gjordes ett utrymme som det var lätt att passera igenom. Vore det inte för fördubblingen i kunskapens träd skulle de ha haft arbete med höger *vav*, som urskiljs som "livets träd". Och om så var fallet, vem skulle då kunna höja sig upp för att ta emot *mochin*?

Men med vänster *vav*, som urskiljs som hållandet, befinner man sig alltid i denna form. Och genom hållandets förtjänst, när man lägger sig till med över förståndet, blir arbetet åtråvärt. Detta är anledningen till att det kallas för "svagt", lätt, vilket betyder att det är enkelt att hitta plats för arbete.

Det innebär att man kan vara Skaparens arbetare i vilket tillstånd man än befinner sig i, eftersom man inte behöver någonting, utan gör allt över förståndet. Det visar sig att man inte behöver något *mochin* att tjäna Skaparen med.

Nu kan vi tolka det som står skrivet, "bereder för mig ett bord i mina ovänners åsyn". Ett bord betyder "skickat henne bort ifrån sitt hus och kvinnan sedan, när hon har lämnat hans hus, går åstad" (5 Mos 24:1-2). Ett *shulchan* (bord) är som *veshlacha* (skickar henne bort), det vill säga att gå bort från arbetet.

Vi ska tolka att även när man går bort från arbetet, i ett tillstånd av nedgång, har man ändå utrymme för arbete. Det betyder att när man segrar över förståndet under nedgången, och säger att även denna nedgång är något man fått från Ovan, då elimineras **fienderna**. Orsaken är att fienderna trodde att alla nedgångar skulle ta en till den yttersta lågheten och få en att fly från fälttåget, men i slutänden skedde motsatsen – fienderna annullerades.

Detta är innebörden av det som står skrivet "Bordet som står dukat framför Herren", att det är just på detta sätt man tar emot Skaparens ansikte. Och detta är vad som menas med att underkuva alla domar, till och med de mäktigaste domarna, eftersom man alltid tar på sig Himmelrikets börda. Det vill säga att man alltid hittar en plats för arbete, som det står skrivet att Rabbi Shimon Bar-Yochai sade, "Det finns ingen plats att gömma sig på från Dig".

84. Vad är "Och han drev ut mannen ur Edens lustgård för att han inte skulle äta av livets träd"

Jag hörde den tjugofjärde *adar*, 19 mars, 1944

Det står skrivet "kallade på mannen och sade till honom: 'Var är du?' Han svarade: 'Jag hörde dig i lustgården; då blev jag förskräckt eftersom jag är naken, därför gömde jag mig'... 'Må han nu icke räcka ut sin hand och taga jämväl av livets träd'" etc. "Och han drev ut mannen".

Vi måste förstå Adams fruktan som var så stor att han var tvungen att gömma sig när han såg att han var naken. Saken är den att innan han åt av kunskapens träd fick han sin näring från *bina*, som är frihetens värld. När han därefter åt av kunskapens träd, såg han att han var naken, vilket betyder att han befarade att han skulle ta Toras Ljus och använda det i form av "Lots boskapsherdar".

"Lots boskapsherdar" betyder att det även finns tro över förnuftet, vilket kallas "Abrahams boskapsherdar". Med andra ord, den som belönas med att uppnå Toras Ljus tar det inte som hållpunkt i arbetet och säger att han inte längre behöver stärka sin tro på Skaparen eftersom han redan har ett fundament i Toras Ljus. Det kallas "Lots boskapsherdar" och betraktas som "den fördömda världen", en förbannelse. Detta är motsatsen till tron, som är en välsignelse.

Han sade, istället säger han att han nu ser att om han går med tro över förståndet, tilldelas han Toras Ljus från Ovan för att påvisa att han vandrar på sanningens väg. Och det är inte det att han tar det som ett stöd, för att han ska kunna arbeta inom förståndet, där man hamnar i kärlen för mottagande som försågs med *tzimtzum* (restriktionen). Det är därför det kallas "den förbannade platsen", eftersom Lot betyder den förbannade världen.

Och i det hänseendet sade Skaparen till honom, "Varför fruktar du att ta emot dessa Ljus, av rädsla för att befläcka dem? Vem har låtit dig förstå att du är naken? Det måste vara för att du har ätit av kunskapens träd, och detta har gjort dig rädd. När du tidigare åt av lustgårdens alla träd, det vill säga när du använde Ljusen enligt 'Abrahams boskapsherdar' hade du ingen fruktan alls." Därför drev Han ut honom, "så att han nu icke räcka ut sin hand och taga jämväl av livets träd".

Hans rädsla handlade om att han skulle ångra sig och träda in i livets träd. Men vad är denna fruktan? Eftersom han syndade i kunskapens träd, måste han nu korrigera kunskapens träd.

Detta är innebörden av "Och han drev ut mannen ur Edens lustgård", för att korrigera synden med kunskapens träd. Och efteråt kommer han ha förmågan att träda in i Edens lustgård.

Edens lustgård betyder att *malchut* stiger upp i *bina*, där hon tar emot *chochma*, eftersom Eden betyder *chochma*. Och då får *malchut*, som kallas lustgård, ta emot *chochma* i form av "Eden", och detta kallas "Edens lustgård".

85. Vad är frukt av era skönaste träd i arbetet

Jag hörde på *sukkot* (lövhyddohögtiden), 27 september, 1942

Det står skrivet "Och ni skall på den första dagen taga frukt av era skönaste träd, kvistar av palmer och grenar av lummiga träd och av pilträd" (3 Mos 23:40).

Och vi ska tolka "frukt av era skönaste träd": Ett träd betraktas som rättfärdigt, och kallas ett "träd på fälten". "Frukt" är trädets avkomma, det vill säga den rättfärdiges avkomma, vilket är de goda gärningarna som bör vara i form av utsmyckning i hans träd.

"Från år till år" betyder ett helt år, vilket är "sex månader med myrraolja och sex månader med välluktande kryddor". Men de ogudaktiga är "såsom agnar, som vinden bortför".

"Kvistar av palmer" är två skedar, vilket är två *hey*, det första *hey* och det sista *hey*, och genom dem belönas man med "en skål av guld om tio siklar, full med rökelse".

Skedarna syftar på tvång, att man tar på sig Himmelrikets börda mot sin vilja. Detta betyder att man går över förståndet, trots att det strider mot förståndet. Detta kallas "påtvingad parning". *Tamarim* (palmer) kommer från ordet *morah* (fruktan), vilket är fruktan (enligt "Och Gud har så gjort, för att man skall frukta Honom").

Och på grund av det kallas det *lulav* (palmkvist), och det betyder att man har två hjärtan innan man belönas. Och detta kallas *lo lev* (inget hjärta), det vill säga att hjärtat inte är helt helgat åt Skaparen. Och när man belönas med urskiljandet av *lo* (åt Honom), det vill säga ett hjärta till Skaparen, då är det *lulav*.

Man bör också säga, "När kommer mina handlingar nå mina fäders handlingar?" Därigenom belönas man med att få vara en gren till de heliga patriarkerna, och detta är vad som menas med "grenar av lummiga träd", som är de tre myrten.

Men samtidigt bör man vara i form av "pilträd", smaklös och doftlös. Och man ska glädjas åt detta arbete, trots att man varken känner smak eller doft i det. Och då kallas detta arbete för "bokstäverna i Ditt enade namn", och därigenom belönas vi med fullkomlig förening med Skaparen.

86. Och de byggde förrådsstäder

Jag hörde av min far den tredje *shvat*, 31 januari, 1941

I skriften (2 Mos 1:11) står det, "Och de måste bygga åt Farao förrådsstäder".[15] *Arei miskenot* syftar på fattigdom och torftighet, och de antyder även fara? Och vi måste också förstå vad patriarken Abraham frågade "Varav skall jag veta, att jag skall besitta det?" (1 Mos 15:8). Vad svarade Skaparen? Det står "Och Han sade till Abram: 'Det skall du veta, att din säd skall komma att leva såsom främlingar i ett land som icke tillhör dem, och där kommer de vara trälar, och man skall förtrycka dem; så skall ske i fyra hundra år'".

Den bokstavliga innebörden är svår att förstå, eftersom frågan gällde en garanti på hans arv, och i Skaparens svar finns inga uppenbara garantier. Att din säd skall leva i exil, betyder att detta svar var tillräckligt för honom. Vidare ser vi att när Abraham hade en lång diskussion med Skaparen om Sodoms folk, sade han "kanske" om och om igen. Men här, när Skaparen sade att hans säd skulle leva i exil, argumenterade han inte, och han sade inte "kanske?" Istället fick han ett tillräckligt svar omedelbart, och godtog det som en garanti för sitt arv av landet.

Vi måste förstå detta svar, och vi måste också förstår innebörden som *Zohar* tolkar i texten, "Farao nalkas", där den säger att Farao drog dem mot botgörelsen. Är det möjligt att den onde Farao ville föra dem närmare ångern och botgörelsen?

För att förstå allt detta, måste vi först förstå vad våra visa sade (*sukkah* 57:70): "Rabbi Yehuda säger: 'vid tidernas ände tar Skaparen den onda böjelsen och slaktar den inför de rättfärdiga och inför de ogudaktiga. För de rättfärdiga verkar den vara som ett högt berg, och för de ogudaktiga verkar den vara en tråd av ett hårstrås tjocklek. Den ena gråter, och den andra gråter. De rättfärdiga gråter,

---

[15] Översättarens anmärkning: ordet "förrådsstäder" används inte på hebreiska. Istället används *arei miskenot*, vilket antyder fattigdom och fara (fonetiskt).

och säger 'Hur kunde vi besegra detta höga berg?' och de ogudaktiga gråter, och säger 'Hur kunde vi misslyckas med att besegra denna tråd av ett hårstrås tjocklek?'"".

Denna vers är förbryllande rakt igenom:

1) Om den onda böjelsen redan har slaktats, hur kan det fortfarande finnas ogudaktiga?

2) Varför gråter de rättfärdiga? De borde snarare vara lyckliga!

3) Hur kan det finnas två uppfattningar i verkligheten när de båda har kommit fram till samma tillstånd av sanning? Denna vers talar om tidernas ände, vilket förvisso är ett tillstånd av sanning, så hur kan det finnas en sådan skillnad i verkligheterna, som en tråd med ett hårstrås tjocklek och ett högt berg?

Han förklarar detta med våra visas ord: "Rabbi Assi säger: 'I början verkar den onda böjelsen likt ett spindelnät, och mot slutet verkar den vara som tjocka vagnslinor', för det sägs, 'Ve dem som draga fram missgärningsstraff med lögnens tåg och syndastraff såsom med vagnslinor' (Jesaja 5:18)".

Det finns en viktig regel vi måste känna till. Vårt arbete, som vi fick som en grund för tro över förståndet, finns inte därför att vi är ovärdiga en hög grad. Vi fick det för att vi ska ta in allt i ett kärl av tro. För oss framstår det som skamligt och värdelöst, och vi väntar ivrigt på den tid då vi kan göra oss av med denna börda, som kallas "tro över förståndet". Men det är en mycket stor och viktig grad, vars höjd är gränslös.

Orsaken till att vi uppfattar det som skamligt, är viljan att ta emot inom oss. Därför måste vi urskilja ett *rosh* (huvud), och en *guf* (kropp) i viljan att ta emot. *Rosh* kallas vetande, och *guf* kallas mottagande. På grund av det betraktar vi allt som går emot vetandet som lågt och djuriskt.

Nu kan vi tolka vad patriarken Abraham frågade "Varav skall jag veta, att jag skall besitta det?". Hur kunde det vara möjligt för dem att godta trons börda när det är emot förståndet, och vem kan gå emot förståndet? Och hur ska de kunna beviljas trons Ljus, vilket är det enda perfektionen beror på?

Skaparen svarar honom, "Det skall du veta, att din säd skall komma att leva såsom främlingar i ett land som icke tillhör dem". Detta betyder att Han hade förberett ett *klipa* (skal), den onda böjelsen, en ond person, vilket är Egyptens kung, Farao. Bokstäverna i ordet **Farao** liknar bokstäverna i **oref**[16] (nacke).

Ari skrev (*Shaar ha Kavanot* för *pesach*) att Farao betraktas som **Egyptens** *oref*.[17] Han sög ut rikedomen som kom till de lägre med sin fråga (2 Mos 5:2), "Vem är Herren, eftersom jag på Hans befallning skulle släppa Israel?". Genom denna fråga sitter de fånge under *klipots* (skalens) makt, som Rambam säger *(Hilchot Deot)* om att man inte ska ta sin tillflykt till avgudar; att bara genom att man har den inställningen, det vill säga just den frågan, bryter man redan förbudet om att ty sig till dem.

Den onda böjelsen vill suga åt sig rikedomen från *Kdusha* (Heligheten). Så vad är det den gör för att kunna suga ut rikedomen ur *Kdusha*? I skrifterna står det "När så Farao var helt nära". Zohar tolkar detta som att Farao tog dem närmare ångern, och frågar: Hur kan vi säga att Farao tog dem närmare ångern, om *klipots* sätt är att leda personen bort från Skaparen?

Vi måste förstå detta med det som står skrivet i Zohar (*Introduktion till Zohar* och *Sulam-kommentaren*): "Överträdelser är dolda inom dig, liksom ormen som hugger och gömmer sitt huvud i sin kropp". Och i *Sulam*: "liksom, etc. Eftersom överträdelsen är fördold, har ormens kraft, som biter världens folk och orsakar död i världen, fortfarande oinskränkt makt och kan inte upphävas. Det är som en orm, när den biter någon drar den ögonblickligen tillbaka huvudet till kroppen, och då är det omöjligt att döda den".

---

[16] På hebreiska.

[17] Ari delar upp det hebreiska ordet för Egypten - *mitzraim* – i två ord: *metzar yam*, vilket betyder smal sjö.

Det finns ännu ett ordspråk i *Zohar*, att ormen böjer ner sitt huvud och slår till med svansen. Detta betyder att den ibland tillåter en att åta sig bördan tro över förståndet, det vill säga att den böjer ner sitt huvud, men den slår med svansen. Svansen kan tolkas som slutet, att den böjde sitt huvud för att slutligen ta emot med avsikten att ta emot. Med andra ord tillåter den först att man godtar tron, så att den efteråt kan ta allting under sin egen auktoritet, eftersom *klipa* vet att det inte finns något annat sätt att ta emot rikedomen än genom *Kdusha*.

Detta är innebörden av att Farao tar dem närmare. Det förklaras att han avsiktligt förde Israel till ånger, botgörelse, för att sedan ta ifrån dem allting och ta det under sin egen makt. Och detta är anledningen till att Ari skrev att Farao sög åt sig hela rikedomen som kom ner till de lägre. Han sög från *oref* (nacken) och från halsen, vilket betraktas som kroppens huvud, det vill säga den tog emot allting i kärl för mottagande.

Detta är innebörden av "Och de byggde *arei miskenot* (förrådsstäder)", det vill säga att detta var för **Israel**. Med andra ord kan vi säga att hela deras arbete under exilen togs under Faraos uppsikt och förvar, medan Israel förblev fattiga. Vi bör också tolka ***miskenot***, från ordet **sakana** (fara), vilket betyder att de befann sig i stor fara, då risken var stor att de skulle tvingas stanna kvar i det tillståndet för resten av sina liv. Men för Farao var deras arbete Pitom och Raamses, det vill säga mycket vackra städer.

Därför betyder "Och de byggde *arei miskenot*" (för Israel), och Pitom och Raamses, för Farao. Anledningen är att allt arbete som Israel utförde föll ner i *klipot*, och de såg ingen välsignelse i sitt arbete.

När de gjorde framsteg i sitt arbete med tro och givande såg de att det var fruktsamt; och i samma ögonblick som de föll ner i vetande och mottagande, föll de omedelbart ner i händerna på Faraos *klipa*. Slutligen kom de till en fast beslutsamhet att arbetet måste ske i tro över förståndet och givande.

Men de såg att de inte hade förmågan att ta sig ur Faraos makt själva. Därför står det "Israels barn suckade över sin träldom och klagade", eftersom de fruktade att de skulle få leva i exil för all framtid. "Och deras rop över träldomen steg upp till Gud", och då belönades de med uttåget från deras exil i Egypten.

Det visar sig att innan de fick se situationen, att de var under *klipots* makt, och våndades och var rädda för att de skulle få stanna där för evigt, hade de inget behov av Skaparens hjälp i kärl för mottagande, när de inte kände de brister och förluster som de orsakade dem, vilket var det enda som hindrade dem från att hålla fast vid Skaparen. Anledningen är att annars värderar man arbete i form av kunskap och mottagande som högre, medan tro betraktas som låghet. De väljer kunskap och mottagande eftersom människans externa förnuft kräver det.

Därför fick de exilen så att de skulle känna att de inte gjorde några framsteg i sin närhet till Skaparen, och att allt deras arbete sjönk ner i Egyptens *klipa*. Slutligen såg de att de inte hade något annat val än att besluta sig för ett lågt arbete, vilket är tro över förståndet, och längta efter givande. Annars känner de att de är under den onda böjelsens herravälde.

Här ser vi att de tog till sig tron för att de såg att det inte fanns någon annan utväg, och därför gick de med på ett skamligt arbete. Detta betraktas som ett "villkorligt arbete", när de har godtagit detta arbete för att inte falla ner i *klipots* fälla, och det var anledningen till att de åtog sig detta arbete.

Men om anledningen tas bort, försvinner också kärleken till arbetet. Det vill säga, om den onda böjelsen slutar existera och det inte längre finns någon som ger dem tankar på att inte ty sig till avgudar, då upphävs kärleken till det skamliga arbetet.

Nu kan vi förstå vad våra visa skrev: "I början verkar den onda böjelsen likt ett spindelnät, och mot slutet verkar den vara som tjocka vagnslinor". Vi vet att det finns ett urskiljande av "påtvingad", "misstagen" och "avsiktlig". Viljan att ta emot som inpräntats i människan betraktas vara "påtvingad", eftersom man inte kan upphäva den, och därför anses det inte vara en synd, utan en **missgärning**, som det står skrivet, "Ve dem som draga fram missgärningsstraff med lögnens tåg". Man kan inte förkasta eller hata den eftersom man inte känner att det kommer vara en synd.

Men efteråt visar det sig vara "syndastraff såsom med vagnslinor", och då skapades *klipot* av denna vilja att ta emot, som har en fullständig struktur, som det står skrivet "Gud har gjort denna såväl som den andra". Det är härifrån den onda böjelsen kommer, det vill säga att allt kommer från denna tråd.

Eftersom det redan visat sig vara en synd, är alla införstådda med att man måsta skydda sig mot denna **tråd**, och de förstår att om de vill träda in i *Kdusha* finns det inte någon annan utväg än att arbeta i låghet, det vill säga i tro och givande. Annars ser de att de kontrolleras av Faraos *klipa*, Egyptens kung.

Här följer att fördelen med exilen var känslan av att viljan att ta emot är en synd, och detta är anledningen till att man bestämmer sig för att det inte finns något annat råd än att försöka skaffa sig kärl för givande. Detta är också innebörden av Skaparens svar till patriarken Abrahams fråga, när han bad om en garanti på att han skulle få ärva landet: "Det skall du veta, att din säd etc. och man skall förtrycka dem etc.". Genom exilen skulle de komma att upptäcka att tråden är en synd, och då skulle de godta det verkliga arbetet med att göra sig fri från synden.

Detta är innebörden av vad Rabbi Yehuda sade, att i framtiden skall döden kväsas för alltid, det vill säga att Skaparen kommer att slakta den onda böjelsen, och allt som blir kvar är blott en tunn tråd, som inte ens känns som en synd (tråden med ett hårstrås tjocklek är något som inte kan uppfattas med ögat).

Ändå finns några onda och rättfärdiga kvar, och de vill alla hålla fast vid Honom. De ogudaktiga har ännu inte korrigerat sin tråd, när den onda böjelsen fortfarande existerade, och de kunde känna att det var en synd. Men nu, när det inte finns någon ond böjelse, är det enda som finns kvar en tunn tråd, och det finns ingen anledning för dem att göra om sina kärl för mottagande till kärl för givande, eftersom en tråd av ett hårstrås tjocklek inte känns. Likväl kan de inte fästa sig vid Honom eftersom det finns olikhet i form där, och Han och jag kan inte vistas i samma boning.

Deras korrigering är att vara stoft under de rättfärdigas fötter. Eftersom den onda böjelsen har upphävts har de rättfärdiga ingen anledning att gå med tro över förståndet. Så om de inte har någon anledning, vem kan tvinga dem till det?

De ser att de ogudaktiga har kvar sin tråd och att de inte korrigerade sin tråd när det fanns en ond böjelse; när det var dags att korrigera, eftersom det då var uppenbart att viljan att ta emot var en synd, till skillnad från nu, när den inte verkar vara en synd utan bara en tråd. Om det inte finns någon anledning finns det således ingen plats att korrigera.

Men det finns heller ingen plats för fasthållande, eftersom olikheten i form finns kvar, och deras enda korrigering är att de rättfärdiga ska gå på dem. Detta betyder att de nu ser att det inte finns någon fruktan för *klipots* snaror eftersom den onda böjelsen har slaktats.

Så varför måste de nu arbeta i tro över förståndet? Nu ser de att de ogudaktiga inte kan nå fasthållande eftersom de inte har någon anledning, det vill säga en ond böjelse som kan urskiljas som en synd, och ändå blir de kvar utanför eftersom det fortfarande finns olikhet i form. När de rättfärdiga ser detta förstår de därför hur bra det var för dem att de hade en anledning att arbeta med givande.

De trodde att de arbetade i givande bara på grund av den onda böjelsen, men de ser att synden de fick se var för deras eget bästa. Med andra ord är detta det verkliga arbetet, och det är inte för att de fruktar för att falla i händerna på *klipot* som de gör detta arbete. Beviset för detta är att de ser att de ogudaktiga som inte korrigerade tråden, och som nu inte har någon anledning att göra det, får stanna kvar utanför och inte kan uppnå fasthållande med Skaparen.

Här följer att de rättfärdiga får kraften att gå från styrka till styrka genom de ogudaktiga, och de ogudaktiga har blivit till stoft under de rättfärdigas fötter, och de rättfärdiga går på de urskiljanden som förblir som ogudaktiga.

Blickar vi tillbaka ser vi därför att just detta arbete är viktigt. Och det var inte därför att det var nödvändigt, som de först trodde, när det fanns en ond böjelse. Nu ser de att det också är värt mödan att arbeta i givande och tro utan den onda böjelsen.

Vad gäller "Den ena gråter, och den andra gråter", vet vi att gråt är *katnut* (litenhet, barndom), *VAK*. Det finns en skillnad mellan *GAR* och *VAK*. *Mochin de VAK* (Ljus från *VAK*) lyser upp från det förflutna, det vill säga att de tar sin näring från det som de redan har genomgått. Men *mochin de GAR* skiner i nuet genom att förenas i *zivug* (andlig parning, sammanlänkning).

Detta är vad som menas med att de rättfärdiga gråter och säger, "Hur kunde vi besegra detta höga berg?". Nu ser de vad som fanns före det att den onda böjelsen slaktades, att dess makt visserligen var stor, som det står skrivet "Gud har gjort denna såväl som den andra". Skaparen visade dem stor barmhärtighet genom att ge dem kraften att segra i kriget mot böjelsen, och nu gläds de över det mirakel som de fick då, det vill säga i det förflutna. Detta kallas *mochin de katnut*.

De ogudaktiga gråter därför att det nu inte finns något sätt för dem att hålla fast vid Honom, trots att de nu ser att det bara är en tunn tråd. Men eftersom det inte finns någon ond böjelse har de ingen anledning att göra om kärlen för mottagande till kärl för givande; de ser bara att de står utanför; därför gråter de.

Men deras korrigering är att bli stoft under de rättfärdigas fötter. Det vill säga, genom att de rättfärdiga ser att det inte finns någon ond böjelse kan de fortfarande inte uppnå fasthållande. Därför säger de om sina tankar att de följde givandets väg endast på grund av den onda böjelsen, de ser att detta var det verkliga kärlet. Detta betyder att även om det inte hade funnits en ond böjelse är denna väg fortfarande sann, och att trons väg är en underbar väg.

Nu förstår vi varför de ogudaktiga finns kvar efter att den onda böjelsen har slaktats; det är för att de ska bli stoft under de rättfärdigas fötter. Om det inte hade funnits några ogudaktiga kvar skulle det inte finnas någon som kunde ådagalägga denna fantastiska sak, att man inte väljer trons väg på grund av villkorlig kärlek. Det betyder att det inte är på grund av den onda böjelsen man följer trons väg, utan på grund av ovillkorlig kärlek, eftersom det nu inte finns någon ond böjelse, och ändå är det bara genom tro som man kan skaffa sig fasthållande vid Skaparen.

Jag hörde vid ett annat tillfälle: Orsaken till att vi just behöver tro är stoltheten vi har inom oss. Då blir det svårt för oss att godta tron. Alltså, trots att tron är en hög och underbar grad, vars sublimitet och dyrbarhet den lägre inte kan uppnå eller förstå, beror det bara på vår stolthet, det vill säga viljan att ta emot. Vi föreställer oss det som lågt och djuriskt, och av den anledningen fick vi den onda personen.

Jag hörde en annan gång: Vi ser att vi faller från vårt tillstånd när vi inte vill godta tron. Vi stiger upp och faller ner varje gång, tills vi bestämmer oss för att det inte finns någon annan utväg än att permanent hålla fast vid tron. Detta är till för att vi ska kunna ta emot tron, och det är "Och de byggde *arei miskenot*" (för Israel), åt Farao.

87. *Shabbat* shekalim

Jag hörde den tjugosjätte *adar*, 7 mars, 1948

När han började läsa *kiddush* på *shabbat shekalim* (namnet på ett veckoavsnitt), … sade han, "I Polen hade *admorim* (rabbinerna, församlingarnas ledare) en tradition: alla rika män skulle komma på *shabbat shekalim* för att ta emot *shekalim* (mynt) från sina rabbiner."

Och han sade att det pekar på att *Amalek* inte kan förgöras utan *shekalim*. Anledningen är att före det att man tar emot *shekalim* finns det ännu inget *klipa* (skal) av *Amalek*. Istället kommer det stora *klipa* som kallas *Amalek* när man får *shekalim*, och då börjar arbetet med att tillintetgöra *Amalek*. Men innan det fanns det ingenting att utplåna.

Han förklarade saken vidare angående det som *maggiden* av Kuznitz sade om det man säger i den avslutande bönen: "Du har avskilt människan från begynnelsen och Du skall kännas vid honom då han står framför Dig". *Maggiden* frågade: "Hur är det möjligt att stå utan ett *rosh* (huvud, men också begynnelse)? Det betyder att han har skiljt *rosh* från människan, och hur kan något sådant ske?" Förklaringen lyder, "När du räknar antalet av Israels barn", och därigenom sträcker vi fram urskiljandet *rosh*. Om vi ger en halv *shekel*, belönas vi därigenom med *rosh*.

Och senare frågade han... "Varför förbereder han mer drickande än ätande inför *kidush*? Det är fel ordning, eftersom ordningen bör vara mer ätande än drickande då drickandet kommer för att komplettera ätandet, enligt 'Och där skall du äta och bliva mätt, och du skall så lova Herren'. Men så är det inte när man äter mer än man dricker". Och han tolkade att äta betyder *chassadim* (barmhärtighet) och dricka betyder *chochma* (visdom).

Vidare sade han att den *shabbat* som kommer innan månaden *adar* innehåller hela månaden *adar*, så "När *adar* kommer följer stor glädje". Och han sade att det finns en skillnad mellan en *shabbat* och en bra dag. *Shabbat* kallas "kärlek", och en bra dag kallas "glädje". Skillnaden mellan kärlek och glädje är att kärlek är en essens, och glädje är bara en konsekvens som föds ur någon orsak. Orsaken är essensen, och konsekvensen är bara essensens avkomma. Därför kallas *shabbat* "kärlek och välvilja" och en bra dag kallas "glädje och fröjd".

Han förklarade också angående det Rabbi Yochanan Ben Zakai svarade till sin fru, att jag var som en tjänare inför Kungen, och han,

Rabbi Hanina Ben Dosa, var som en slav inför Kungen; det var anledningen till att han kunde be. Det kan tyckas att fallet borde vara det motsatta – att tjänaren skulle ha mer styrka att påverka Kungen med sin åsikt, och inte slaven.

Men en "tjänare" är någon som redan belönats med privat försyn. I det tillståndet ser man inget utrymme för bön, eftersom allt är bra. Men en slav är någon som befinner sig på graden belöning och bestraffning, och då har man utrymme att be eftersom man ser att man har mer kvar att korrigera.

Och han lägger till en förklaring från en artikel som visas fram (*Baba Metzia* 85a). Där står det om en kalv som fördes till slakt. Den gick, lade sitt huvud i rabbins knä och grät. Han sade till den "Gå, det var detta du skapades för". De sade, "Eftersom han inte visar medömkan skall han få utstå lidande".

"Det var detta du skapades för" betyder privat försyn, att det inte finns något att addera eller subtrahera, eftersom lidandet där också betraktas som förtjänster. Detta är orsaken till att han sträckte fram lidande på honom.

Och *Gmarra* säger att han blev av med allt lidande genom en handling, genom att säga, "Herren … förbarmar sig över alla sina verk". En dag sopade rabbinens piga huset. Det fanns råttungar på golvet, och hon sopade bort dem. Han sade "Låt dem vara!", det står skrivet "Herren förbarmar sig över alla sina verk". Eftersom han begrep att även en bön finns kvar för evigt, hade han nu utrymme för att be. Därför försvann lidandet från honom.

Vid sabbatens slut berättade han om en tolkning av vad den heliga *Zohar* säger om versen "Herren har utvalt Jakob åt sig". Vem valde vem? Och den heliga *Zohar* svarar "Herren valde Jakob" (*Bereshit*, 161b). Och han sade att *Zohars* fråga var om Herren valde Jakob. Av detta följer att Jakob inte gjorde någonting, utan allt skedde under privat försyn. Och om Jakob valde, skulle det betyda att Jakob var den som gjorde, det vill säga en fråga om belöning och bestraffning.

Och han svarade att först ska man börja på vägen för belöning och bestraffning. När man slutför denna fas med belöning och bestraffning, belönas man med att se att allting sker under privat försyn, att "Han gör och kommer att göra allting". Men före det att man slutför sitt arbete i belöning och bestraffning är det omöjligt att förstå privat försyn.

Och på söndag kväll, efter lektionen, förklarade han Jakobs slughet, att det står skrivet om Jakob, "Din broder har kommit med svek". Det var säkerligen inte en fråga om falskhet här. Annars skulle texten inte säga den "utsedda" patriarken om Jakob, att han var en lögnare.

Snarare betyder sveket att när man utför en visdomens handling utan har för avsikt att skaffa visdom, utan att man istället vill tjäna något man behöver och ser att det inte går att få tag i direkt, och därför gör man en handling i visdom för att skaffa det man behöver. Detta kallas "visdom".

Detta är innebörden av versen "var svekfull med förnuftet", det vill säga visdom genom förnuft. Detta betyder att visdomen han vill uppnå inte är för visdomens skull, utan för ett annat skäl som tvingar honom att sträcka fram visdom. Med andra ord måste han sträcka fram för att komplettera *chassadim*.

Orsaken är att innan *chassadim* får tag i *chochma*, urskiljs de som *katnut* (litenhet). Men efteråt, när han sträcker fram *chochma* men ändå föredrar *chassadim* framför *chochma*, är det uppenbart att *chassadim* är viktigare än *chochma*. Detta kallas *GAR de bina*, vilket betyder att han använder *chassadim* på grund av ett val.

Detta är vad som menas med *chochma* genom *Daat*, att *chochma* uppträder i form av *VAK* i *YESHSUT*. Och i *AVI* visar sig *chochma* genom att förbättra *chassadim* och stanna kvar i *chassadim*. Men trots att *bina* betraktas vara "i barmhärtighetens välbehag" är dess val av *chassadim* inte uppenbart på grund av *tzimtzum bet*, där det inte finns *chochma*. Men när *chochma* kommer i *gadlut* (vuxen ålder) använder hon *chassadim* av eget val.

198

88. Allt arbete finns bara där det finns två vägar

Jag hörde efter sabbat angående Beshalach, 24 januari, 1948

Allt arbete sker bara där det finns två vägar, som det står skrivet, "och han skall leva bland dem, och icke dö bland dem. Och angelägenheten 'skall dö och inte bryta' tillämpas bara på tre *mitzvot*; idoldyrkan, blodsutgjutelse och incest". Och likväl finner vi att de första *chassidim* offrade sina liv för positiver.

Och vi bör veta att allt arbete och all vedermöda bara finns när man ska hålla Tora. Då känner man en tung börda för att kroppen inte går med på Toras villkor. Men när man belönas och skyddas av Tora, känner man ingen tyngd i Guds arbete. Orsaken är att man skyddas av Tora, som det står skrivet, "Man lär sig av sin själ".

89. Att förstå orden i den heliga Zohar

Jag hörde den femte adar, 15 februari, 1948

För att förstå orden i den heliga *Zohar*, måste vi först förstå vad den heliga *Zohar* vill säga. Och förståelsen av vad den heliga *Zohar* vill säga beror på människans hängivelse till Tora och *mitzvot*. Tora och *mitzvot* kan bringa människan till renlighet, att renas från egenkärlek. Detta är anledningen till att man åtar sig Tora och *mitzvot*. Och i denna utsträckning kan vi förstå vad den heliga *Zohar* vill säga. Annars finns där *klipot* (skal) som gömmer och blockerar ordens sanna betydelse i den heliga *Zohar*.

90. I Zohar, Bereshit

Jag hörde den sjuttonde *adar bet*, 28 mars, 1948

I *Zohar, Bereshit* s.165, "I Toras hemligheter ställs tjänarnas försvarare upp från Ovan. Och lågorna från det brinnande svärdet tillsätts att vaka över alla härskaror och läger. Och i detta urskiljande tolkas åtskilliga andra urskiljanden som tillhör åtskilliga andra grader".

Och han förklarar att när den vänstra linjen sträcks fram, måste den förljuvas med den högra linjen. Den sprider sig på tre platser:

1) I *AVI*, vilket är roten;

2) I malchut;

3) I Guds änglar.

I *AVI* kallas de "tjänares försvarare", och i *malchut* kallas de "lågorna från det brinnande svärdet". Och i änglarna kallas de "och i detta urskiljande tolkas åtskilliga andra urskiljanden som tillhör åtskilliga andra grader".

91. Angående det ersättliga

Jag hörde den nionde *nisan*, 18:e april, 1948

I den heliga *Zohar* förklarar han anledningen till att Reuben föddes åt Lea när han tänkte på Rakel under kärleksakten. Lagen lyder att om han tänker på någon annan kallas barnet "ersättligt". Och den heliga *Zohar* förklarar att eftersom han tänkte på Rakel och han verkligen trodde att det var Rakel, och ersättlig betyder att hans tankar handlade om Rakel och kärleksakten, visste han att det var Lea. Men här handlade hans tankar om Rakel och kärleksakten, och han trodde att det verkligen var Rakel.

Och han förklarade det: Vi vet att i andligheten är de som en stämpel och avtryck – varje grad stämplas av sin Högre grad. Och en stämpel och dess avtryck fungerar så att de alltid är varandras motsatser: avtrycket är alltid motsatt stämpeln. Av detta följer att det som betraktas som *klipa* i *Bria*, är *Kdusha* (Helighet) i *Yetzira*, och det som är *Kdusha* i *Yetzira*, är *klipa* i *Assiya*.

Därför är det så att om en rättfärdig förenas i någon grad, förenas han säkerligen med det som är *Kdusha* i den graden. Och om han, under handlingens gång, tänker på en annan grad, och det som betraktas vara *Kdusha* i den graden betraktas vara *klipa* i en annan grad, kallas det därför "ersättligt". Det betyder att föreningens avkomma är ersättlig eftersom graderna är motsatta varandra.

Men Jakob tänkte på Rakel, det vill säga på *Kdusha* i urskiljandet Rakel. Och om kärleksakten tänkte han också att det var Rakel. Således handlade tanken både om *Kdusha* i Rakel och också akten som var tänkt att bli graden Rakel. Därför finns det inget urskiljande av Lea här som kan betraktas vara ersättligt.

92. En förklaring av urskiljandet tur

Jag hörde sjunde *sivan*, 14 juni, 1948

"Tur" är något som är över rimligheten. Så, trots att det var rimligt att det skulle bli si eller så, fick turen honom att lyckas med sina handlingar. Rimlighet innebär orsak och verkan, att en viss orsak ger upphov till att resultatet blir som det blir. Men över rimligheten, när den ursprungliga orsaken inte är orsaken till konsekvensen, då kallas det "över rimligheten". Vi hänför orsaken, som skapade resultatet, till tur.

Vi vet att allt givande kommer från Ljuset *chochma* (visdom). Och när *chochma* skiner, kallas det "vänster linje" och "mörker". Rikedomen blockeras, och detta kallas "is". Detta kallas "förtjänst" därför att han har belönats. Det betyder att anledningen som orsakar Visdomens Ljus kallas "förtjänst", vilket är orsak och verkan.

Men "söner, liv och näring beror inte på människan, utan på tur", vilket betyder att *chochma* försvagas just genom mittlinjen, och skiner just genom denna försvagning som kallas *masach de chirik*. Här följer att det inte skiner genom orsak och verkan, det vill säga att *chochma* skiner genom den vänstra linjen, utan just genom försvagningen. Detta kallas "över förstånd", och det kallas "tur".

93. Angående fenor och fjäll

Jag hörde 1945

För att förstå vad våra visa sade, "Allt som har fjäll, har också fenor. Men allt som har fenor, har inte fjäll".

I arbetet bör vi tolka angelägenheten om *kaskeset* (fjäll) som *kushiot* (frågor) som man har i Guds arbete. *Kushiot* är kärl som man kan ta emot svar i, eftersom svaren inte fylls med det externa förståndet, utan direkt, i det interna förståndet, vilket är det högre Ljuset som kläds i människan. Och då klaras frågorna upp.

Således kläds det högre Ljuset i människan i lika stor utsträckning som frågorna ökar. Detta är andningen till att fjäll tillhör renhetens tecken, eftersom man kan rena sig själv genom dem, genom att inte vilja ha frågor. Därför gör man allt man kan för att rena sig själv så att man kan belönas med det högre Ljuset.

Också fenor räknas till renhetens tecken. *Snapir* (fena) antyder *soneh-peh-Ohr elyon* (hatande - mun - högre Ljus). Och eftersom man har frågor känner man visserligen hat mot det högre Ljuset. Men den som har fenor behöver inte alltid ha frågor. Man kan hata det högre Ljuset, inte därför att man har frågor, utan helt enkelt på grund av att man är girig, och säger, "Jag tänker inte gå dit ändå".

Detta är renhetens tecken. Det vill säga när man har en fisk. En fisk pekar på kött som kläds i fenor och fjäll, vilket betyder att det högre Ljuset skiner i dessa två tecken.

Men den som arbetar utan frågor i arbetet, det är inte ett tecken på renhet, att man inte har några frågor. Orsaken är att man då inte har någon plats där man kan förvara det högre Ljuset, eftersom man inte har någon anledning som driver en att dra till sig det högre Ljuset, därför att man tycker att man klarar sig alldeles utmärkt trots att man inte har det högre Ljuset.

Detta är anledningen till att Farao, Egyptens kung, gav order om att inte dela ut *kash* (strå), som det står skrivet, "Då spridde sig folket över hela Egyptens land och samlade strå för att bruka det såsom halm", när han ville hålla Israel under sitt herravälde. Då skulle de aldrig haft något behov av att Skaparen befriade dem från orenhetens makt och tog dem till *Kdusha* (Heligheten).

94. Och du skall behålla dina själar

Jag hörde 1945

I versen "Du skall komma ihåg, att du själv varit träl i Egyptens land", avser aktsamheten främst den andliga själen. Men man bryr sig om den materiella själen, även utan Toras budord. Detta beror på regeln att en *mitzva* framförallt är uppenbar, det vill säga att det är uppenbart att man gör det man gör på grund av *mitzvans* ändamål eftersom man inte skulle göra det om det inte vore för denna *mitzva*. Snarare är anledningen till att man gör det en *mitzva*.

Vad gäller en *mitzva* man uträttar, om man skulle göra det trots att det inte var en *mitzva*, då behöver man därför särskild eftertänksamhet så att man kan hitta den plats där man kan säga att man gör det enbart på grund av att det är en *mitzva*. Då kan Ljuset från denna *mitzva* skina på utförandet av den *mitzva* man gör. Detta kallas att "skapa ett *kli* av en *mitzva*", ett *kli* där det högre Ljuset kan vara. Därför gäller aktsamheten främst den andliga själen.

95. Att ta bort förhuden

Jag hörde under en måltid till firandet av en omskärelse, 1943, Jerusalem

Malchut för sig själv kallas "lägre *chochma*", och med hänsyn till dess förbindelse med *Yesod* kallas den "tro". Och det finns en förhud över *Yesod*, vars uppgift är att separera *malchut* från *Yesod* och inte tillåta *malchut* att ansluta sig till *Yesod*. Förhudens kraft ligger i att avbilda tron som stoft. Detta är innebörden av *Shechina* (Gudomen) i stoftet.

När den avbildande kraften avlägsnas, och man istället säger att det är den avbildande kraften som är stoft, när förhuden skärs av och kastas ner i stoftet, kallas det "omskärelse".

I det tillståndet kommer den heliga *Shechina* upp ur stoftet och trons värde blir uppenbart. Detta kallas "frälsning", att man belönas med att lyfta upp Gudomen ur stoftet. Därför måste vi uppbåda alla krafter i arbetet med att avlägsna den avbildande kraften, och enbart tron betraktas vara fullkomlig.

"De är noggranna med sig själva så när som på en oliv och så när som på ett ägg". En "oliv" är som duvan sade, "Jag föredrar min mat lika bitter som en oliv från Ovan". Och ett "ägg" betyder att den är livlös, trots att ett levande djur kommer från det. Men än så länge syns inget liv till i det. Och de är noggranna med sig själva och föredrar att arbeta trots att situationen är som en oliv.

Vidare, när de ser att det inte finns någon livskraft i arbetet, och hela deras kraft att arbeta bara är för att deras mål är att lyfta Gudomen ur stoftet, då belönas de med frälsning genom detta arbete. Och då ser de att denna måltid, som tidigare var som en oliv och ett ägg, nu har blivit livfull och söt och högst behaglig.

Detta är innebörden av "en omvänd proselyt är som ett nyfött barn". Då måste han också hålla förbundets urskiljande, och då kommer han att vara glad.

Av detta följer att när den nyfödde omskärs, trots att barnet lider, är gästerna och föräldrarna icke desto mindre glada, eftersom de tror att pojkens själ är lycklig. Likaledes i arbetet med förbundet, där vi måste vara lyckliga trots att vi känner ett tillstånd av lidande. Oaktat detta måste vi tro att vår själ är lycklig.

Hela vårt arbete bör ske i glädje. Och beviset för detta är från det första budordet människan fick. Denna *mitzva* görs av föräldrarna, och föräldrarna och gästerna är glada. Så ska alla *mitzvot* man uträttar vara – bara med glädje.

96. Vad är avfall från lada och vingård, i arbetet

Jag hörde på helgdagsafton *sukkot*, i en *sukkah*, 1942

En **lada** är manliga *dinim* (domar), som i "dold och icke besudlad", när man känner att man befinner sig i ett tillstånd av *goren* (lada), vilket betyder *ger* (främling) i arbetet.

En **vingård** är kvinnliga *dinim*, som i "dold och besudlad". *Yekev* (vingård) betraktas vara *nekev* (öppning).

Och det finns två slags *sukkot*: 1) härlighetens sky (eller moln i plural); och 2) avfall från lada och vingård.

Ett **moln** betraktas vara fördöljande, när man känner fördöljandet över *Kdusha* (Heligheten). Om man övervinner molnet man känner, betraktas det som att man belönats med härlighetens skyar. Detta kallas *MAN de Ima*, och det gäller under de sextusen åren. Det anses vara en hemlighet som ännu inte har blivit en natur, vilket kallas "bokstavlig".

Och avfallet från lada och vingård kallas "bokstavlig och natur", vilket betraktas som MAN de malchut, som upprättas just med tro, och kallas ett "uppvaknande från nedan".

Och MAN de Ima betraktas som ett uppvaknande från Ovan, vilket inte urskiljs som natur. Detta betyder att med hänsyn till naturen, när man inte är redo för att ta emot rikedomen, får man inte ta emot något givande.

Men från perspektivet ur uppvaknandet från Ovan, vilket står över naturen, strömmar Ljuset visserligen över de lägre, som i "Jag är Herren, som har mitt umgänge med dem mitt ibland deras orenheter", som det står skrivet i den heliga Zohar, "Även om han har syndat, är det som om han aldrig har syndat alls".

Men vad gäller ett uppvaknande från nedan, utdelas inte Ljuset. Snarare är det just när man kvalificerats enligt naturen, det vill säga av sig själv, som detta kallas **MAN de nukva**, vilket man kan korrigera genom tro. Detta kallas "av sig själv", och betraktas som det sjunde årtusendet, vilket kallas **"och man förgörs"**, som betyder att "hon inte har något eget" och betraktas som malchut. När detta korrigeras belönas man med det tionde årtusendet, vilket är GAR.

En sådan själ påträffas i en av de tio generationerna. Det finns emellertid det sjunde årtusendets urskiljande, från de sex tusen årens perspektiv, som kallas enskild, eftersom det generella och det enskilda alltid är likvärdiga. Men detta betraktas som MAN de Ima och kallas "härlighetens skyar".

Och syftet med arbetet ligger i det bokstavliga och det naturliga, eftersom man, i detta arbete, inte har något utrymme att falla längre ner, då man redan placerats på marken. Orsaken är att man inte behöver storhet, eftersom man alltid upplever det som en ny sak.

Det innebär att man alltid arbetar som om man just nu hade börjat arbeta. Och man arbetar i form av godtagande av Himmelrikets börda, över förståndet. Grunden man upprättade arbetets ordningsföljd på, var på det lägsta sättet, och hela arbetet var över förnuftet. Bara en riktig dåre skulle kunna vara så låg att han skrider framåt utan någon grund som han kan upprätta sin tro på, bokstavligt talat utan stöd.

Vidare godtar man detta arbete med stor glädje, som om man hade verklig kunskap och klarsyn på vilken man kunde befästa trons visshet. Och i det exakta måttet av över förståndet, precis det måttet som om man hade förstånd där. Om man framhärdar längs denna väg kan man därför aldrig falla. Istället kan man alltid känna glädje genom att tro att man tjänar en stor Kung.

Detta är innebörden av versen "Det ena lammet skall du offra om morgonen, och det andra lammet skall du offra vid aftontiden. … med likadant spisoffer och drickoffer som om morgonen". Detta betyder att den glädje han hade när han offrade sitt offer när det var morgon för honom, eftersom morgon kallas "ljus", det vill säga att Toras Ljus skiner för honom med total klarhet, med samma glädje offrade han, det vill säga arbetade, trots att det var som aftontid för honom.

Det betyder att han gjorde allt med glädje eftersom han arbetade över förnuftet, trots att han inte hade någon klarhet eller skärpa i Tora och arbetet. Därför kan han heller inte mäta från vilket tillstånd Skaparen finner mest belåtenhet i hans arbete.

Detta är innebörden av att Rabbi Shimon Ben Menasias predikade "ett slags materia". Materia betyder utan förnuft och kunskap. "Ett öra som hörde på berget Sinai kommer inte att stjäla". Detta betyder att inte ta emot något för sin egen skull, utan att man antar Himmelrikets börda helt och hållet över förnuftet, utan någon *gadlut* (storhet). Han gick och stal en upplysning åt sig själv, det vill säga att han sade "Nu kan jag tjäna Skaparen, för nu har jag redan förstånd och kunskap i arbetet, och jag förstår att det är värt mödan att tjäna Skaparen. Nu behöver jag inte längre någon tro över förståndet."

Han berättar för oss angående detta att "och han såldes till rättssalen". "Rättssalen" hänvisar till människans förstånd och kunskap, som bedömer personens handlingar, om de är värda att utföras eller inte. "Såldes" betyder att han blev en främling i Guds arbete, att hans förstånd kommer och ställer den välkända frågan, "Vad är din avsikt med denna tjänstgöring?" Och det kommer bara från stöldens vinkel, efter att man har erhållit en viss bekräftelse i sitt urskiljande av tro. Därför kommer det och vill upphäva denna bekräftelse med sina frågor. Men detta händer bara i "sex", det vill säga "han såldes i sex år", vilket betraktas som manliga *dinim*.

"Men om trälen säger: 'Jag har min herre ... att jag icke vill givas fri", det vill säga att när han inte vill släppas fri utan *mitzvot*, då är korrigeringen att "skall hans herre föra honom fram", och här menas Herren, "och ställa honom vid dörren eller dörrposten", det vill säga att han får en blockering av mottagandet av Himmelriket. Och "hans herre skall genomborra hans öra med en syl". Detta betyder att det skapas ett nytt hål i honom för att han åter igen ska kunna höra det han fick höra på berget Sinai: "du skall icke stjäla", "därefter vare han hans träl evinnerligen". Det är därför att han då verkligen blir Skaparens tjänare.

Sukkot är temporära bostäder. Detta betyder att den som redan har belönats med en permanent bostad inte har något kvar att göra, som med angelägenheten om de första som räknar missgärningarna, att rådet är att bryta upp och flytta till en temporär bostad, som när han var på väg mot Guds hus, innan han nådde fram till den permanenta bostaden. Då var han i ständigt behov av att komma fram till Guds Palats, och han tog emot gäster, när hans arbete var i form av "en förbipasserande besökare".

Och nu kan han sträcka fram från det föregående arbetet, vilket alltid skänkte honom glädje eftersom han alltid var tacksam och prisade Skaparen för att Han alltid tog honom närmare. Och nu, på *sukkot*, kan han sträcka fram den glädje han hade då, och detta är vad som menas med en temporär bostad. Det var detta de sade, "Flytta från den permanenta bostaden och lev i en temporär bostad".

"Att lära sig är inte det viktigaste, utan det är handlingen". Detta betyder att en handling är som en substans. Rabbi Shimon Ben Menasias predikade "ett slags materia", att handlingen är det viktigaste, och intellektet bara är ett slags spegel.

Men handlingen betraktas som levande, och förståndet betraktas som talande. Saken är den att om handlingen är fullkomlig, är den så kraftig att den för med sig Toras förstånd. Och Toras förstånd kallas "talande".

97. Avfall från lada och vingård

Jag hörde

Goren (lada) betyder att de goda gärningarna avtar, när man i första hand känner *gronot* (Hebreiska: halsar; låter som *ger'onot* – brister, tillkortakommanden) med Skaparen. Därför minskar man de goda gärningarna. Och efteråt når man ett tillstånd av **yekev (vingård)**, vilket är innebörden av "Och den som smädar Herrens namn".

Sukkot anses som glädje, och "fröjdande *gvurot*", vilket är botgörelse genom kärlek, när synderna blir som förtjänster för en och till och med ladan och vingården släpps in i *Kdusha* (Heligheten). Detta är vad som menas med att det huvudsakliga urskiljandet i *sukkot* är **Isak**, men att han inbegriper alla (och *pesach* [judisk påskhögtid] betraktas som **kärlek**, vilket är höger). Och detta är innebörden av "Abraham födde Isak".

Anledningen till detta är att frågan om far och son är orsak och verkan, anledning och resultat. Hade inte urskiljandet Abraham funnits först, vilket är det högra, skulle inte heller urskiljandet Isak kunna finnas, vilket är det vänstra. Det vänstra införlivas i det högra, enligt "Du är ju vår Fader".

Abraham sade "skall förgöras vid Ditt namns Helighet". Och Jakob sade också att det betyder att synderna ska förgöras vid Ditt namns Helighet. Och om det förblir så, då finns en rämna i mitten. Med andra ord är synderna som fanns i hela Israel som en spricka i *Kdusha* (Heligheten).

Men Isak sade, "till hälften av mig och till hälften av dig", vilket betyder andelen som består av synder och andelen som består av *mitzvot,* det vill säga att båda kommer att träda in i *Kdusha.* Och detta kan ske med botgörelse genom kärlek, när synder blir som förtjänster för en. I det tillståndet finns det en spricka, som det står skrivet "med varken rämna eller... skrik", utan allt korrigeras för *Kdusha.*

Detta är innebörden av våra visas ord: "Isaks dynga och mulåsnor är större än Abimelechs pengar och guld". Dynga är någonting undermåligt, värdelöst, vilket betyder att de anser att hans träldom är som dynga. Därefter kommer ett tillstånd av separation. På grund av att han inte uppskattar sitt arbete faller han ner i separation, och detta kallas "Isaks dynga och mulåsnor". Och eftersom Isak korrigerade allt i form av botgörelse genom kärlek, och hans synder blev som förtjänster, är vinsten han erhöll genom sin dynga och sina mulåsnor större än "Abimelechs pengar och guld".

Hans *kesef* (pengar) betyder *kisufim* (längtan) efter Skaparen; och *zahav* (guld) betyder *ze hav* (ge detta), med avseende på begäret efter Tora, att uppnå Tora. Och eftersom Isak korrigerade allting, det vill säga uppnådde botgörelse genom kärlek, betraktades även synderna som förtjänster för honom. Och då är han en mycket förmögen man i vilket fall som helst, eftersom det inte finns mer än 613 *mitzvot* att hålla, medan synderna och överträdelserna är oändliga. Därför blev Isak en mycket rik man, som det står skrivet, "och han har hittat etthundra portar". Detta betyder att han har hundra procent i *Kdusha*, utan något avfall, eftersom till och med avfallet korrigerades i honom.

Detta är anledningen till att halmtaket på en *sukkah* tillverkas av avfallet från lada och vingård (och man kan säga som våra visa sade, att Moses blev rik på skräp). Därför uppkallas *sukkot* huvudsakligen efter Isak, som är fröjdande *gvurot*, men *sukkot* uppkallas också efter Moses.

98. Andligheten kallas det som aldrig kommer att gå förlorat

Jag hörde 1948

Andligheten kallas det som aldrig kommer att gå förlorat. Och viljan att ta emot, i den form den har, det vill säga med avsikten att ta emot, kallas därför för det materiella. Det är så för att den senare ska avskaffa denna form, och anta en annan form – med avsikten att ge.

En verklig plats i andligheten kallas en plats med verklighet, eftersom den som kommer till den platsen ser samma form som alla andra. Men en inbillad sak kallas inte en verklig plats eftersom det är en fantasi, och då föreställer sig alla olika saker.

När vi hänvisar till Toras sjuttio ansikten betyder det sjuttio grader. I varje grad tolkas Tora enligt den grad man för tillfället befinner sig i. Men en värld är en verklighet, vilket betyder att den som kommer till någon av de sjuttio graderna i den världen uppnår samma form som alla de andra som kommit dit har uppnått.

Det är härifrån vi får det våra visa säger, som tolkar Toras verser. De säger att detta är vad Abraham sade till Isak, och andra liknande uttalanden från våra visa. De kan berätta om vad som sägs, vad som förklaras i verserna.

Här uppstår frågan, "Hur kunde de veta vad den ena sade till den andra?" Men eftersom de uppnådde den grad där Abraham (eller någon annan) stod, kan de se och veta vad Abraham såg och visste.

Av den anledningen vet de vad Abraham sade, och likaledes i alla ordspråk och uttalanden vi har från våra visa, när de tolkade Toras verser. Allt detta kom sig av att också de uppnådde den graden, och varje grad i andligheten är en verklighet. Alla ser den verkligheten, precis som att alla som kommer till staden London i England ser vad som finns i staden och vad som sägs i staden.

99. Han sade inte ogudaktig eller rättfärdig

Jag hörde den tjugoförsta *iyar*, Jerusalem

"Rabbi Hanina Bar Papa sade, 'Ängeln, som tillsattes vid avlelsen, heter *Laila* (natt). Den tar en droppe och lägger den mitt emot Skaparen, och inför Honom säger den: 'Herre, vad skall det bli av denna droppe, en hjälte eller en vekling, en vis eller en dåre, en rik eller fattig?' Men han sade inte 'en ogudaktig eller en rättfärdig'" (*Nida* 16b).

Vi ska tolka detta enligt regeln att en dåre inte kan vara rättfärdig, som våra visa sade, "Människan syndar inte om inte ett dåraktigt sinnelag har letat sig in i henne". Desto mer så är det med någon som förblir en dåre i alla sina levnadsdagar. Så den som föds som en dåre har inget val, eftersom han är dömd att vara en dåre. Därför finns ordspråket "han sade inte 'en rättfärdig eller en ogudaktig'", för att han ska ha ett val. Men vad nytta gör väl det, om han inte sade "en rättfärdig eller en dåre"? Om han ändå är dömd att bli en dåre är det samma sak som att vara dömd att bli en ogudaktig!

Vi måste också förstå våra visas ord: "Rabbi Yochanan sade, 'Skaparen såg att de rättfärdiga var få, Han stod och planterade dem i varje generation, som det står skrivet 'Ty jordens grundfästen är Herrens, och jordkretsen har Han ställt på dem'". Och Rashi tolkar: "'och jordkretsen har han ställt på dem' – Han spred ut dem i alla generationer för att de skulle vara som en infrastruktur och existens och ett fundament för världens uppehälle" (*Yoma* 38b).

"De är få" betyder att de blir färre. Så vad gjorde han för att fortplanta dem? "Han stod och planterade dem i varje generation". Vi bör fråga, "Vad är nyttan med att plantera dem i varje generation, så att de ökar i antal?" Vi måste förstå skillnaden mellan att alla rättfärdiga finns i en generation eller att de är utspridda över alla generationer, som Rashi tolkar. Förökas de rättfärdiga genom att de finns i många generationer?

För att förstå det ovanstående måste vi utreda och tolka våra visas ord, att Skaparen dömer droppen att bli en vis eller en dåre. Detta betyder att den som föds svag, utan styrkan att övervinna sin böjelse, och föds obegåvad och med ett svagt begär, eftersom under förberedelsen, när man påbörjar Guds arbete, måste man kvalificeras för att få ta emot Tora och visdomen, som det står skrivet, "giver visdom åt de visa", så han frågade, "Om de redan är kloka, varför behöver de fortfarande visdom? Det borde vara 'giver visdom åt de dåraktiga'".

Och han förklarar att en vis är någon som längtar efter visdom, även om han ännu inte har någon visdom. Snarare är det därför att man har ett begär, och ett begär kallas ett *kli* (kärl), och följaktligen, för de som har ett begär och åtrår visdom, är det i detta *kli* som visdomen skiner. Av detta följer att en dåre syftar på någon som inte har ett begär efter visdom, och vars enda begär är efter sina egna behov. I förhållande till givandets synpunkt är en dåre helt och hållet ur stånd att uppnå något givande överhuvudtaget.

Så hur kan den som föds med sådana egenskaper uppnå den rättfärdiges grad? Av detta följer att han inte har något val. Men vad tjänar det då till att säga "han sade inte 'en rättfärdig eller en ogudaktig'"? För att han ska få ett val. Men när allt kommer omkring har han fötts svag och oförståndig och därför har han inte längre något val, eftersom han helt saknar förmågan att övervinna och börja törsta efter Hans visdom.

För att förstå det, det vill säga för att det ska finnas ett val även för en dåre, gjorde Skaparen en korrigering som våra visa kallar

"Skaparen såg att de rättfärdiga var få, Han stod och planterade dem i varje generation". Och vi frågade, "Vad är nyttan med det?"

Nu ska vi förstå denna angelägenhet. Vi vet att liksom det är förbjudet att ty sig till de ogudaktiga, även om man inte gör så som de gör, likaså står det skrivet "ej heller sitter, där bespottare sitter". Detta betyder att det är en synd huvudsakligen därför att han sitter bland de som bespottar och föraktar, trots att han sitter och lär sig Tora och håller *mitzvot*. I annat fall skulle förbudet finnas på grund av att det motverkar Tora och *mitzvot*. Istället är det själva sittandet som är förbjudet, eftersom människan tar till sig tankar och begär från dem hon tycker om.

Och vice versa: om man inte åtrår och har ett begär efter andligheten men befinner sig bland folk som har ett begär efter andligheten, och man tycker om dem, får också man själv deras styrka att segra med, deras begär och ambitioner, trots att man enligt sina egna egenskaper inte har de begären, den längtan och kraften att övervinna. Men alltefter den älskvärdhet och viktighet man tillskriver dessa människor, får man ta emot nya krafter.

Nu kan vi förstå det ovannämnda: "Skaparen såg att de rättfärdiga var få". Detta betyder att vem som helst inte kan bli en rättfärdig, eftersom han saknar de egenskaper som krävs, som det står skrivet, att han föddes som en dåre eller en vekling; men till och med han har ett val, och hans egna egenskaper är ingen ursäkt. Detta beror på att Skaparen planterade ut de rättfärdiga i varje generation.

Således har personen ett val att gå till en plats där det finns rättfärdiga. Man kan finna sig i deras auktoritet och då kommer man att ta emot alla de krafter man av naturen saknar i sina egenskaper. Man kommer att få dessa från de rättfärdiga. Detta är fördelen med "planterade dem i varje generation", så att varje generation skulle ha någon att vända sig till, häfta fast vid, och ta emot styrkan som behövs för att stiga till den rättfärdiges grad. Därigenom blir de också rättfärdiga med tiden.

Här följer att "han sade inte 'en rättfärdig eller en ogudaktig'" betyder att man har ett val: man kan gå och hålla sig fast vid de rättfärdiga och få vägledning, och få styrka genom dem, och med hjälp av den styrkan kan man själv bli rättfärdig.

Men om alla rättfärdiga skulle finnas i samma generation skulle det inte finnas något hopp för dårarna när det gäller att närma sig Skaparen, och då skulle de inte ha något val. Men genom att sprida ut de rättfärdiga i varje generation har varje person makten att välja, att söka upp och närma sig de rättfärdiga som existerar i varje generation. Annars måste Tora vara som en dödens dryck.

Vi kan förstå det från ett materiellt exempel, hämtat ur vår värld. När två människor står mitt emot varandra är den enas högra sida mitt emot den andras vänstra sida, och den enas vänstra sida är mitt emot den andras högra sida. Det finns två sätt: det högra – den rättfärdiges väg, vilket är att enbart ge, och det vänstra – vars intresse endast ligger i att ta emot för sin egen skull, vilket skiljer dem från Skaparen, som bara ger. Det är orsaken till att de av naturen är avskilda från Livets Liv.

Detta är anledningen till att de ogudaktiga kallas "döda" i sina liv. Därför är det så att när man ännu inte har belönats med *dvekut* (fasthållande) vid Skaparen, är de två. Och när man lär sig Tora under sådana omständigheter, som separerar en från Honom, blir denna Tora en dödens dryck för en. Orsaken är att man förblir avskild, eftersom man vill att Tora ska kläda ens kropp. Detta innebär att man vill att Tora ska förstora ens kropp, och detta gör att Tora blir en dödens dryck.

Men när personen fäster sig vid Honom skapas en odelad auktoritet, och den personen förenas med Hans unikhet. Då blir personens högra sida Skaparens högra sida, och kroppen blir då en klädnad för hans själ.

Ett sätt att veta om man vandrar på sanningens väg är att när man tar sig an kroppsliga behov bör man se att man inte inlåter sig i dem mer än vad som är nödvändigt för själens behov. Och när man tycker att man har mer än man behöver kläda för själens behov, är det som en dräkt som man sätter på sin kropp. Då bör man vara noggrann med att hålla plagget varken längre eller bredare, utan precis så det täcker ens kropp. Likaledes när man tar sig an de kroppsliga behoven bör man vara noggrann med att inte ha mer än man behöver för själen, det vill säga för att kläda själen.

Att nå fasthållande vid Skaparen, det är inte så att alla som vill ta Herren kan komma och ta, eftersom det är emot människans natur, som skapades med en vilja att ta emot, vilket är egenkärlek. Det är därför vi behöver generationens rättfärdiga.

När man håller sig till en genuin Rav, vars enda önskan är att uträtta goda gärningar, men man ser att man själv inte kan göra goda gärningar, att målet inte kommer att vara att skänka belåtenhet till Skaparen, om man då håller sig till en äkta Rav och vill ha sin Ravs tillgivenhet, då gör man saker som ens Rav uppskattar, och hatar sådant som ens Rav hatar. Då kan man ha *dvekut* med sin Rav och ta emot sin Ravs krafter, till och med det man inte hade från födseln. Detta är vad som menas med att plantera de rättfärdiga i varje generation.

Men det är svårt att se anledningen till att de rättfärdiga skulle planteras i varje generation bara enligt det vi nu nämnt. Vi sade att det var för dårarna och de svagas skull, men han kunde ha kommit fram till en annan lösning: att inte skapa dårar! Vem fick honom att säga att denna droppe ska bli en vekling eller en dåre? Han kunde ha skapat alla visa.

Svaret är att också dårarna behövs, eftersom de bär på viljan att ta emot. De ser att de själva inte har någon möjlighet att komma Skaparen nära, så de liknar dem som det står skrivet om: "Och man skall gå ut och se med lust, hur de människor, som avföll från mig, nu ligga där döda; ty deras mask skall icke dö, och deras eld skall icke utsläckas, och de skall vara till vämjelse för allt kött". De har blivit till aska under de rättfärdigas fötter, och genom dem kan de rättfärdiga kännas vid det goda som Herren har gjort mot dem, genom att ha skapat dem visa och starka och därigenom fört dem närmare Honom.

Därför kan de nu tacka och prisa Skaparen eftersom de ser vilket lågt tillstånd de befinner sig i. Och detta kallas "aska under de rättfärdigas fötter", vilket betyder att de rättfärdiga går vid sidan av det och därför tackar de Skaparen.

Men vi måste veta att även de lägre graderna behövs. Gradens *katnut* (litenhet) betraktas inte som onödig, så om man sade att det vore bättre om graderna av *katnut* omedelbart hade fötts med *gadlut* (storhet).

Det är som en fysisk kropp. Visserligen finns det viktigare organ, så som hjärnan, ögonen etc., och det finns mindre viktiga organ, som magen, tarmarna, och fingrarna och tårna. Men vi kan inte säga att ett organ som utför en mindre viktig uppgift är överflödigt. Snarare är allt viktigt. Detsamma gäller i andligheten: vi behöver dårarna och veklingarna också.

Nu kan vi förstå det som står skrivet, att Skaparen sade, "Vänd dig åter till mig, och jag skall vända åter till dig". Det betyder att Skaparen säger, "Vänd dig åter till mig", och Israel säger motsatsen: "Tag oss åter till dig, Herre, så att vi få vända åter".

Innebörden är att under nedstigandet i arbetet säger Skaparen "Vänd dig åter till mig" först. Detta medför ett uppstigande i Guds arbete, och då börjar man klaga, "Tag oss åter till dig". Men under nedstigandet ropar man inte, "Tag oss åter till dig", istället flyr man från arbetet.

Därför ska man veta att när man ropar "tag" oss tillbaka, kommer det från ett uppvaknande från Ovan, eftersom Skaparen tidigare sade "Vänd dig åter till mig", och därigenom får man ett uppstigande och kan säga "Tag oss åter till dig".

Detta är vad som menas med, "Och så snart arken bröt upp, sade Mose: 'Stå upp, Herre; må dina fiender vara förskingrade'". Bryta upp [det hebreiska ordet betyder resa] innebär att man gör framsteg i Skaparens trälarbete, vilket är en tid för uppstigande. Då sade Mose "Stå upp". Och när de vilade sade han "Kom tillbaka". Och när vi vilar från Guds arbete behöver vi att Skaparen säger, "Kom tillbaka", det vill säga "Kom tillbaka till mig", vilket betyder att Skaparen ger uppvaknandet. Därför bör man veta när det är dags att säga "Stå upp" och "Kom tillbaka".

Detta är innebörden av det som står skrivet i *parashat Akev*, "Och du skall minnas hela vägen… veta vad som fanns i ditt hjärta, om du höll Hans budord eller inte". "[H]öll Hans budord" urskiljs som "Kom tillbaka". "Eller inte" urskiljs som "Stå upp", och vi behöver båda. Och Rav vet när man ska "stå upp" och när man ska "komma tillbaka", eftersom de fyrtiotvå vägarna är de uppstigningar och nerstigningar som breder ut sig i Guds arbete.

100. Den skrivna Toran och den muntliga Toran

Jag hörde angående *Mishpatim*, 1943

Den skrivna Toran betraktas som "uppvaknande från Ovan" och den muntliga Toran är ett uppvaknande från nedan. Tillsammans kallas de "skall han tjäna i sex år, men på det sjunde skall han givas fri utan lösen".

Anledningen till detta är att arbetets huvudsakliga element är just där det finns motstånd. Och detta kallas *alma* (Arameiska: värld) från orden *he'elem* (fördöljande). När det finns fördöljande finns det motstånd, och då finns det plats för arbete. Detta är innebörden av våra visas ord, "Sex tusen år med världen, och ett ödelagt". Det betyder att fördöljandet kommer att ödeläggas och det kommer inte finnas något arbete mer. Istället gör Skaparen vingar åt en, som är som täckande skydd, så att man ska ha arbete.

101. En kommentar till psalmen "För ledaren på rosor"

Jag hörde den tjugotredje *adar alef*, 28 februari, 1943

För ledaren, någon som redan har vunnit.

På *shoshanim* (rosor), hänvisar till den heliga *Shechina* (Gudomen), och det gäller omvändningen från sörjande till en god dag och *sasson* (glädje). Och eftersom det finns många tillstånd av uppstigningar och nedstigningar, som kallas *shoshanim*, från orden "avtrubba dess *shinaim* (tänder)", ska man inte besvara den ogudaktiges frågor, utan istället ska man göra dess tänder trubbiga. Och från de många slagen, det vill säga de tilltagande avtrubbningarna av dess tänder, kommer vi fram till rosor. Därför finns det många urskiljanden av *sasson* (glädje) däri, vilket är anledningen till att man talar om "rosor" i plural.

Av Korachs söner, från ordet *karachah* (flintskallig), vilket betyder att håret har fallit av och kvar är en kal skalle. *Se'arot* (hår, hårstrån) betyder *hastarot* (fördöljanden), från ordet *se'ara* (storm). Vi vet att "belöningen är enligt ansträngningen". Detta betyder att när det finns *se'arot*, finns det plats för arbete. Och när det korrigeras, kommer det hår över stormen, enligt "Detta är Herrens port". Och när man har korrigerat alla stormar och inte har fler fördöljanden, då har man ingen plats för arbete, och därför heller inget utrymme för belöning.

När man kommer till tillståndet Korach kan man inte längre sträcka fram tro, det som kallas "Herrens port". Orsaken är att om det inte finns någon port kan man inte träda in i Kungens palats, eftersom det är fundamentet och hela byggnaden konstrueras på tro.

"Korachs söner" kommer från ordet *bina*. De förstod att Korach betraktas som vänster, och att dödsriket kommer därifrån. Det var därför de ville återuppta sin svunna vänskap, från den tid då de var i form av "Herre, jag har hört om dig och jag räds" (*Zohar, Bereshit,*

4:7). Detta betyder att med den kraft de sträckte fram från det förflutna, kunde de uthärda tillstånden och gå från styrka till styrka. Det är innebörden av "Men Korachs söner omkom icke", det vill säga att de förstod att de inte skulle kunna fortsätta leva om de stannade kvar i tillståndet Korach, så de dog inte.

Maskil (lärde) en sång om kärlekar, betyder att de fick kännedom om måttet på deras vänskap med Skaparen, att det var fullkomligt.

Mitt hjärta flödar över. Att hjärtat flödar över sker efter "avslöjar icke från hjärta till mun". Detta betyder att det inte finns någonting att ta fram från munnen, då det bara är aspekten mottagande i hjärtat, hemligheten viskas mellan läppar.

En skön sak – tro kallas "en skön sak".

Jag säger: Mitt arbete gäller en konung. När han tar emot trons Ljus, säger han, "Mitt arbete gäller en konung", och inte mig själv. Och då belönas han med, **en snabb skrivares penna är min tunga**, när han belönas med den skrivna Torans urskiljande, vilket är betydelsen av Moses tunga.

Du är skönare än människors barn, när han säger till den heliga *Shechina* att hennes skönhet är från människor. Detta betyder att skönheten föds just ur det människor tänker om henne, att det betraktas som obetydligt.

Ljuvlighet är utgjuten över dina läppar. Ljuvlighet tillhör sådant som inte kan lovordas, men som vi ändå åtrår. Då säger vi att det är ljuvligt.

Över (på) dina *sfataim* (läppar) pekar på vid *sof* (slutet), det vill säga att han såg från världens ena ände till den andra.

102. Och ni skall på den första dagen taga frukt av citrusträd

Jag hörde på *ushpizin* de Yosef

"Och ni skall på den första dagen taga... frukt av citrusträd", betyder en rättfärdig, som kallas "ett träd som bär frukt", och skillnaden mellan *Kdusha* och *sitra achra* (andra sidan) är att "en annan Gud är steril och bär ingen frukt". En rättfärdig kallas *hadar* (citrus), och eftersom han bär frukt *dar* (lever) han i sitt träd, från år till år. Detta är anledningen till att det står om Josef, "han var den som *mashbir* (sålde) säd åt allt folket i landet", för han *shover* (krossar) dem med de frukter han hade, och de frukter de inte hade. Därför kände alla hans tillstånd, om han var från den goda sidan eller motsatsen.

Och detta är innebörden av "Och Josef försörjde och gav bröd enligt de mindres behov". "De mindre" betraktas som *GAR,* som i "Och de skall vara såsom ett märke på din panna", vilket är *tfillin* för huvudet. Av den anledningen kallas Josef, en son som kommer av hans höga ålder, för "en vis son". Detta är innebörden av "för att bevara människors liv har Gud sänt mig hit före er", vilket är "Ljuset *Chaya*", som betraktas som *GAR*.

Detta är innebörden av "Och utöver vad jag giver dina bröder giver jag dig en särskild höjdsträcka, som jag med mitt svärd och min båge har tagit från amoréerna". (Hans söner tog två delar. Och enligt Rashi betyder "höjdsträcka" slät). Alltså genom sina söner, eftersom söner kallas "frukter". Och detta gav han till Josef.

Detta är innebörden av det som står skrivet om Saul, "han var huvudet högre än allt folket". Och detta är innebörden av "Du äger en mantel, du skall bliva vår styresman". Och detta är innebörden av "Varför kommer de små? För att belöna de som för dem dit". Han frågade "Varför behöver de visdom om det är handlingen som är viktig och inte att lära sig?" Och han svarade, "För att belöna de som för dem dit".

Vad gäller dispyten mellan Saul och David, fanns inga fel i Saul. Det var därför han var ett år gammal när han regerade, och inte behövde förlänga sitt styre eftersom han fullbordat allt på kort tid. Men David var tvungen att regera i fyrtio år. David var son till Juda, son till Lea, den dolda världen. Och Saul var son till Benjamin, son till Rachel, den uppenbarade världen, och därför motsatt David. Därför sade David, "Jag själv håller frid", det vill säga jag uppnår alla och älskar alla, "men säger jag blott ett ord, är de redo till strid".

Och Avishalom var motsatsen till David. Detta är innebörden av synden som Jeroboam, son till Nebat, gjorde: Skaparen höll tag i hans kläder och sade till honom: Du och Jag och sonen till Yishai (Jesaja) skall vandra i Edens lustgård". Och han frågade, "Vem leder oss?" Och Skaparen sade: "Yishais son leder oss". Då svarade han: "Vill inte".

Saken är den att gradernas upplägg är att den dolda världen kommer först, och därefter kommer den uppenbarade världen. Detta är innebörden av "Jag har tillräckligt", "Jag har allt". "Tillräckligt" är *GAR*, och "allt" är *VAK*. Detta är också innebörden av "Hur skall Jakob stå, ty han är liten?". Och detta är innebörden av att Josef tar ifrån honom hans ålder. Därefter fick han allt, eftersom han även hade *GAR*, vilket kom till honom via Josef, enligt "Och Josef försörjde".

Detta är innebörden av "Lea var försmådd", från henne sprids allt hat och alla dispyter bland visa lärjungar. Detta är också innebörden av dispyten mellan Shamai och Hillel, och för framtiden när de två lägren skall enas, Josefs läger och Judas läger. Detta är innebörden av det Juda sade till Josef: "O min Herre", eftersom då skedde föreningen mellan Juda och Josef. Men Juda måste vara i första ledet.

Detta förklarar hur den heliga Ari är Messias, son till Josef. Det var därför han kunde uppenbara sådan visdom, eftersom han hade tillåtelse från den uppenbara världen. Och denna tvist uppstod ur

"Men barnen stötte varandra i hennes liv", att Esau hade de bra kläderna som var med Rebecka.

103. Var och en som har ett villigt hjärta

Jag hörde under kvällen på sabbat, angående *Bereshit*, oktober 1942

I versen "var och en som har ett därtill villigt hjärta skall upptaga Min offergåva". Detta är innebörden av "stoffet som utgör ett offer från Heligheten". Med andra ord kan vi fråga, hur kommer man fram till ett tillstånd av offrande? Genom Helighet.

Detta betyder att om man helgar sig själv med det tillåtna, kommer man därigenom till ett tillstånd för offrande, som är den heliga *Shechina* (Gudomen), och kallas "min offergåva". Och detta är innebörden av "var och en som har ett därtill villigt hjärta". **Hela hans hjärta**, det vill säga om man ger hela sitt hjärta belönas man med Min offergåva, att komma samman med den heliga *Shechina*.

I versen "på hans bröllopsdag, på hans hjärtefröjds dag", betyder **bröllopet** att man är av en underlägsen grad, vilket är låghet. Om man tar på sig att tjäna Skaparen i ett tillstånd av låghet och är samtidigt glad över detta arbete, då är det en viktig grad. Och då kallas det att man är brudgum till den heliga *Shechina*.

104. Och sabotören satt

Jag hörde under kvällen på sabbat, *Bereshit*, oktober 1942

I *Zohar*, Noah, kom en syndaflod, och sabotören satt mitt i den. Han frågade, "En syndaflod betyder en flod av vatten. Detta i sig själv är någonting dödligt, en sabotör. Så vad betyder det att sabotören satt mitt i den, i mitten av syndafloden? Och vad är skillnaden mellan syndafloden och sabotören?"

Och han svarade att syndafloden är materiella plågor, det vill säga kroppsliga plågor. Och i dem, inuti plågorna som drabbar den fysiska kroppen, finns det ytterligare en sabotör som saboterar andligheten. Detta betyder att kroppens smärta och elände medför främmande tankar, och dessa främmande tankar kommer och hemsöker en tills de saboterar och dödar ens andlighet.

105. En oäkting till vis lärjunge kommer före en enkel överstepräst

Jag hörde den femtonde *cheshvan*, 1 november, 1944, Tel Aviv

"En oäkting till vis lärjunge kommer före en enkel överstepräst".

En oäkting betyder en främmande Gud, en grym sådan. Detta hänvisar till oäkta börd. När man överskrider förbudet mot att ta sin tillflykt till andra gudar, avlar de en oäkting åt en.

Att vända sig till andra gudar betyder att man parar sig med *sitra achra* (andra sidan), vilket är pendeln. Detta kallas, "den som går över till pendeln och avlar en oäkting därur".

Och markherrarnas styre är motsatt Toras styre. Därför finns en dispyt mellan enkelt folk och visa lärjungar, och här gör det stor skillnad om personen har avlat oäktingen. Den vise lärjungen hävdar att också det kommer från Skaparen; att formen som visar sig för honom – formen av en oäkting – är en anledning som orsakades av Skaparen.

Men den ogudaktige säger att det bara är en främmande tanke som kom till honom på grund av en synd, och att han inte behöver göra annat än att korrigera sina synder.

Den visa lärjungen har emellertid styrkan att tro att även i detta, det vill säga i hans nuvarande form, måste han se dess sanna essens. Samtidigt måste han anta Himmelrikets börda med fullständig hängivenhet.

Detta betyder att även det som anses vara av mindre värde och vikt, det lägsta och mest fördolda, i en sådan situation måste tillskrivas Skaparen, att Skaparen skapade en sådan försyn i honom, som kallas "främmande tankar". Och han arbetar över förståndet i en sådan liten sak som om han hade stor *daat* (kunskap) i *Kdusha* (Heligheten).

Och en överstepräst är någon som tjänar Skaparen enligt "och de är många…", vilket betyder att de har mycket Tora och många *mitzvot*, och saknar ingenting. Därför är det så att när man ansluter sig till och tar på sig någon del av arbetets ordningsföljd, är regeln att en oäkting som är en vis lärjunge kommer först. Detta betyder att man tar på sig sin oäkta börd i form av en vis lärjunge. "Vis" är Skaparens namn. Hans lärjunge är någon som lär sig av Skaparen, och endast en vis lärjunge kan säga att allt, alla skepnader som uppträder under arbetet är "Ty från Herren kom det".

Men en enkel präst, trots att han tjänar Skaparen och är förträfflig i Tora och i arbetet, har inte belönats med att lära sig från Skaparens mun; och betraktas ännu inte vara "en vis lärjunge".

Därför kan det ovannämnda tillståndet inte på något sätt hjälpa honom att uppnå sann perfektion, eftersom han har markherrarnas styre, och Toras styre är bara den som lär sig från Skaparen. Enbart en vis lärjunge vet sanningen, att Skaparen är orsaken till alla anledningar.

Nu kan vi förstå våra visas ord, "Rabbi Shimon Ben Menasia studerade alla *etin* ('dessa' (den eller det i plural)) i Tora". *Et* betyder inkluderande. Detta betyder att han varje dag lade till mer Tora och *mitzvot* än dagen innan. Och eftersom han kom till "Herren, din Gud, skall du frukta", vilket betyder att han inte kunde utöka, utan kom till en punkt där han inte kunde lägga till, utan Gud förbjude, göra motsatsen.

Och som Rashi tolkar, betyder Ben Menasia att han förstod *menusa* (flyende), vilket betyder flykt och reträtt från kampanjen. Dessutom betyder *ben*[18] *haamsuny* att han förstod sanningen, det vill säga sanningens skepnad. Och han stannade kvar och höll vakt och kunde inte flytta sig förrän Rabbi Akiva kom och förklarade *et* (det), och därigenom inkluderade de visa lärjungarna. Detta betyder att genom att hålla sig fast vid de visa lärjungarna kan man skaffa sig ett visst stöd.

Med andra ord kan man bara få hjälp av en vis lärjunge, och ingenting annat. Även om man är stor och framstående i Tora kommer man fortfarande kallas en enkel person så länge man inte har belönats med att lära sig från Skaparens mun.

Därför måste man kapitulera inför den visa lärjungen och godta det den visa lärjungen lägger på en, utan några motargument, utan enligt över förståndet.

"Dess längd sträcker sig vidare än jorden". Detta betyder att Tora börjar efter jorden, men bara om den är större än jorden. Och det finns en regel som säger att ingenting kan börja i mitten. Så om man vill börja, finns begynnelsen efter jorden, det vill säga bortom det jordiska. (Och detta är innebörden av "en enkel överstepräst". Det betyder att även om man arbetar i storhet, men ännu inte har belönats med Toras Ljus, befinner man sig fortfarande i det jordiska.)

Att uppnå *lishma* (för Hennes namn) kräver rikliga studier i *lo lishma* (inte för Hennes namn). Detta innebär att man måste slita och anstränga sig i *lo lishma*, och då kan man se sanningen, att man ännu inte har belönats med *lishma*. Men när man inte anstränger sig med stora kraftsatsningar kan man inte se sanningen.

Vid ett annat tillfälle sade han att människan måste studera mycket Tora *lishma* för att belönas med sanningen – att man arbetar i *lo*

---

[18] På hebreiska har *ben* (son) samma lingvistiska rot som *mevin* (förstå).

lishma. Arbetet i *lishma* betraktas som belöning och bestraffning, och som *malchut.* Och Tora *lo lishma* betraktas som *ZA,* och privat försyn.

Detta är anledningen till att alla Israels kungar, som alla belönades med privat försyn, inte hade något kvar att göra, eftersom de inte hade något att lägga till. Det är därför våra visa säger, "En kung av Israel, han varken dömer eller blir dömd". Därför att de inte gör någonting har de ingen del i nästa värld, eftersom de ser att Skaparen gör allting.

Detta är vad som menas med Izevel (Jezebel), Ahabs fru. De tolkar att han grälade med sin fru, *ei zevel* (var finns skräp), alltså "Var finns det skräp i världen?". Hon såg att allt var gott. Och *ah av* (Ahab) betyder att han var *ah* (broder) till *av* (fadern) i himlen. Men kungarna av Davids hus döms eftersom kungarna av Davids hus hade makten att förena Skaparen med sin *Shechina* (Gudom), trots att de står i motsats till varandra, eftersom försyn är motsatt urskiljandet belöning och bestraffning.

Och detta är de höga rättfärdigas kraft, att de kunde förena Skaparen med Gudomen, det vill säga privat försyn med belöning och bestraffning. Och det är just från de båda som den fullkomliga och åtråvärda perfektionen uppstår.

106. Vad innebär de tolv *challas* på sabbat

Jag hörde på *elul*, augusti, 1942

I sabbatssångerna står det, "skall uppenbara smaken av de tolv *challas* för oss, som är en bokstav i Hans namn, multiplicerad och svag".

Vi bör tolka den heliga Aris ord. Vi vet att två *vav* skapades genom *tzimtzum* (begränsningen), det vill säga den vänstra och den högra sidan. Detta är innebörden av multipliceringen, från ordet "multiplicera". Och genom detta, genom kraften i korrigeringen av andra *tzimtzum* (begränsningen) där barmhärtighetens och domens egenskap förenades, blev domen svagare än den var innan sötningen.

Därefter skiner dessa två *vav* i *malchut*, som betyder "samlingen av *zayin*". *Zayinerna* är *malchut*, som kallas "den sjunde", och samlar de två *vaven* i henne.

Den sjunde dagen betraktas vara *gmar tikkun* (korrigeringens slut eller fullbordan), och urskiljs som dagarnas ände. Men den skiner också i de sextusen åren. Detta är innebörden av de sex dagarna av handling, vilket urskiljs som "Gud har danat och gjort". Och sabbat kallas "vila" (som det står skrivet, "och Han vilade på den sjunde dagen från allt det verk Han hade gjort").

Detta betraktas vara *shabbat* (sabbat), som skiner i de sextusen åren, eftersom då anses sabbaten vara att vila, som en person som bär ett lass och stannar för att vila mitt i resan för att få ny styrka. Efteråt kommer han att bära lasset igen. Men på sabbaten i *gmar tikkun* finns det inget mer att lägga till, det finns alltså inget arbete kvar alls.

107. Angående de två änglarna

Jag hörde angående *Tetzave*, februari, 1943, Jerusalem

Angående de två änglarna som gör en sällskap under kvällen på sabbaten. Den goda ängeln och den onda ängeln. En god ängel kallas "höger", och genom den närmar man sig att tjäna Skaparen. Detta kallas "det högra drar till sig". Och en ond ängel betraktas som "vänster", som knuffar bort, vilket innebär att den orsakar en främmande tankar, antingen i förstånd eller hjärta.

Och när man besegrar ondskan och tar sig närmare Skaparen, betyder det att man varje gång övervinner ondskan och fäster sig vid Skaparen. Således har man närmat sig fasthållande vid Skaparen genom de två. Detta betyder att båda två utförde en enda uppgift – de har förmått personen att häfta fast vid Skaparen. I det tillståndet säger man, **"kom i frid"**.

Och när man har fullbordat hela sitt arbete och redan har släppt in allt från vänster i *Kdusha* (Heligheten), som det står skrivet, "Det finns ingen plats man kan gömma från Dig", har den dåliga ängeln ingenting kvar att göra, eftersom personen redan har segrat över alla svårigheter som ondskan gjorde gällande. Då är den dåliga ängeln sysslolös och man säger till den, **"gå i frid"**.

108. Om du överger Mig en dag, överger Jag dig två

Jag hörde 1943, Jerusalem

Varje person är avlägsen Skaparen på grund av mottagandet i honom, men han är bara långt bort på grund av viljan att ta emot i honom. Men eftersom den personen inte begär andligheten, utan bara världsliga nöjen, är hans avstånd från Skaparen en dag, vilket betyder att han är avlägsen från Honom endast i ett avseende – att han är försjunken i viljan att ta emot, begären som tillhör denna värld.

Om personen emellertid tar sig närmare Skaparen och avfärdar mottagande i denna värld, då betraktas han stå Skaparen nära. Men om han senare misslyckas i mottagandet av nästa värld, då är han avlägsen Skaparen eftersom han vill ta emot njutningarna i nästa värld, och då faller han också ner i mottagande av njutningar i denna värld. Här följer att han har hamnat långt bort från Skaparen med två dagar: 1) genom att ta emot njutningar i denna värld, vilket han åter har fallit ner till, och 2) eftersom han nu har begäret att ta emot nästa världs krona. Orsaken är att han tvingar Skaparen att belöna honom genom att han tog på sig arbetet med Tora och *mitzvot*.

Det visar sig att han till en början gick en dag och kom närmare att tjäna Skaparen, och efteråt gick han två dagar bakåt. Således har personen kommit i behov av två typer av mottagande: 1) från denna värld; 2) från nästa värld. Därför har han vandrat i det motsatta tillståndet.

Rådet för detta är att man alltid ska vandra längs Toras väg, vilket är att ge. Och ordningsföljden bör vara att man först måste vara försiktig med de två rudimenten: 1) utförandet av en mitzva; 2) förnimmelsen av njutning från denna *mitzva*. Man ska tro att Skaparen finner stort nöje när vi håller Hans budord.

Därför måste man verkligen hålla denna *mitzva*, och tro att Skaparen finner behag i att de lägre håller Hans *mitzvot*. Och det är ingen skillnad på en stor och en liten *mitzva*, det vill säga att Skaparen finner nöje till och med i den minsta handling som görs åt Honom.

Efteråt kommer ett resultat, vilket är det huvudsakliga målet som man också bör söka efter. Med andra ord bör man känna glädje och njutning av att man ger Skaparen belåtenhet. Detta är arbetets huvudsakliga mål, och detta kallas "Tjäna Herren med glädje". Detta kommer att vara belöningen för arbetet, att erhålla njutning och glädje över att man har belönats med att glädja Skaparen.

Detta är vad som menas med "Främlingen, som bor hos dig, skall höja sig över dig allt mer och mer… Han skall giva lån åt dig, och du skall icke giva lån åt honom". "Främlingen" är viljan att ta emot (När man börjar tjäna Skaparen kallas viljan att ta emot "främling". Och innan det är den en fullständig hedning, icke-judisk).

"Han skall giva lån åt dig". När den ger styrka att arbeta, ger den styrka genom att låna ut. Detta betyder att när en dag i Tora och *mitzvot* har passerat, tror den fortfarande att han senare kommer att betala för de krafter den lånade honom, trots att den inte fick ta emot belöningen omedelbart.

Därför kommer den, efter en dags arbete, och ber om skulden han hade lovat att betala, belöningen för krafterna som kroppen gav honom för att ta upp arbetet med Tora och *mitzvot*. Men han ger den ingenting, så främlingen skriker, "Vad är detta för slags arbete? Arbeta utan belöning?". Och därför vill främlingen inte ge Israel kraft att arbeta hädanefter.

"Och du skall icke giva lån åt honom". Om du matar den och ber den att ge dig kraft att arbeta, säger den att den inte står i skuld till dig för maten du ger den. Orsaken är att "Jag gav dig kraften att arbeta till att börja med, men det var på villkoret att du skulle köpa ägodelar till mig. Så det du ger mig nu är enligt den tidigare överenskommelsen. Därför kommer du till mig nu för att jag ska ge dig ytterligare kraft att arbeta, så att du kan skaffa nya ägodelar till mig."

Så viljan att ta emot har blivit klyftig och smart, och använder sin intelligens för att beräkna ärendets lönsamhet. Ibland säger den att den nöjer sig med lite, att egendomen den nu besitter är tillräcklig, och att den därför inte vill ge dig styrkan att utföra arbetet. Och ibland säger den att vägen du vandrar är farlig, och kanske kommer dina ansträngningar vara förgäves. Och ibland säger den att ansträngningen är större än belöningen; därför kommer jag inte ge dig kraft att arbeta.

Då, när man ber om kraft att vandra Skaparens väg, med avsikten att ge, att allt kommer att tjäna till att öka Himmelrikets prakt, säger den "Vad kommer jag att få ut av det?" Då kommer den med de berömda argumenten, som "Vem" och "Vad", "Vad är Herren, eftersom jag på hans befallning skulle släppa Israel?" som Farao säger, eller "Vad är din avsikt med denna tjänstgöring?" som de ogudaktiga säger.

Allt detta sker därför att den har ett rimligt argument, att det var detta de hade kommit överens om. Och det kallas "därför att du icke hörde Herren, din Guds, röst", då klagar han eftersom han inte höll villkoren.

Men **när du hör Herrens röst**, det vill säga precis vid ingången (ingången är en beständig sak eftersom man varje gång man har en nergång måste börja på nytt. Därför kallas det en "ingång". Det finns givetvis många utgångar och många ingångar.) säger han till sin kropp: "Vet att jag har för avsikt att träda in i Guds arbete. Min avsikt är att enbart ge och inte ta emot någon belöning. Du ska inte tro att du kommer att få ta emot någonting för din ansträngning, istället är det bara för givandets skull."

Och om kroppen frågar, "Vilken vinning kommer du att få ut av detta arbete?", det vill säga, "Vem är det som tar emot detta arbete, så att jag ska vilja slita och anstränga mig?" Eller om den frågar mer rättfram: "Vem är det jag arbetar så hårt för?"

Svaret bör vara att jag har tillit till de visa som sade att jag ska tro på abstrakt tro, över förståndet, att Skaparen har befallt oss att anta tron, och hålla Tora och *mitzvot*. Och vi ska också tro att Skaparen finner behag i att vi håller Tora och *mitzvot* genom tro över förståndet. Dessutom bör man vara glad över att man kan ge Skaparen belåtenhet med sitt arbete.

Således finns det fyra saker här:

1) Tro på de visa, att det de sade är sant.

2) Tro att Skaparen befallt oss att ta på oss Tora och *mitzvot* enbart med tro över förståndet.

3) Att det uppstår glädje när skapelserna håller Tora och *mitzvot* på trons grund.

4) Man bör utvinna njutning och glädje över att man har belönats med att behaga Kungen. Och måttet på arbetets storhet och viktighet mäts med måttet av den glädje man erhåller under sitt arbete. Och detta beror på måttet av tro personen har på det ovannämnda.

Så om man hör på Guds röst, kommer alla krafter man får från kroppen inte att betraktas som ett lån från kroppen, som man senare ska återbetala enligt "därför att du icke hörde Herren, din Guds, röst". Och om kroppen frågar "Varför ska jag ge dig styrka att arbeta när du inte lovar mig någonting i gengäld?", bör man svara "Därför att det var för detta ändamål du skapades. Vad kan jag annars göra om nu Skaparen hatar dig, som det står skrivet i den heliga *Zohar*, att Skaparen hatar kropparna."

När *Zohar* säger att Skaparen hatar kropparna, avser den just Skaparens tjänares kroppar, eftersom de vill vara eviga tjänare och dessutom vill ta emot nästa världs krona.

Och detta betraktas som "du skall icke giva lån", vilket betyder att du inte behöver betala för styrkan som kroppen ger dig att arbeta med. Men om du lånar ut, om du ger den någon slags njutning, är det bara ett lån och inte gratis, och den måste ge dig kraft att arbeta i gengäld.

Och den måste alltid ge dig styrka utan någon betalning. Du ger den ingen njutning och du begär att den alltid ska ha styrka till arbetet, eftersom "låntagaren bliver långivarens träl". På så vis kommer den alltid vara tjänaren, och du kommer alltid vara dess herre.

109. Två sorters kött

Jag hörde den tjugonde *cheshvan*

Vanligtvis skiljer vi mellan två typer av kött: kött från fyrfota djur och kött från fisk, och orenhetens tecken finns i båda två. Tora ger oss tecken för att vi ska veta att undvika dem, så att vi inte faller ner i deras orenhet.

Med fisk, får vi tecknen fenor och fjäll. När man ser dessa tecken i fisk vet man hur man ska vara försiktig och därigenom undvika att falla ner i orenhetens händer. **Snapir (fena)** antyder **soneh – peh – Ohr (hatande – mun - Ljus)**. Detta pekar på *malchut*, som kallas "mun", och alla Ljus som kommer från henne, som urskiljs som tro.

Och när man ser att man är i tillståndet för smaken av stoft, en tid då man bör tro, då vet man med säkerhet att man måste korrigera sina handlingar. Och detta kallas "*Shechina* (Gudomen) i stoftet", och man bör be att Gudomen ska lyftas upp ur stoftet.

Kaskeset (**fjäll**) betyder att när tiden för *snapir* infinner sig, har man inte förmågan att arbeta alls. När man övervinner *snapir,* uppstår det istället en fråga angående Försynen i ens tankar, och detta kallas *kash* (**strå**). I det tillståndet faller man från sitt arbete. Senare, när man vinner framgång och börjar arbeta över förståndet, dyker det upp ytterligare en fråga angående Försynen i ens tankar.

Som följd har man nu två gånger *kash*, vilket är *kaskeset* (**fjäll**). Och varje gång man övervinner, över förståndet, stiger man upp och sedan faller man ner igen. Då ser man att man inte kan segra på grund av alla tvivel man har. I det tillståndet har man inget annat val än att ropa efter hjälp från Skaparen, som det står skrivet "Israels barn suckade över sin träldom och klagade, och deras rop steg upp till Gud… och Han förde dem ut ur Egypten", det vill säga, ut ur alla bekymmer.

Våra visa berättade om en känd regel, att Skaparen säger "Han och jag kan inte vistas i samma boning", därför att de är motsatta varandra. Orsaken är att det finns två kroppar i människan – den inre kroppen och den yttre kroppen. Det andliga levebrödet kläds i den inre kroppen, som urskiljs som tro och givande, vilket kallas "förstånd och hjärta". Den yttre kroppen har det materiella levebrödet, vilket är vetande och mottagande.

Och i mitten, mellan den inre kroppen och den yttre kroppen, finns den mittersta kroppen, som inte har något eget namn. Men om man utför goda gärningar kommer den mittersta kroppen att fästa sig på den inre kroppen, och om man utför dåliga gärningar, kommer den mittersta kroppen fästa sig på den yttre kroppen. Således får man sin näring antingen från det andliga eller det materiella.

Eftersom det finns motsatthet mellan det interna och det externa, betraktas det som den yttre kroppens död om den mittersta kroppen fäster sig på den inre kroppen. Och om den fäster sig på den yttre kroppen, innebär det döden för den inre kroppen. Valet ligger därför hos den mittersta kroppen: att fortsätta hålla sig fast vid *Kdusha* (Heligheten), eller motsatsen.

110. Ett fält som Herren har välsignat

Jag hörde 1943

"Ett fält som Herren har välsignat". Den heliga *Shechina* (Gudomen) kallas **"ett fält"**. Och ibland förvandlas ett *sadeh* (fält) till *sheker* **(lögn)**. *Vav* inuti *hey* är själen, och *dalet* är den heliga *Shechina* (Gudomen). När själen kläds i den, kallas den *hey*; och när man vill lägga till i tron sträcker man ut detta *vav* neråt, och då blir det ett *kof*.

Då blir *dalet* till ett *reish*, i form av fattig och torftig, som vill lägga till. Det blir ett *reish* enligt "en fattig föddes i konungaväldet", när den **torftiga** blev **fattig**. Med andra ord, genom att man sätter in det onda ögat i sig själv, i både förstånd och hjärta enligt "Vildsvinet från skogen frossar därpå": hängs ögat eftersom det återvänder till separation, att *sitra achras* (andra sidans) öde är att vara en helig ängel.

Och detta är innebörden av "Herrens ära förbliver evinnerligen". Eftersom man har nått ett tillstånd av djuret från *yaar* **(skogen)**, från ordet *iro* **(hans stad)**, betyder det att man har tömts på all livskraft, och man stärks konstant. Då belönas man med tillståndet "Ett fält som Herren har välsignat", när det onda ögat förvandlas till ett gott öga.

Och detta är vad som menas med "ett hängande öga", det vill säga att det hänger på ovisshet, om det ska vara med ett ont öga eller ett gott öga. Och detta är innebörden av att återvända till separation. Och detta är innebörden av "det ena mittemot det andra", som våra visa sade, "Det finns inget motstycke till den fröjd Han hade den dag då himlen och jorden skapades". Orsaken är att i slutänden gäller, "Herren är Ett, och Hans Namn är Ett", vilket är skapelsens syfte.

Men för Skaparen är det förgångna och det nuvarande samma sak. Därför vakar Skaparen över skapelsen i sin slutliga skepnad, så som den kommer att vara vid *gmar tikkun* (korrigeringens slut), när alla själar inkluderas i *Ein sof* i fullständig perfektion. Deras perfekta form finns redan där, och ingenting saknas.

Men för mottagarna är det uppenbart att de fortfarande måste fullända det som måste fulländas, "det som Gud har danat och gjort", det vill säga bristerna och retligheten. Detta är vad våra visa menade med "de arga frambringar endast ilska", och även, "alla som är giriga är arga".

Detta är den sanna formen av viljan att ta emot, hur anstötligt det än verkar. Syftet med alla korrigeringar är att göra så att den har avsikten att ge, vilket är de lägres enda arbete. Innan världen skapades var den i form av "Herren är ett, och Hans namn är ett". Detta betyder att trots att Hans namn har avlägsnats från **Honom** och uppenbarats, och det redan kallas **"Hans Namn"**, var han ändå ett. Och detta är innebörden av "det ena mittemot det andra".

111. Andedräkt, ljud och tal

Jag hörde den tjugonionde *sivan*, 2 juli, 1943, Jerusalem

Det finns ett urskiljande som kallas andedräkt, ljud och tal, och det finns ett urskiljande som kallas is, och det finns ett urskiljande som kallas förskräcklig. Andedräkt betyder *Ohr chozer* (återspeglat Ljus) som kommer ut från *masach* (skärmen). Detta är en begränsande kraft. Så länge den inte har ackumulerats till måttet "må de blott icke vända åter till dårskap", kallas det "andedräkt".

När måttet har fyllts kommer denna begränsning, *masach* med återspeglat Ljus, kallat "ljud". Ljud är likt en varning till personen om att inte bryta mot Toras lagar. Och om man bryter mot lagen, så fort man överskrider den kommer man sluta känna smak. När man vet säkert att man kommer att stanna upp om man bryter mot den, då behåller man begränsningen.

Och sedan når man tillståndet "tal", vilket är *malchut*. Då kan *zivug* (andlig parning, sammanlänkning) mellan Skaparen och Gudomen äga rum, och då kommer upplysningen från *chochma* sträckas fram nedan.

Vi vet att det finns två grader: 1) Givande utan något mottagande. 2) Mottagande med avsikten att ge.

Så när man ser att man redan har nått en grad där man kan ta emot med avsikten att ge, vilken nytta har man då av träldomen som bara sker i form av givande med avsikten att ge? När allt kommer omkring känner Skaparen större belåtenhet i mottagande med avsikten att ge, eftersom visdomens Ljus som kommer in i kärlen för mottagande är det Ljus som är ämnat att vara skapelsens syfte?

Då slutar man omedelbart känna smak, och kvar står man naken och blottad. Orsaken är att Ljuset *chassadim* (barmhärtighet) är det Ljus som kläder Ljuset *chochma*. Och om klädnaden saknas har man inget att klä *chochma* i, trots att man fortfarande har Ljuset *chochma*.

112. De tre änglarna

Jag hörde angående *Vayera*, oktober, 1942

Förstå:

1) De tre änglarna som kom för att besöka Abraham under omskärelsen.

2) När Skaparen kom för att besöka Abraham och vad Han berättade för honom under besöket.

3) Att våra visa säger att besökaren tar den sextionde delen av sjukdomen.

4) Separationen från Lot.

5) Förintelsen av Sodom och Gomorra.

6) Abrahams begäran om att inte förstöra Sodom.

7) När Lots fru såg sig om och förvandlades till en pelare av salt.

8) Shimon och Levis bedrägeri mot Shechems folk angående omskärelsen, när de sade "ty sådant hålla vi för skamligt".

9) De två separationerna som kom ut ur Lot, som senare togs bort under Davids och Solomons dagar, som är varandras motsatser.

För att förstå det ovannämnda måste vi först kunna säga att vi förstår att vi urskiljer *olam* (värld), *shana* (år), och *nefesh* (själ) i allting. Därför är *olam*, *shana* och *nefesh* någonting som också gäller omskärelsen, vilket är handlingen där man ingår hudens förbund (det finns fyra förbund: ögonens, tungans, hjärtats och hudens förbund; och hudens förbund innefattar de andra tre).

Huden, som betraktas som förhuden, är *bechina dalet* (fjärde fasen), som bör tas bort och läggas på sin plats, det vill säga i stoftet. Detta betraktas som att *malchut* är på sin plats, att *malchut* sänks ner i ett tillstånd av stoft. Detta står i överensstämmelse med orden, "*Abba* (far) skänker vitheten", det vill säga sänker *malchut* från alla trettiotvå stigar, ner till dess plats. Och vi upptäcker att alla *Sfirot* har vitnat av *malchuts aviut* i domens egenskap som fanns i dem, eftersom sönderslagningen skedde på grund av denna *malchut*.

Efteråt skänker *Ima* (mor) rödhet när hon tar emot *malchut* som har förljuvats i *bina* och nu kallas "jord", och inte "stoft". Anledningen till detta är att vi gör två urskiljanden i *malchut*: 1) jord; 2) stoft.

Jord är *malchut* som han sötats genom förljuvningen i *bina*, och kallas "*malchut* som har stigit till *bina*". **Stoft** är *malchut* på *malchuts* plats, vilket är *midat ha din* (domens egenskap).

När Abraham skulle föda Isak, som urskiljs som hela Israel, var han tvungen att rena sig själv genom omskärelse för att Israel skulle vara rena när de kom ut. Omskärelsen kallas "omskärelse" med hänseende till dess *nefesh* (själ) och det gäller handlingen där förhuden tas bort och kastas till stoftets plats.

Olam (världen) i omskärelsen kallas att Sodom och Gomorra förstörs.

Själarnas integration i världen (en värld betyder en sammanslutning av många själar) kallas "Lot", och omskärelsen i världen kallas "Sodoms förstörelse". Omskärelsesmärtans läkande kallas "Lots räddning". Lot kommer från ordet "förbannat land", som kallas *bechina dalet*.

Vi måste veta att när man har belönats med *dvekut* (fasthållande) vid Skaparen, när man har ekvivalens i form, när man bara vill ge och inte ta emot någonting för sin egen vinnings skull, då kommer man till ett tillstånd där man inte har något utrymme att arbeta. Orsaken är att man inte behöver någonting för sin egen skull; och vad gäller Skaparen, ser man att Skaparen inte har några brister alls. Således står man kvar, utan arbete. Och detta orsakar stor smärta från omskärelsen, eftersom omskärelsen innebär att man tar bort begäret att ta emot för sin egen skull, och därför ger omskärelsen plats för arbete.

Det visar sig att man inte har något att lägga till i sitt arbete när man har tagit bort viljan att ta emot och inte längre kontrolleras av den. Och det finns en korrigering för det ändamålet, till och med efter det att man har belönats med att omskära sig själv från viljan att ta emot finns det gnistor från *bechina dalet* kvar i en, och de väntar också på att korrigeras. Gnistorna kan bara förljuvas genom att man sträcker fram Ljusen från *gadlut* (storhet), och på så sätt får man utrymme för arbete.

Och den andra ängeln kom för att förstöra Sodom. Detta betyder att när förhudens borttagning betraktas som *nefesh*, kallas det "omskärelse", och när den urskiljs som *olam*, kallas det "Sodoms förstörelse". Och som de sade känner man smärta efter att förhuden har tagits bort, och då måste vi bota den smärtan. I Sodoms förstörelse kallas läkandet "Lots räddning" på grund av de två goda separationerna som skulle uppdagas.

Det kan tyckas svårt att förstå en sådan sak som den goda separationen. Om det är separation, hur kan det då vara bra? Men efter det att förhuden har tagits bort kommer smärta, och detta beror på att man inte har någon plats för arbete. Och separationerna, de gnistor som finns kvar från *bechina dalet,* och det medföljande behovet av att korrigera dem, skänker plats för arbete.

De kan inte korrigeras innan förhuden tagits bort, eftersom de 248 gnistorna först måste lyftas upp och korrigeras. Därefter korrigeras de trettiotvå gnistorna, som även kallas "hjärtat av sten". Därför måste förhuden avlägsnas helt och hållet först.

Detta är vad som menas med att man behöver ha en hemlighet, att man på förhand ska veta att de måste finnas i form av *reshimo*. Och detta är innebörden av *sod* (hemlighet): genom omskärelsens korrigering, som är rubbningen i *Yesod* (fundamentet), det vill säga att *yod* upplöses (första bokstaven i *Yesod*). Då förvandlas *sod* till *Yesod*.

Detta är vad som menas med att ängeln Raphael sedan går och räddar Lot på grund av de "goda separationerna". Detta är innebörden av Ruth och Naomi, som betraktas som förstånd och hjärta. Ruth kommer från ordet *re'uia* (värdig), när *alef* i ordet inte uttalas. Och Naomi kommer från ordet *noam* (behaglighet), någonting som är behagligt för hjärtat, som senare förljuvades i David och Solomon.

Tidigare sade ängeln, "se dig icke tillbaka" eftersom "Lot" är *bechina dalet*, men hon är fortfarande sammankopplad med Abraham. Men "tillbaka", bortom *bechina dalet*, finns det bara rå *bechina dalet*, utan förljuvning. Detta är vad som menas med de stora sjöodjuren som våra visa säger är Leviatan (en val) och hans hustru, som dödade *nukva* och saltade henne för att bevara henne åt de rättfärdiga i framtiden. Framtiden betyder efter alla korrigeringar.

Detta är innebörden av att Lots fru såg sig tillbaka, som det står skrivet, "Och Lots hustru, som följde efter honom, såg sig tillbaka; då blev hon en saltstod". Men det var nödvändigt att döda henne först, det vill säga Sodoms förstörelse. Men Lot, som betraktas vara Leviatan (förbindelsen mellan *bechina dalet* och Abraham) måste räddas.

Detta förklarar en fråga som världen ställer, "Hur kunde ängeln som botade Abraham rädda Lot? Det finns trots allt en regel: "en ängel utför inte två uppdrag". Men detta är en och samma sak, eftersom det måste finnas ett *reshimo* kvar från *bechina dalet*. Men det måste vara en hemlighet.

Detta betyder att innan han omskar sig själv fanns det inget behov av att veta om det. Istället var det nödvändigt att döda henne, och Skaparen saltade henne åt de rättfärdiga i framtiden, när *sod* förvandlades till *Yesod*.

Detta är innebörden av stridigheterna mellan Abrahams boskapsherdar och Lots boskapsherdar (*mikneh* [boskap] betyder andliga *kinyanim* [ägodelar]). Orsaken är att syftet med Abrahams boskap var att förstärka Abrahams aspekt – tron. Det betyder att han på detta sätt tillskansade sig större krafter för att gå över förnuftet, eftersom han såg att det är just genom denna väg, tro över förnuftet, som man belönas med alla ägodelar.

Därför var anledningen till att han ville ha ägodelarna att dessa ägodelar skulle vittna om vägen, som kallas "tro över förståndet", som är en sann väg. Beviset för detta är att eftersom han tilldelas ägodelar från Ovan, tar han hjälp av dessa ägodelar och strävar efter att enbart gå längs vägen för tro över förståndet, men det är inte för att han vill ha de andliga ägodelarna, för att de är höga grader och insikter.

Detta betyder att anledningen till att han tror på Skaparen inte är för ändamålet att skaffa stora insikter genom tro. Istället behöver han de stora upptäckterna så att han kan veta att han vandrar en sann väg. I slutändan vill han alltså ha all *gadlut* för att kunna vandra längs trons väg, eftersom han därigenom kan se att han faktiskt gör någonting.

Men Lots boskapsherdars enda avsikt var att förvärva stor egendom och insikt. Detta kallas att "stärka urskiljandet Lot". Lot kallas "det förbannade landet", vilket är människans vilja att ta emot, som kallas *bechina dalet*, i förstånd eller hjärta. Detta är anledningen till att Abraham sade, "Skilj dig från mig", det vill säga att *bechina dalet* skulle skiljas från honom, från *bechina olam-shana-nefesh*.

Detta är vad som menas med att ta bort förhuden. Att ta bort *bechina dalet* i *nefesh* kallas "omskärelse", i *bechina olam* kallas det "Sodoms förstörelse", och i *bechina shana* är det *hitkalelut* (integrering) av många själar, och det kallas *shana* (år). Detta är *bechina* (urskiljandet) Lot, från ordet "förbannelse", och kallas "det förbannade landet".

Så när Abraham sade till Lot, "Skilj dig från mig", var Lot fortfarande son till Haran, vilket pekar på den andra restriktionen, "Från Eden gick en flod ut, som vattnade lustgården". Och det finns urskiljandet "bortom floden", som ligger utanför floden, det vill säga den första *tzimtzum* (restriktionen), och det finns en skillnad mellan den första *tzimtzum* och den andra *tzimtzum*.

I den första *tzimtzum* står *dinim* (domarna) nedanför alla *sfirot* av *Kdusha* (Heligheten) så som de var i början när de kom till, genom ordningsföljden hos världarna som hänger ner. Men i den andra *tzimtzum* steg de upp till *Kdushas* plats och hade redan ett grepp om *Kdusha*. Alltså är de sämre än den första *tzimtzum* i det hänseendet; de har ingen möjlighet för vidare expansion.

"Kanaans land" kommer från den andra *tzimtzum*, och de är väldigt dåliga eftersom de har ett grepp och *Kdusha*. Det är därför det står om dem: "skall du icke låta något som anda har bliva vid liv". Men *bechina* Lot, *bechina dalet*, måste räddas. Därför kom de tre änglarna som en: en för att välsigna säden, vilket betraktas som hela Israel och även antyder förökningen i Tora. Detta är vad som menas med att avslöja Toras hemligheter, som kallas *banim* (söner) från ordet *havana* (förståelse). Och allt detta kan bara uppnås efter omskärelsens korrigering.

Detta är innebörden av Herrens ord: "Kan jag väl dölja för Abraham, vad jag tänker göra?". Abraham fruktade Sodoms förstörelse, eftersom han inte villa förlora alla kärl för mottagande. Därför sade han: "Kanhända finns femtio rättfärdiga i staden?" eftersom en fulländad *partzuf* är femtio grader. Och efteråt frågade han, "Om jag där finner fyrtiofem rättfärdiga?", vilket betyder *aviut* av *bechina gimel*, som är fyrtio, och *dalet de hitlabshut* (klädnad), vilket är *VAK*, en halv grad, fem *sfirot*, etc. Till slut frågade han, "Kanhända finns tio rättfärdiga där?", det vill säga nivån *malchut*, bara tio. Så när Abraham såg att inte ens nivån malchut kunde uppstå där, då gick han med på Sodoms förstörelse.

Det visar sig att han bad för Sodoms skull när Skaparen kom för att besöka honom, som det står skrivet, "efter det rop som har kommit till mig", det vill säga att de var försjunkna i viljan att ta emot. "Om så icke är, skall jag veta det". Detta betyder att det finns urskiljanden av givande i dem, då kommer vi veta det. Detta är vad som menas med sammanbindning, att Han kommer att sammanbinda dem med *Kdusha* (Heligheten). Och eftersom Abraham såg att inget gott kunde komma från dem gick han med på Sodoms förstörelse.

Efter att Lot skiljdes från Abraham står det därför, "och drog med sina tält ända in mot Sodom", en bosättning för viljan att ta emot med hänseende till honom själv. Och detta är bara i Israels land.

Men bortom floden, som är den första *tzimtzum*, *bechina dalets* domän, finns det inget utrymme för arbete. Orsaken är att den styr och härskar på sin egen plats. Det är bara i Israel, vilket betraktas som den andra *tzimtzum*, som allt arbete finns. Detta är innebörden av Abrahams namn *Be hey bera'am* (skapade dem med *hey*). Det betyder att det *yod* som fanns där delades upp i två *hey* - det lägre *hey* och det Högre *hey* – och Abraham tog från *hitkalelut* i lägre *hey* med Högre *hey*.

Nu kan vi förstå Simeon och Levi som bedrog Shechems män. De sade att de måste omskäras, det vill säga upphäva kärlen för mottagande, eftersom Shechem ville ha Dina därför att hela hans avsikt fanns i viljan att ta emot. Och de dog av omskärelsen eftersom hela deras avsikt fanns i viljan att ta emot och genom omskärelsen förlorade de viljan att ta emot. För dem betraktades det som död.

På så vis var det de själva som bedrog, eftersom hela deras avsikt fanns i Dina, deras syster. De trodde att de skulle få ta emot Dina i kärl för mottagande. De ville alltså ta emot Dina, men när de väl hade omskurits förlorade de kärlen för mottagande och då kunde de bara använda kärl för givande. Men då de saknade den givande gnistan, eftersom Shechem var son till Chamor, som inte känner till något annat än kärlen för mottagande, kunde de inte ta emot Dina i de givande kärlen, som är emot deras rot. Deras rot är bara Chamor, viljan att ta emot, och därför förlorade de, hur de än gjorde. Detta betraktas som att Simeon och Levi orsakade deras död. I själva verket var det deras eget fel, och inte Simeons och Levis.

Detta är innebörden av våra visas ord "Om du träffar på en usling, släpa med honom till seminariet". Vi måste förstå vad "Om du träffar på" betyder. Det betyder att man inte alltid hittar uslingen, det vill säga viljan att ta emot. Alla betraktar inte viljan att ta emot som en "usling". Men för den som känner att viljan att ta emot är en usling och vill bli av med den, som det står skrivet, "Man skall alltid lägga den goda böjelsen över den onda böjelsen. Om man segrar, bra; om inte det hjälper måste man hänge sig åt Tora; om inte det hjälper måste man läsa bönen *Shma;* om inte det hjälper måste man påminna sig om den dag då man ska dö" (*Brachot*, s.5). I det tillståndet har man tre råd i ett, och om man bara följer ett utav råden, utan de andra, är det otillräckligt.

Och nu kan vi förstå frågan, som *Gmarra* avslutar. Om det första rådet – "släpa med honom till seminariet" – inte fungerar, ska man "läsa bönen *Shma*". Om inte det fungerar, "måste man påminna sig om den dag då man ska dö". Så varför behöver man de två första råden om man tvivlar på att de ska hjälpa? Varför tar man inte det sista rådet med en gång, och påminner sig om den dag då man ska dö? Han svarar att endast ett råd inte räcker, utan att man behöver alla tre råd tillsammans.

Och detta betyder:

1) Släpa sig till seminariet, det vill säga till Tora.

2) Läs bönen *Shma*, vilket avser Skaparen och *dvekut* (fasthållande) vid Skaparen.

3) Påminna sig om den dag då man ska dö, vilket är hängivenhet. Detta betraktas som Israel som är kopplade till en duva som sträcker ut sin hals. Med andra ord är alla tre urskiljanden en enighet, som kallas "Tora, Israel och Skaparen är ett".

Man kan få hjälp från en Rav med urskiljandet av Tora och läsandet av Shma. Men med urskiljandet Israel, vilket är omskärelsen, det vill säga hängivenheten, måste man arbeta själv. Trots att man även med det får hjälp från Ovan, som våra visa sade, "och du slöt med honom det förbundet", det vill säga att Skaparen hjälpte honom, är det ändå människan som måste påbörja det. Detta är innebörden av "påminn honom om den dag då han ska dö". Det måste vi alltid komma ihåg och aldrig glömma, eftersom detta är kärnpunkten i människans arbete.

Och vad gäller de *reshimot* som vi måste lämna enligt Lots räddning, är orsaken de två goda separationerna, vilket är innebörden av Haman och Mordechai. Mordechai vill bara ge; han har inget behov av att sträcka fram Ljuset från *gadlut*. Men Haman, som vill svälja alla Ljus och ta dem under sin auktoritet, är orsaken som förmår människan att dra till sig Ljusen från *gadlut*.

Men när han väl har dragit till sig Ljusen är det förbjudet att ta emot dem i Hamans kärl, som kallas "kärl för mottagande". Man får bara ta emot dem i kärl för givande, och detta är innebörden av det som står skrivet, att Kungen sade till Haman, "och gör så med juden Mordechai". Detta betraktas som att Hamans Ljus skiner i Mordechais kärl.

113. Artonbönen

Jag hörde den femtonde kislev, sabbat

I *Shmone esrei* (arton-) bönen "ty Du hör varje muns bön från Israel, Ditt folk, med barmhärtighet". Det kan verka invecklat: först säger vi, "ty Du hör varje muns bön", det vill säga även om det kommer från en ovärdig mun – hör Skaparen ändå på. Det står, "varje muns bön", till och med från en ovärdig sådan. Därefter står det, "Israel, Ditt folk, med barmhärtighet", det vill säga just en bön i barmhärtighet. Annars blir den inte hörd.

Vi måste veta att saken är den att all tyngd man känner i Guds arbete kommer på grund av motsattheten som finns i varje steg. Till exempel finns det en regel som säger att man skall vara ödmjuk. Men om vi följer detta till sin ytterlighet betyder det inte att det måste vara en regel, trots att våra visa sade, "var mycket, mycket ödmjuk". Anledningen är att vi vet att man måste gå emot hela världen och inte upphävas av den vimlande mångfald av synsätt som finns i världen, som det står skrivet, "Och då hans frimodighet växte på Herrens vägar". Därför är detta inte en sådan regel som vi kan kalla fullkomlig.

Och om vi följer den andra ytterligheten, som är stolthet, är det också fel, eftersom till "den som är stolt" säger Skaparen, "han och Jag kan inte vistas i samma boning". Och vi kan även se motsatthet i lidande. Om Skaparen skickar lidande till någon, och vi måste tro att Skaparen är välvillig, då måste det lidande som Han skickade vara till nytta för personen. Så varför ber vi att Skaparen ska befria oss från lidandet?

Och angående lidande bör vi veta att det kommer för att korrigera oss så att vi kan bli berättigade att ta emot Skaparens Ljus. Lidandets roll är ingenting annat än att rena kroppen, som våra visa sade, "liksom saltet sötar köttet, renar lidandet kroppen". Med bönen gjorde de en korrigering så att den skulle kunna ersätta lidandet. Således kan även bön rena kroppen.

Men en bön kallas "Toras väg". Det är orsaken till att bönen är effektivare för att förljuva kroppen än lidande. Därför är det en *mitzva* att be om lidandet, eftersom det skänker ytterligare förmåner, både till individen och till helheten.

På grund av det orsakar motsattheten tyngd och avbrott i Guds arbete, och man klarar inte av att fortsätta med arbetet och mår dåligt. För personen förefaller det som att han inte är värdig att anta Himmelrikets börda, "som en oxe med bördan och som en åsna med lasten". Så samtidigt kallas han "oönskad".

Dock har man bara en enda avsikt, att sträcka fram tro, vilket kallas *malchut*, det vill säga lyfta *Shechina* (Gudomen) ur stoftet. Man siktar mot att förhärliga Hans namn i världen, det vill säga Hans storhet, för att förhindra att *Shechina* ska anta en fattig och mager form. Därför hör Skaparen "varje muns bön", även från någon som inte är särskilt värdig och känner att han fortfarande är långt ifrån Guds arbete.

Detta är innebörden av "ty Du hör varje muns bön". När hör Han varje mun? När Israels folk ber med barmhärtighet, det vill säga enkel barmhärtighet, när man ber för att Gudomen ska lyftas ur stoftet, för att man ska få ta emot tro.

Det liknar någon som inte har ätit på tre dagar. När han ber någon om någonting att äta, då ber han inte om lyx eller överflöd; han ber bara om något som kan återuppväcka hans själ.

På samma sätt är det i Guds arbete. När man ser att man står mellan himmel och jord ber man inte Skaparen om någonting överflödigt, utan bara trons Ljus, att Skaparen ska öppna ens ögon så att man kan anta trons urskiljande. Detta kallas att "lyfta Gudomen ur stoftet", och denna bön tas emot från "varje mun". Om personen alltså ber om att hans själ ska återuppväckas, då besvaras bönen, oavsett vilket tillstånd han befinner sig i.

Och detta kallas "med barmhärtighet", när det enda man ber om är att visas förbarmande från Ovan så att man kan upprätthålla sin vitalitet. Och detta är innebörden av det som står skrivet i *Zohar*, att en bön för de fattiga omedelbart tas emot. Det vill säga när bönen är för den heliga *Shechinas* skull godtas den omedelbart.

114. Bön

Jag hörde 1942

Vi måste förstå på vilket sätt en bön, vilket betraktas som "barmhärtighet", är relevant. Det finns trots allt en regel: "Jag arbetade och hittade inte, tro inte på det". Rådet är att man måste lova Skaparen att ge Honom arbetet efteråt.

115. Stilla, vegetativ, levande, och talande

Jag hörde 1942

Stilla är någonting som inte har någon egen makt. Istället befinner den sig under sin markherres makt och måste uppfylla sin markherres alla önskningar och begär. Så när Skaparen skapade skapelsen för Sin äras skull, som det står skrivet, "envar som är uppkallad efter mitt namn och som jag har skapat till min ära", betyder det att Skaparen skapade skapelsen för sina egna behov. I skapelserna har markherrens natur inpräntats, vilket innebär att ingen av skapelserna kan arbeta åt något annan, utan bara för sin egen skull.

Vegetativ är någonting som redan har en egen makt i viss utsträckning. Den kan redan göra något som strider mot markherrens åsikt. Det betyder att den kan göra saker som inte är för dess egen skull utan för givandets skull. Detta står i motsats till det som existerar i markherrens vilja, som Han inpräntade i de lägre, att de enbart skulle arbeta med viljan att ta emot för sin egen skull.

Men som vi kan se i den materiella världens flora har alla växter en och samma egenskap, även om de är rörliga och kan växa på bredden och längden. Med andra ord finns det inte en enda växt som kan gå emot alla andra växters förfarande. Istället måste de hålla sig till florans regler och kan inte gå emot sitt samtida släktes förstånd.

Således har de inget eget liv. De är blott delar av hela florans liv. Detta betyder att varje växt äger en och samma form som de delar med alla växtrikets liv. Alla växter är som en enda varelse och de individuella växterna är särskilda organ som tillhör den varelsen.

Likaså är det i andligheten, där det finns människor som redan har skaffat sig kraften att övervinna viljan att ta emot till en viss grad, men som inskränks av sin omgivning. De kan inte göra det som går emot omgivningen de lever i, men de gör motsatsen till vad deras vilja att ta emot vill. Detta betyder att de redan arbetar med viljan att ge.

Levande: Vi ser att varje djur har sitt eget karaktärsdrag; de begränsas inte av sin omgivning, utan var och en har sin egen varseblivning och sina egna särdrag. De kan helt säkert fungera emot markherrens vilja, det vill säga att de kan arbete i givande och de begränsas inte heller av sin omgivning. Istället har de sina egna liv, och deras livskraft beror inte på deras vänners liv. Dock kan de inte känna mer än sin egen tillvaro. Med andra ord har de ingen förnimmelse av de andra, och givetvis medför det att de inte kan bry sig om de andra.

Talande har 3 inneboende förmågor: 1 – Den handlar emot markherrens vilja. 2 – Den begränsas inte av sina samtida släktfränder så som den vegetativa, det vill säga att den är oberoende och fristående från samhället. 3 – Den känner även de andra, och på grund av det kan den bry sig om dem och komplettera dem genom att känna och sörja med allmänheten, genom att glädjas med allmänheten över dess framgångar, och genom förmågan att ta emot från såväl det förflutna som framtiden. Men ett djur kan bara känna nuet och sin egen existens.

116. Varför sade han att mitzvot inte kräver någon intention

Jag hörde

"*Mitzvot* kräver ingen intention", och "En *mitzvas* belöning kommer inte i denna värld". Detta betyder att den som säger att *mitzvot* inte kräver intention tror att en *mitzvas* belöning inte kommer i denna värld. Intentionen i en *mitzva* är dess reson och smak, och detta är den sanna belöningen.

Om man känner smaken i en *mitzva* och förstår dess resonemang finns det ingen större belöning än det. Så om *mitzvot* inte kräver intention kommer denna *mitzvas* belöning hur som helst inte vara i vår värld, eftersom man inte känner någon smak eller reson i den.

Och om man befinner sig i ett tillstånd där man inte har någon intention, då är detta tillstånd sådant att en *mitzvas* belöning inte kommer i denna värld. Har man ingen intention får man givetvis ingen belöning i denna värld, eftersom en *mitzvas* belöning är dess smak och mening.

117. Du arbetade och hittade inte, tro inte på det

Jag hörde

Behovet av att arbeta är nödvändigt. Skaparen ger människan en gåva eftersom Han vill att människan ska känna vilken nytta han har av gåvan. Annars är den personen som en dåre, som våra visa sade, "Vad är en dåre? Någon som går miste om det han får till skänks". Eftersom han inte vet att uppskatta sakens värde håller han inte noga uppsikt över gåvan.

Det finns en regel som säger att man inte kan känna hur viktig en sak är om man inte har något behov av den. Och i den utsträckning man känner ett behov av saken och lider om man inte kan uppnå den, känner man också glädje, njutning och tillfredställelse när behovet tillgodoses. Det kan liknas vid någon som får alla möjliga goda drycker; men om han inte är törstig känner han ingen smak, som det står skrivet, "Såsom friskt vatten för den försmäktande".

När måltider dukas upp för att behaga folket är det brukligt att göra på följande vis: när vi förbereder kött och fisk och allehanda läckerheter, ser vi också till att servera bittra och kryddstarka tillbehör, såsom senap, stark peppar, syrliga och salta tilltugg. Allt detta tjänar till att uppväcka hungerns lidande, eftersom när hjärtat känner en stark och bitter smak framkallar det hunger och avsaknad, vilket man sedan tillfredsställer med den goda måltiden.

Vi behöver inte fråga, "Varför behöver jag saker som väcker hunger? Värdens enda uppgift är ju att se till att behovet tillgodoses, det vill säga förbereda en måltid, och inte att uppväcka behovet av tillfredställelse?" Svaret är uppenbart: värden vill att folket ska njuta av måltiden. I den utsträckning de har ett behov av mat, i precis samma utsträckning kan de njuta av måltiden. Även om värden skulle förbereda fler goda maträtter skulle det inte hjälpa gästerna att njuta av måltiden, på grund av den ovannämnda anledningen, att det inte kan finnas någon tillfredställelse utan ett behov.

Därför krävs det att man har ett behov för att man ska kunna belönas med Guds Ljus. Och behovet efter det är arbetet: i den utsträckning man anstränger sig och begär av Skaparen under de största fördöljandena, i samma utsträckning kommer man i behov av Skaparen. Det betyder att Skaparen kommer att öppna ens ögon så att man kan vandra längs Skaparens väg. Så när man har detta *kli* (kärl), vilket är en brist, och Skaparen ger någon slags hjälp från Ovan, då vet man redan hur man ska göra för att behålla denna gåva. Det visar sig att arbetet betraktas som *achoraim* (baksida, rygg), och när man tar emot *achoraim* får man ett utrymme där man kan belönas med *panim* (ansikte).

Om det sägs det, "en dåre har ingen längtan efter visdom". Detta betyder att han inte har ett starkt behov att anstränga sig för att skaffa sig visdom. Av den anledningen har han ingen *achoraim*, och naturligtvis kan han heller inte belönas med urskiljandet *panim*.

Detta är innebörden av "såsom sorgen är stor, är också belöningen stor". Det vill säga att sorgen, som kallas "ansträngning", skapar *kli* (kärlet), så att man kan tilldelas belöningen. Detta betyder att i den utsträckning man känner saknad, i samma utsträckning kan man belönas med glädje och njutning.

118. För att förstå betydelsen av knän som böjs inför Baal

Jag hörde

Det finns urskiljandet hustru, och det finns urskiljandet make. En hustru betraktas som "hon har inget annat än det hennes make ger henne", och maken betraktas som att sträcka fram rikedom in i sin egen aspekt. Knän betraktas som att "böja sig", som det står skrivet, "För mig skall alla knän böja sig".

Det finns två urskiljanden i att böja knä:

1) Den som bugar inför den som är större, trots att man inte vet något om personens sanna förtjänst. Man bara tror att han är stor och därför böjer man knä inför honom.

2) När man vet personens storhet och förtjänst med yttersta klarhet.

Det finns också två urskiljanden i tron på Den Högres storhet:

1) När man tror att Han är stor därför att man inte har något annat val, det vill säga att det inte finns något sätt för en att säkert veta det.

2) Man har ett sätt att få reda på Hans storhet med fullständig klarhet, men väljer fortfarande trons väg därför att "Det är Guds ära att fördölja en sak". Det betyder att man, trots att det finns gnistor i ens kropp som vill känna just Hans storhet, och inte förbli som ett djur, ändå väljer trons väg på grund av över förståndet.

Av detta följer att den som inte har något annat val än tron betraktas som kvinna, en hona – "han blev svag såsom en hona" – och hon tar bara emot från sin make. Men den som har ett val, och kämpar för att vandra på trons väg kallas "en krigare till man". De som valde tron när de hade friheten att gå enligt vetandets väg, som kallas *Baal* (make), kallas därför "alla de knän, som icke hava böjt sig inför *Baal*". Detta betyder att de inte gav upp för *Baals* arbete, vilket betraktas som "vetande", utan de valde trons väg.

119. Lärjungen som lärde sig i lönndom

Jag hörde den femte *tishri*, 16 september, 1942

Lärjungen som lärde sig i lönndom. Bruria slog till honom och sade, "ordning i alla ting" finns, om det ordnas i de 248. **I lönndom** betyder *katnut* (litenhet), från ordet **chash-mal**. **Chash** betyder *kelim de panim* (främre kärl), och **mal** betyder *kelim de achor* (bakre

253

kärl), de kärl som finns nedanför *chazeh* (bröstet), som framkallar *gadlut* (storhet).

När lärjungen hade belönats med tillståndet **chash**, ett begär att ge, och alla hans intentioner hade riktats mot givande, trodde han att han hade belönats med allting. Men syftet med världarnas skapelse var att gynna Hans skapelser, att människan ska ta emot de mest upphöjda njutningarna och uppnå den perfekta formen, även nedanför *chazeh*, det vill säga alla de 248. Det är anledningen till att Bruria citerade versen "ordning i alla ting", i samtliga 248.

Detta betyder att han också måste sträcka fram nedanför *chazeh*, att han också måste sträcka fram *gadlut*. Detta är *mal*, tal, och betraktas som avslöjande, att uppenbara hela nivån. Men för att inte orsaka defekter måste han först ta emot *katnut*, vilket kallas *chash* och befinner sig i lönndom, det som inte har uppenbarats än. Därefter måste han också granska urskiljandet *mal*, *gadlut*, och då kommer nivån att uppenbaras i sin helhet.

Detta är "ordnat... och säkrat", när *katnut* redan har säkerställts och han kan sträcka fram *gadlut* utan fruktan.

120. Anledningen till att man inte äter nötter under rosh hashana

Jag hörde under slutet av *rosh hashana* (den judiska nyårshögtiden), 1942, Jerusalem

Anledningen till att man inte äter nötter under *rosh hashana* är att *egoz* (nöt) är *het* (synd), i *gematria*. Och han frågade, "Men *egoz* är *tov* (bra), i *gematria*?" Och han förklarade att *egoz* pekar på kunskapens träd om gott och ont.

Och innan man ångrar genom kärlek är *egoz* i en fortfarande en synd. Och den som redan har belönats med ånger genom kärlek tillåts äta nötter, eftersom hans *het* har förvandlats till bra. Det är därför vi bör se till att bara äta sådant som inte har någon antydan till synd, saker som betraktas som livets träd. Men saker som har *het* i *gematria* hänvisar till kunskapens träd om gott och ont.

121. Hon är såsom en köpmans skepp

Jag hörde

I versen, "Hon är såsom en köpmans skepp, sitt förråd hämtar hon fjärran ifrån". När man kräver och insisterar att "Hon är bara min", att alla begär ska vara tillägnade Skaparen, då vaknar också *sitra achra* till liv och hävdar att, "Hon är bara min". Då sker en köpslagning. En köpslagning betyder att den ena vill köpa en särskild sak, köparen och säljaren debatterar sakens värde, och båda parter påstår att han själv har rätt.

Och här undersöker kroppen vem utav dem man ska lyssna på: mottagaren eller den givande kraften. Båda står fast vid att "Hon är bara min". Och eftersom man ser sin egen låghet, att man har gnistor inom en som inte ens går med på att iaktta en enda liten detalj i Tora och *mitzvot*, utan hela kroppen argumenterar för att "Hon är bara min", då kommer "sitt förråd hämtar hon fjärran ifrån". Detta betyder att alla avlägsnanden – när man ser hur långt bort man är från Skaparen – framkallar sorg, och då ber man Skaparen om att föras närmare, vilket kallas "sitt förråd hämtar hon fjärran ifrån".

Förråd betyder tro. I det tillståndet belönas man med permanent tro, eftersom "Gud har så gjort, för att man skall frukta Honom". Detta betyder att all den avlägsenhet man kände skickades från Skaparen för att man skulle ha ett behov av att ta på sig himmelsfruktan.

Detta är innebörden av "att människan lever icke allenast av bröd, utan att hon lever av allt det som utgår av Herrens mun.". Detta betyder att *Kdushas* (Helighetens) liv inom människan inte bara kommer genom att man tar sig närmare, från ingångarna, det vill säga när man släpps in i *Kdusha*, utan också från utgångarna, från avlägsnandena. Orsaken är att genom att övervinna tillstånden där *sitra achra* kläds i kroppen och kommer med sina välgrundade argument och påståenden om att "Hon är bara min", belönas man med permanent tro.

Detta betyder att man ska förena allt med Skaparen, det vill säga att till och med utgångarna kommer från Honom. Och när man belönas ser man att både utgångarna och ingångarna kom från Honom.

Eftersom man nu ser att allt kommer från Skaparen, utgångar såväl som ingångar, tvingas man vara ödmjuk. Och detta är innebörden av det som sägs om Moses, att han var ödmjuk och tålmodig – att man måste tolerera lågheten. Av den anledningen bör man hålla sig fast vid lågheten i alla grader. Och i samma ögonblick som man förlorar lågheten, tappar man också greppet om alla "Moses" grader som man redan har uppnått.

Detta är vad som menas med tålamod. Alla blir av med lågheten till slut, men det är inte alla som känner att lågheten är en bra sak, och då vill man heller inte lida på grund av den. Men Moses tolererade ödmjukheten, och eftersom lågheten gjorde honom glad kallas han "ödmjuk".

Det finns en regel: "Där det inte finns glädje, kan inte *Shechina* (Gudomen) vistas." Därför kan det inte finnas någon *Shechina* under reningsperioden. Trots det är reningsperioden nödvändig (liksom toaletten: trots att man måste gå dit, är man säker på att det inte är Kungens palats).

Detta är innebörden av *bracha* (välsignelse) och *bechora* (tjänsteålder), som båda innehåller samma bokstäver (på hebreiska). Tjänsteåldern är *GAR*, och *sitra achra* vill ha *GAR*, men inte välsignelserna eftersom de är klädnaden över *mochin*. Och Esau ville ha klädnaden utan tjänsteåldern. Detta är innebörden av Esaus ord, "har du då allenast den enda välsignelsen, min fader? Välsigna också mig". En "den enda välsignelsen" betyder motsatsen till välsignelser, det vill säga en förbannelse. Om det säger man, "Han älskade förbannelse, och den kom över honom; han hade icke behag till välsignelse".

122. Att förstå det som står skrivet i Shulchan aruch

Jag hörde under kvällen på sabbat, *nitzavim*, den tjugoandra *elul*, 4 september, 1942

Förstå det som förklaras i *Shulchan aruch* (*Dukat bord* – den samlade judiska lagen): regeln är att man upprepade gånger ska reflektera över de förfärliga dagarnas böner så att man ska vara van att be när tiden för bön infinner sig.

Saken är den att bönen måste ske i hjärtat. Detta är vad som menas med arbetet i hjärtat, att hjärtat ska hålla med om det man säger med sin mun, (annars är det självbedrägeri, det vill säga att hjärtat och munnen inte säger samma sak). Därför ska man vänja sig vid det stora arbetet i månaden *elul*.

Och det viktigaste är att man kan säga "skriv oss till livet". Det betyder att även hjärtat bör hålla med när man säger "skriv oss till livet", (så att det inte bara är smicker), att hjärtat och munnen är lika, "Ty det är icke, såsom en människa ser; en människa ser det som är för ögonen, men Herren ser till hjärtat".

Så när man skriker **"skriv oss till livet"**, betyder "livet" fasthållande vid Livets Liv, vilket sker just genom det, när man vill arbeta helt och hållet för att ge och att alla ens tankar på egennytta skall upphävas. När man känner såsom man säger kan hjärtat frukta för att bönen ska godtas, det vill säga att man vill att man inte kommer att ha något begär för sin egen skull.

Och vad gäller egennytta uppstår ett tillstånd där det verkar som att man lämnar denna världs alla njutningar bakom sig. Man tycker sig lämna människorna, vännerna, familjen, alla ägodelar och drar ut i öknen där det inte finns något annat än vilda bestar och ingen känner till något om en själv eller ens existens. Det verkar som om man förlorar hela sin värld på en gång och man känner att man går miste om en värld full av liv, och man tar på sig döden i förhållande till denna värld. Man känner det som om man begår självmord när man upplever denna sinnebild.

Ibland hjälper *sitra achra* till med att avbilda detta tillstånd med alla mörka färger. Då stöter kroppen bort denna bön, och i ett sådant tillstånd kan bönen inte godtas, eftersom man själv inte vill att bönen ska godtas.

Av den anledningen måste det finnas en förberedelse inför bönen, att man vänjer sig vid bönen som om munnen och hjärtat var lika. Och hjärtat kan börja samtycka genom att vänja sig, och därigenom förstå att mottagande innebär separation och att det viktigaste av allt är fasthållande vid Livets Liv, det vill säga givande.

Man måste alltid forska i arbetet med *malchut*, vilket kallas "skrift" och betraktas som "bläck" och *shacharit* (svarthet). Detta betyder att man vill att arbetet ska vara i form av "*libni* och *shimeî*",[19] att man håller fast vid Tora och *mitzvot* bara under en tid för vithet, men ovillkorligen. Vare sig det är i svart eller vitt tycker man alltid att det är samma sak, och hända vad som hända vill, men man kommer alltid att hålla fast vid budorden i Tora och *mitzvot*.

---

[19] *Libni* betyder också vithet.

123. Hans skilsmässa och Hans hand kommer som ett

Jag hörde; minnen av ADMOR (Baal HaSulam)

Angående de två lägre *hey* i *eynaim* (ögonen), betyder det att en *masach* skärm och ett täcke placerades över ögonen. Ögon betyder seende och försyn, när man ser dold försyn.

Att experimentera betyder att man inte kan bestämma sig, att man inte kan klarlägga Skaparens vilja och Ravs avsikt. Trots att man kan arbeta hängivet, kan man inte avgöra om detta hängivna arbete är på sin plats eller motsatsen, att detta hårda arbete går emot Ravs synsätt eller Skaparens synsätt.

Och för att bestämma det, väljer man det som lägger till arbete. Detta betyder att man ska arbeta i den riktningen att arbete är det enda man har att göra, och ingenting annat. Alltså har man ingen plats att tvivla på sina handlingar och tankar och ord, utan man måste alltid öka arbetet.

124. En sabbat för Genesis och en för de sex tusen åren

Jag hörde

Det finns två urskiljanden i sabbat: 1) i *Bereshit* (*genesis*/ begynnelsen); 2) i de sextusen åren. Och skillnaden mellan dem är som följer: Vi vet att det finns ett stopp och vila. Ett stopp är där man inte har någonting mer att tillägga. En vila kommer från orden "stå" och "vila", vilket innebär att man är mitt uppe i arbetet. Eftersom man inte har någon kraft kvar att fortsätta med sitt arbete, ställer man sig och vilar för att återhämta sig, varpå man fortsätter med sitt arbete.

En sabbat i *Bereshit* är ett urskiljande där man inte har någonting mer att lägga till. Detta kallas ett stopp. En sabbat i de sextusen åren betraktas som vila, och genom den får man nya krafter att fortsätta arbetet under veckodagarna.

Nu kan vi förstå våra visas ord. "Sabbat sade: 'Du gav alla en partner, men inte mig'". Skaparen svarade, "Israel skall vara din partner". En partner betyder ZA. Om det finns en *nukva* kan en *zivug* (parning) äga rum, och ur denna *zivug* uppstår avkomman, det vill säga förnyelse och tillägg.

Nukva är en ofullkomlighet. Om det finns en ofullkomlighet någonstans finns det utrymme att korrigera den ofullkomligheten, och när det Högre Ljuset har sträckts fram till platsen med en brist betraktas alla korrigeringar vara uppfyllda. Det visar sig att det aldrig fanns någon ofullkomlighet, därför att alla brister som de tidigare ansåg vara ofullkomligheter kom som korrigeringar från första början, det vill säga att tack vare dem strömmade det högre Ljuset ner från Ovan.

Detta liknar någon som utforskar ett särskilt ämne och anstränger sig för att förstå det. När han slutligen uppnår svaret och innebörden blir situationen den motsatta: han känner inte längre att han led när han tidigare inte förstod saken. Istället är han glad eftersom han nu kan njuta av frukterna från sitt avslutade arbete. Glädjen han känner kan mätas genom omfattningen av den ansträngning han gjorde för att förstå det han studerade.

Således kallas tiden för forskning och ansträngning *nukva*, en ofullkomlighet. Och när man förenas med ofullkomligheten avlar man avkomman, förnyelsen. Detta är vad sabbat hävdade, "Eftersom det inte finns något arbete på sabbat kommer det varken avkomma eller förnyelse ur den".

125. Den som behagar *shabbat*

Jag hörde den åttonde *sivan*, 15 juni, 1949

"Den som behagar *shabbat* får obegränsad markegendom, som det sägs, 'då skall du finna din lust i Herren, och jag skall föra dig fram över landets höjder och giva dig till näring din fader Jakobs arvedel' etc. Till skillnad från Abraham – om honom står det, 'Stå upp och drag igenom landet efter dess längd' etc. Och inte som Isak, som det står skrivet om honom, 'ty åt dig och din säd skall Jag giva alla dessa länder', utan som Jakob, som det står, 'och du skall utbreda dig åt väster och öster och norr och söder'" (Sabbat, 118).

Det är svårt att förstå denna *gmarra* som den är. Ska alla från Israel få hela världen till skänks, en obegränsad markegendom?

Vi ska börja med våra visas ord: "I framtiden kommer Skaparen ta solen ur dess fodral och mörkna. Den ogudaktige skall dömas, och den rättfärdige skall botas därav, som det står skrivet, 'Ty se, dagen kommer, och den skall brinna såsom en ugn. Då skall alla fräcka människor, och alla som gör vad ogudaktigt är, bli såsom strå, och dagen, den som kommer, skall förbränna dem, säger Herren Sebaot, så att varken rot eller krona lämnas kvar av dem', varken en rot i denna värld, eller en gren i nästa värld". De rättfärdiga botas av den, som det står skrivet, "'Men för er, ni som fruktar mitt namn, skall rättfärdighetens sol gå upp med läkedom under sina vingar'. Dessutom skall de förädlas genom det" (*Avodat Tzara (Avgudadyrkan)*, 3b).

Och vi måste förstå de visas gåta, vad är en sol och vad är ett fodral, och varifrån kommer denna motsatthet? Och vad är "varken en rot i denna värld, eller en gren i nästa värld"? Och vad är "Dessutom skall de förädlas genom det"? Han borde ha sagt "skall botas och förädlas genom det"; men vad menas med "dessutom", som han sade?

Nu kan vi förstå våra visas ord: "Israel räknar efter månen och världens länder räknar efter solen" (*Sukkah* 29). Därför är solens ljus ett epitet till den klaraste och säkraste kunskapen, som det står skrivet, "lika uppenbar som solen". Och världens länder tog inte emot Tora och *mitzvot*, som det står skrivet att Skaparen erbjöd det till varje nation och tungomål, eftersom de inte ville fröjdas i Hans Ljus, vilket betraktas som "månen" som tar emot från Hans Ljus, vilket är solens ljus, det vill säga det gemensamma Ljuset. Men de har ett begär och törstar efter att studera Namnet och lära känna Honom Själv.

Men Israel räknar efter månen, vilket är Tora och *mitzvot*, där solljuset kan klädas i dem. Därför är Tora fodralet till Skaparen.

I *Zohar* står det att "Tora och Skaparen är ett". Detta betyder att Skaparens Ljus kläds i Tora och *mitzvot*, och att Han och Hans fodral är ett. Av den anledningen räknar Israel efter månen för att fullständiga sig själv i Tora och *mitzvot*. Därför belönas de naturligtvis också med Skaparen. Men eftersom världens länder inte håller Tora och *mitzvot*, det vill säga fodralet, har de inte ens solens Ljus.

Detta är innebörden av "I framtiden kommer Skaparen ta solen ur dess fodral". Och de sade "*Shechina* (Gudomen) i de lägre; ett sublimt behov". Detta betyder att Skaparen begär och längtar efter det.

Detta är innebörden av de sex dagarna för handling, arbetet i Tora och *mitzvot*, eftersom "Herren har gjort var sak för dess särskilda mål". Och till och med arbetet under de sex dagarna är Guds arbete, som det står skrivet "Han... som icke har skapat en till att vara öde, utan danat den till att bebos". Därför kallas det "ett fodral".

Och sabbat är solens ljus, en vilodag i det eviga livet. Alltså har han förberett världen i två grader: 1) att Hans Gudom uppenbaras genom Tora och *mitzvot* under de sex dagarna för handling; 2) att Han uppenbaras i världen, utan Tora och *mitzvot*.

Och detta är innebörden av "i sinom tid; jag skall påskynda det". Belönad – jag ska påskynda det, det vill säga genom Tora och *mitzvot*. Inte belönad – i sinom tid. Anledningen är att skapelsens evolution, som sker genom ständigt tilltagande lidande, kommer att medföra slutet och räddningen för mänskligheten, fram tills Herren placerar Gudomen i de lägre. Och detta kallas "i sinom tid", evolution genom tid.

126. En vis kom till staden

Jag hörde under *shavuotmåltiden*, maj 1947, Tel Aviv

"En vis kom till staden". Skaparen kallas "vis". Han kom till staden eftersom på *shavuot* [veckofesten, judisk pingsthögtid] visar Han sig för världen.

"Den late säger: 'Ett lejon är på gatan'"; "Kanske finns den vise inte i sitt hem? Kanske är dörren låst?". Våra visa sade att "om du arbetade och inte hittade, tro det inte". Om han ser att han inte har funnit närhet till Skaparen får han det förklarat för sig att han inte har arbetat tillräckligt. Därför kallas han "lat" i versen.

Och vad är orsaken till att han inte arbetade? Varför vill han inte anstränga sig, om han nu önskar sig närhet till Skaparen? Även om det man vill uppnå bara är en materiell sak måste man ju ändå anstränga sig för att uppnå den. Egentligen vill han ha arbete, så det är inte därför han säger "Ett lejon är på gatan", det vill säga *sitra achra*, som det står skrivet, "ett lejon, som ligger i försåt". Detta betyder att den som börjar vandra längs Skaparens väg stöter på ett lejon på vägen, och att de som misslyckas där aldrig kan återhämta sig.

Detta är orsaken till hans rädsla för att påbörja arbetet, för vem kan besegra detta lejon? Då berättar man för honom att "Det finns inget lejon på gatan", det vill säga "Det finns ingen annan än Han", som det står skrivet. Orsaken är att det inte finns någon annan kraft än Han, enligt "Och Gud har så gjort, för att man skall frukta Honom".

Och då hittar han på en annan ursäkt: "Kanske finns den Vise inte i sitt hem?" Hans hem är *Nukva*, den heliga *Shechina* (Gudomen), och då kan han inte veta säkert om han vandrar på vägen för *Kdusha* (Heligheten) eller inte.

Därför säger han att kanske den Vise, alltså Skaparen, inte finns i Sitt hem. Det vill säga att detta inte är Hans hem, detta är inte *Kdusha*, så hur kan han då veta att han gör framsteg i *Kdusha*? Då får han höra: "Den Vise finns i Sitt hem", vilket betyder att "Man lär sig av sin själ", och äntligen kan han veta att han går framåt i *Kdusha*.

Då säger han, "Kanske är dörren låst, och då är det omöjligt att ta sig in, som det står, 'det är inte alla som vill ta Herren som får komma och ta'?" Då får han höra: "Dörren är inte låst". Vi kan trots allt se att många har belönats med tillträde till Kungens palats.

Och då svarar han, "Jag tänker inte gå dit i alla fall". Det betyder att om han då är en latmask och inte vill anstränga sig blir han slug och trätgirig, och tror att de bara vill göra arbetet svårare för honom än vad det egentligen är.

Men sanningen är att den som vill anstränga sig ser motsatsen. Han ser att det finns många som har lyckats, medan den som inte vill anstränga sig ser att det finns många som inte har lyckats. Att de inte lyckades berodde på att de upptäckte att de inte ville anstränga sig. Men latmasken predikar som om han var en vis man, eftersom det enda han vill är att rättfärdiga sina egna handlingar. Sanningen är att man ska godta Tora och *mitzvot* utan klagan och argumentation, bara då kommer man att lyckas.

127. Skillnaden mellan kärna, essens, och tillagd rikedom

Sukkot, fjärde *inter*, 30 september, 1942

Vi vet att när *mochin* försvinner och *zivug* upphör, sker det bara i tilläggen av *mochin*, och att grundstommen av graden i ZON är *vav* och en *nekuda* (punkt). Detta betyder att *malchut*, i sin essens, inte har mer än en punkt, en svart punkt som saknar vithet.

Och om man accepterar den punkten som grundstomme och inte ser det som någonting överflödigt som man bör göra sig av med, utan godtar den som en utsmyckning, då kallas den "en vacker boning i hjärtat". Anledningen är att man inte fördömer denna träldom utan gör den till någonting viktigt. Detta kallas att "lyfta Gudomen ur stoftet". Och när man upprätthåller grundstommens värde och ser den som oumbärlig, kan man aldrig falla från sin grad eftersom ingenting försvinner från essensen.

Och när man tar på sig att arbeta som en svart punkt, till och med i det största möjliga mörkret, säger den heliga Gudomen, "det finns ingen plats som kan döljas från dig". Således, "jag är bunden till Honom som i en knut", "och den skall aldrig släppa", och därför har man inga uppehåll i sitt *dvekut* (fasthållande).

Och om man får en upplysning (vilket kallas "tillägg") från Ovan, tar man emot den enligt "oundvikligt och oavsiktligt", eftersom det kommer från den Utstrålande utan den lägres uppvaknande. Och detta är innebörden av "svart är jag, dock är jag täck", därför att om du accepterar svartheten, kommer du att upptäcka att jag är ganska fager.

Och detta är innebörden av "Den som är fåkunnig, låt honom komma hit". När han vänder sig bort från alla sina göranden och låtanden och istället vill arbeta enbart för att gagna Skaparen, och arbetar enligt "såsom ett skäligt djur var jag inför Dig", belönas han med att få se den slutliga perfektionen. Detta är innebörden av

"Den hjärtlöse, sade hon till honom". Det betyder att eftersom han var hjärtlös måste han också vara tanklös; annars skulle han inte ha kunnat närma sig.

Ibland stöter vi dock på ett tillstånd där Gudomen är i exil, när punkten sjunker ner till de separerade *BYA*. Då kallas den "såsom en lilja bland törnen", eftersom den har tagit formen av törnar och tistlar. I det tillståndet kan den inte godtas, eftersom den styrs av *klipot*.

Och detta sker genom människans handlingar, eftersom människans handlingar nedan påverkar själens rot Ovan, i den heliga Gudomen. Detta betyder att om man förslavas av viljan att ta emot nedan, orsakar man *klipots* herravälde över *Kdusha* Ovan.

Detta är innebörden av *tikkun chatzot* (midnattens korrigering). Vi ber om att höja Gudomen ur stoftet, det vill säga att höja dess värde och viktighet, eftersom Ovan och nedan är beräkningar av viktighet. Och då betraktas den vara en svart punkt.

Han som segrar i *tikkun chatzot* säger att han vill hålla versen "Libni och Shimei". Libni betyder *lavan* (vit), och inte svart. Shimei betyder *shmi'a* (hörsel), vilket innebär förnuftighet eller rimlighet, det vill säga att han ser det som något rimligt och acceptabelt att åta sig Himmelrikets börda. *Tikkun chatzot* är korrigeringen av *mechitza* (skiljeväggen), en korrigering genom att skilja *Kdusha* från *klipa*, vilket innebär korrigeringen av den dåliga känslan i viljan att ta emot, och ansluta sig till viljan att ge.

Förutom ett *alef* har *golah* (exil) samma bokstäver som *ge'ulah* (frälsning). Detta betyder att vi måste sprida världens *aluf* (mästare) i *golah*, och då kommer vi omedelbart känna *ge'ulah*. Detta är innebörden av "Den som kan skydda den skadlige, måste kompensera den skadade med det bästa han har". Och detta är innebörden av "där det finns straff nedan, finns det inget straff Ovan".

128. Dagg droppar från galgalta till zeir anpin

Jag hörde den tredje *Mishpatim*, 27 februari, 1943

Det droppar dagg från *galgalta* till *zeir anpin*. Och vad gäller det bleka håret, finns där ett jack under varje hårstrå, och detta är innebörden av "Ty med storm hemsöker han mig". Och detta är innebörden av "Och Herren talade till Job ur stormvinden". Och detta är innebörden av "Detta är vad var och en som upptages bland de inmönstrade skall giva: en halv sikel efter helgedomssikelns vikt". Och detta är innebörden av "En *beka*... för var och en", "till att bringa försoning för era själar".

För att förstå saken med håret, det är det svarta och bläcket. Det betyder att när man upplever avlägsenhet från Skaparen därför att man har främmande tankar, kallas det "hår". Och "blek" betyder vithet. Detta betyder att när Guds Ljus strömmar över en, förs man närmare Skaparen, och tillsammans kallas de båda "Ljus och *kli* (kärl)".

Och arbetets upplägg är att när man vaknar upp till Guds arbete, sker det genom att man tilldelas blekhet. Då känner man livlighet och vitalitet i Guds arbete. Och därefter kommer en främmande tanke, och på grund av den faller man från sin grad och glider ifrån arbetet. Den främmande tanken kallas *se'era* (storm och hår). Och under håret finns ett jack, en grop som är en brist i skallen.

Innan de främmande tankarna kom till personen hade han ett fullständigt *rosh* (huvud) och han stod Skaparen nära, men på grund av de främmande tankarna fördes han långt bort från Skaparen. Och detta betraktas som att ha en brist. Och genom sorgen, att han saknar det, sträcker han fram ett flöde av vatten. Således blir håret en slang som kan överföra rikedomen, och det betraktas som att man har belönats med vithet genom detta.

Därefter kommer de främmande tankarna till honom igen, och på så vis blir han åter igen avlägsen Skaparen. Detta skapar en till fördjupning, en grop och en brist i skallen, och genom sorgen och saknaden sträcker han fram ett flöde av vatten igen, och håret blir en slang som för över rikedomen.

Och denna ordningsföljd fortsätter upprepade gånger som upp- och nergångar, tills håren har samlats ihop till ett fulländat mått. Detta betyder att varje gång han korrigerar, sträcker han fram rikedomen. Denna rikedom och myckenhet kallas "dagg", som i "ty mitt huvud är fullt av dagg". Anledningen är att rikedomen kommer ryckvis i omgångar, och varje gång är det som om han får en droppe. Och när arbetet är färdigt och han har uppnått hela mängden, tills "må de blott icke vända åter till dårskap", betraktas det som att de döda återuppväcks av daggen.

Och detta är innebörden av gropen, det vill säga de främmande tankarna som gör hål i skallen.

Och vad gäller den halva sikeln, vill det säga att han är till hälften värdig och till hälften ovärdig. Men vi måste förstå att halvorna inte finns samtidigt. Istället måste det finnas en hel sak varje gång. Orsaken är att om han har brutit mot en *mitzva* och inte höll den, betraktas han inte längre vara till hälften ogudaktig, utan fullständigt ogudaktig.

Dock sker det vid två tillfällen. Vid ett tillfälle kan han vara rättfärdig, förbunden med Skaparen, och då är han fullkomligt värdig. Och när han befinner sig i en nedgång är han ogudaktig. Detta är innebörden av "Världen skapades för den fullständigt rättfärdige och för den fullständigt ogudaktige". Och därför kallas det "halv", att den består av två tillfällen.

Och detta är "till att bringa försoning för era själar". Tack vare gropen, när en främmande tanke kommer och hans förstånd inte är alldeles jämte Skaparen, känner han därför att hans huvud är ofullkomligt. Och när han sörjer över det, får det honom att göra försoning för sin själ. Orsaken till detta är att om han ångrar det varje gång, då sträcker han fram rikedom tills den har fyllts enligt "ty mitt huvud är fullt av dagg".

129. Gudomen i stoftet

Jag hörde

"Ni är förtjusta i lidande. Sedan sade han, 'varken de eller deras belöning' om den skönhet som nöts bort i stoftet". Lidande finns framförallt på en plats som är över förståndet. Och lidandets omfattning beror på i vilken utsträckning det står i motsägelse till förståndet. Detta betraktas som tro över förståndet, och sådant arbete behagar Skaparen. Av detta följer att belöningen är att genom detta arbete skänker man belåtenhet till sin Skapare.

Men däremellan, innan man kan segra och rättfärdiga Hans vägledning, ligger Gudomen i stoftet. Detta betyder att arbetet genom tro, som kallas den heliga Gudomen, är i exil, i olag i stoftet. Och om detta sade han: " varken de eller deras belöning". Det betyder att man inte kan stå ut med perioden däremellan. Och detta är innebörden av hans svar till honom, "Jag gråter för det ena och det andra".

130. Våra visas Tiberias, skön är din åsyn

Jag hörde den första *adar*, 21 februari, 1947, under en resa till Tiberias

Våra visas Tiberias, skön är din åsyn. Att se betyder visdom. Skön betyder att man kan belönas med visdom där. Och Rabbi Shimon Bar-Yochai renade Tiberias marknader. De dödas orenhet, alltså viljan att ta emot, betyder "de ogudaktiga, i sina liv kallas de 'döda'". Och alla orenheter hör till *chochma* (visdom); eftersom visdomens egenskap finns i Tiberias måste marknaden renas.

131. Den som kommer för att renas får hjälp

Jag hörde 1947

"Den som kommer för att renas får hjälp". Detta betyder att man alltid bör vara i tillståndet "kommer". Och om man då känner att man redan har renats behöver man inte renas av Honom, eftersom Han redan har gjort det och sedan givit sig av. Och om man känner att man befinner sig i ett tillstånd där man kommer och går är det säkerligen därför att man blir hjälpt, eftersom det inte finns några hinder för begäret när man söker sanningen.

"Ty din kärlek är mer ljuv än vin". Detta betyder att vin kan berusa, och för den druckne ligger hela världen framför sina fötter, eftersom han inte har några brister, inte ens i de sextusen åren.

132. I ditt anletes svett skall du äta ditt bröd

Jag hörde den fjortonde *adar*, 6 mars, 1947, Tel Aviv

"I ditt anletes svett skall du äta ditt bröd". Bröd betyder Tora, vilket är "Gå, strid med Mitt bröd". När man studerar Tora bör det ske med fruktan, darrning och svett. Därigenom sötas synden med kunskapens träd.

133. Sabbatens Ljus

Jag hörde 1947

Sabbatens Ljus kommer till urskiljandet *guf* (kropp). På sabbaten säger vi därför, "En psalm av David. Lova Herren, min själ, och allt det i mig är Hans heliga namn", det vill säga *guf*. Men ett nytt huvud betraktas som *Neshama* (själ), vilket bara kommer till urskiljandet *Neshama* och inte till *guf*. Därför säger vi "Lova Herren, min själ", och inte "och allt det i mig är Hans heliga namn", eftersom de inte når fram till *guf*. (Se *Zohar* 1,97)

134. Berusande vin

Jag hörde 1947

Det är omöjligt att belönas med hela Toran. Men genom att berusa sig med Toras vin kan man känna att man äger hela världen. Man kommer att känna och tänka att man har allt i perfektion, trots att man ännu inte har bemästrat hela visdomen.

135. De rena och de rättfärdiga skall du icke slakta

Jag hörde den andra *nisan*, 23 mars, 1947, Tel Aviv

"De rena och de rättfärdiga skall du icke slakta". En rättfärdig är någon som rättfärdigar Skaparen: vad han än känner, oavsett om det är bra eller dåligt, tar han det över förståndet. Detta betraktas som "höger". Renhet avser sakens renhet, hur han uppfattar tillståndet. Anledningen är att "en domare har bara det han ser med sina ögon". Och när det gäller sådant man inte kan förstå eller uppnå ska man inte sudda ut formerna så som de ter sig för ögonen. Detta betraktas som "vänster", och man ska ta vara på båda.

136. Skillnaden mellan de första breven och de sista breven

Jag hörde den andra *nisan*, 23 mars, 1947, Tel Aviv

Skillnaden mellan de första breven och de sista breven ligger bara i hur texten kopierades, det vill säga innehållet i den text som man lät gå ut från Kungahuset. Och Kungens skrivare förtydligade innehållet för att göra det lättbegripligt för alla.

Budskapet var bara "att de skulle vara redo till den dagen". Och skrivarna tolkade detta som att det gällde världens folkslag, att de hade för avsikt att hämnas på judarna. Och syftet med kraften var att få Haman att tänka, "Vem skulle Konungen vilja bevisa ära mer än mig?" I de sista breven skrev han därför uttryckligen att "judarna skulle vara redo till den dagen". Men i de första breven skrev han inte just "judarna", och därför hade de kraft nog att klaga.

Saken är den att denna kraft gavs därför att han inte ska rättfärdiga något begär att ta emot Ljusen, att låta de högre Ljusen spridas nedan, eftersom hela arbetet är att ge. Således kan han inte räcka fram något nerifrån. Så genom att Haman upphöjdes var det just de större Ljusen han ville ha, vilket hans namn vittnar om: Agagiten Haman, gradens *gag* (tak), det vill säga *GAR*.

137. När Zelofehad samlade ved

Jag hörde 1947

När Zelofehad samlade ved. *Zohar* tolkar det som att han mätte vilket träd som var störst: livets träd eller kunskapens träd. En rättfärdig kallas "livets träd", och hans avsikt är bara att ge. Och där finns det inget för de yttre att greppa tag i. Dock finns fullkomligheten i kunskapens träd, att breda ut *chochma* (visdom) nedan, och detta är innebörden av att gynna Hans skapelser. Och de får inte mätas. Istället ska de vara, "så att de bliva förenade till ett i din hand".

Detta betyder att den ena inte är fullkomlig utan den andra. Och Mordechai kom från livets träd, och ville inte sträcka fram någonting nedan, eftersom han inte hade några brister. Därför var han tvungen att stärka Haman så att han skulle dra till sig Ljuset nedan. Och efteråt, när han avslöjade sina brister, kunde Mordechai ta emot det i form av mottagande med avsikten att ge.

Nu kan vi förstå varför Kungen senare befordrade Haman, hans fiende, efter att Mordechai räddade Kungens liv och talade gott om Honom. Det är som våra visa sade, "alltefter var mans önskan", enligt Hamans och Mordechais önskan, som hatade varandra.

138. Angående rädslan som man ibland drabbas av

Jag hörde 1942

En person som grips av rädsla måste veta att det inte finns någon annan än Han. Till och med häxkonst. Och om han ser att han överväldigas av rädslan, ska han säga att det inte finns något sådant som slumpen, och att Gud nu har givit honom ett tillfälle från Ovan, och att han nu måste undersöka och begrunda skälet till att han har skickats denna rädsla. Det verkar vara meningen att han ska övervinna den och säga "det finns ingen annan än Han".

Om rädslan trots allt detta förblir, måste han ta det som ett exempel och säga att hans träldom och arbete för Skaparen måste ha samma storlek och kraft som rädslan, det vill säga att hans gudsfruktan, vilket är en dygd, måste vara lika stor som den rädsla han nu känner. Denna ytliga rädsla gör alltså en inverkan på kroppen, och exakt på samma sätt som kroppen påverkas av rädslan ska hans fruktan inför Gud vara.

139. Skillnaden mellan sabbaten och de sex dagarna för handling

Jag hörde 1942

De sex dagarna för handling betraktas vara *ZA*, och sabbaten betraktas vara *malchut*. Och han frågade, men *ZA* är en högre grad än *malchut*, så varför är sabbaten viktigare än veckodagarna? Och varför kallas de *yemey chol*[20] (vardagar)

Faktum är att världen får sin näring bara genom *malchut*. Därför kallas *malchut* "Israels församling", eftersom all god påverkan som kommer till Israel, kommer därifrån. Så trots att de sex dagarna avser *ZA*, sker det ingen förening mellan *ZA* och *malchut*. Därför kallas det *chol*, eftersom ingen rikedom sprider sig från *ZA* till *malchut*.

Och när det inte kommer någon *Kdusha* från *malchut* kallas det *yemey chol*. Men på sabbaten förenas *ZA* och *malchut*, och då ger *malchut* ifrån sig *Kdusha*. Därför kallas det "sabbat".

140. Hur kär har jag icke din lag

Jag hörde under avslutningen av sjunde dagen av *pesach* (judisk påskhögtid), 1943

"Hur kär har jag icke din lag! Hela dagen begrundar jag den". Han sade att trots att kung David redan belönats med perfektion, törstade han efter Tora, eftersom Tora är större och viktigare än all världens perfektion.

---

[20] *Yemey* - dagar; *chol* kommer från ordet *chulin* – sekulär, icke helig.

141. Pesach

Jag hörde

Pesach (judisk påskhögtid) är på *mochin de Chaya*, och räkenskapen är på *mochin de Chaya*. Under räkningen försvinner *mochin* eftersom räknandet betraktas som att höja *MAN*. Vi vet att Ljusen försvinner när *MAN* höjs; men efter räkningen återvänder *mochin* till sin plats. Orsaken är att *katnut* (litenhet) under räknandet är *katnut* de *Yechida*, men i samband med detta finns också veckodagarnas *mochin*, vilket är *YESHSUT*, och sabbatens *mochin*, vilket är *mochin de AVI*.

142. Krigets grundbeståndsdel

Jag hörde

Krigets grundbeståndsdel bör vara på en plats där det finns tillåtelse. Men med *mitzva* och synd är förlusten nära och belöningen fjärran. Därför bör man hålla den utan några överväganden.

Men att föra krig och hålla den *mitzva* som berör valet måste ske på en plats där det finns tillåtelse, eftersom handlingen bara är en fråga om tillåtelse. Så även om man faller kommer synden inte att vara så stor. Därför betraktas det vara nära belöningen, eftersom man, om man vinner kriget, kommer kunna ta en ny auktoritet under *Kdusha*.

143. Enbart gott mot Israel

Jag hörde

"Enbart gott mot Israel, mot dem som hava rena hjärtan". "Enbart" och "bara" är diminutiv. Det betyder att det på alla ställen där det i Toran står skrivet "bara" och "enbart", står det för att förminska.

I det som har med arbetet att göra ska vi därför tolka det som när man förminskar sig själv och sänker sig. Låghet gäller när man vill vara stolt, det vill säga när man vill vara i *gadlut* (storhet). Det betyder att man vill förstå allt in i minsta detalj, att själen längtar efter att kunna se och höra i allting. Trots det sänker man sig själv och går med på att arbeta med ögonen stängda och hålla Tora och *mitzvot* i fullständig anspråkslöshet. Detta är "gott mot Israel". Ordet *yashar-el* (Israel) är bokstäverna i *li rosh* (huvudet är mitt).

Detta betyder att man tror att man har ett huvud och sinnelag av *Kdusha* (Heligheten) trots att man bara urskiljs som "bara", vilket innebär att man befinner sig i ett tillstånd av förminskning och låghet. Och om detta "bara" säger man att det är fullständigt gott. Då existerar versen "mot dem som hava rena hjärtan" i en, det vill säga att man belönas med ett rent hjärta. Och detta är innebörden av "jag skall taga bort stenhjärtat ur er kropp och giva er ett hjärta av kött". Hjärtat av kött är *mochin de VAK* som kallas *mochin* av klädnad, som kommer från den Högre. *Mochin de GAR*, bör däremot komma från den lägre, genom den lägres granskningar. *VAK de mochin* och GAR *de mochin* kräver förklaring: det finns många urskiljanden av *VAK* and *GAR* i varje grad. Och kanske hänvisar han till det han på många platser skrev, att *katnut*, som kallas "den lägres *GE*", stiger till *MAN* genom det *kli* som höjer *MAN*, och som kallas "den Högres *AHP*". Därmed följer att den Högre höjer den lägre. Och då bör den lägre, för att ta emot Ljusens *GAR* och *kelims* AHP, stiga av egen kraft.

144. Det finns ett visst folk

Jag hörde under *purimnatten*, efter att ha läst *Megilla*, 1950.

"Det finns ett visst folk utspritt i utlandet och utbrett bland folken." Haman sade, att vi enligt hans perspektiv kommer att lyckas förstöra judarna eftersom de är separerade från varandra; därmed kommer vår styrka säkerligen att segra, eftersom det orsakar separation mellan människan och Gud. Och Skaparen kommer ändå inte att hjälpa dem, eftersom de är separerade från Honom. Därför gick Mordechai för att rätta till den bristen, som det står förklarat i versen, **"judarna samlades"** etc., **"för att samlas tillsammans, och för att stå för sina liv"**. Detta innebär att de räddade sig själva genom att förenas.

145. Vad menas med att Han skall giva visdom just till de visa

Jag hörde den femte *truma*, 11 februari, 1943

"Skall giva visdom till de visa". Han frågade, "Borde det inte stå, 'Skall ge visdom till de dåraktiga?'"

Och han sade, "Vi vet att det inte finns något tvång i det andliga". Istället tar var och en emot enligt vad de önskar sig. Eftersom andligheten är källan till allt liv och all njutning, hur kan det då finnas tvång i det som är bra? Så om vi ser att vi åtar oss Tora och *mitzvot* tvångsmässigt, beror det på att vi måste övervinna kroppen eftersom den inte håller med. Kroppen känner ingen njutning i detta arbete, och orsaken måste vara att den inte känner andligheten där. Som vi sade är andligheten livets och njutningens källa, och i *Zohar* står det "där det finns arbete, där finns *sitra achra*".

Detta är anledningen till att det bara är de visa som kan få visdom, eftersom de enfaldiga inte känner något behov av visdom. Bara de visa kan tilldelas visdom, på grund av deras natur. Detta betyder att den som är vis älskar visdom, och detta är hans **enda önskan!** Och enligt regeln som säger att "Begäret känner inga hinder", gör han alla möjliga ansträngningar för att skaffa denna visdom. På så vis belönas han till slut med visdom. Den som älskar visdom kan därför kallas "vis", enligt hans mål.

Men om de enfaldiga står det, "En dåre har ingen glädje av kunskap". Versen "Skall giva visdom till de visa" säger oss att den som älskar visdom aldrig känner sig modfälld av att han inte har uppnått visdomen, trots de stora ansträngningar han gjort. Istället fortsätter han in i det sista, och givetvis kommer han att nå visdom eftersom han älskar visdom. Därför sägs det "Om du vandrar denna väg kommer du utan tvivel lyckas".

Men vi måste fråga oss, vad kan man göra om vår natur är "Men lika lätt kan en dåraktig man få förstånd, som en vildåsnefåle kan födas till människa"? Varifrån ska han ta begäret att törsta efter visdom?

För detta ändamål har vi fått rådet att arbeta enligt "som uträttar Hans befallning", och utsmyckningen "hör ljudet av Hans befallning". Det betyder att man gör saker för att komma över det man vill ha. När man alltså inte har något begär efter visdom betyder det att det man saknar är ett begär efter visdom. Därför börjar man anstränga sig och vidta alla möjliga åtgärder för att skaffa begäret efter visdom, då detta är det enda man saknar.

Och arbetets förfarande är att man ska göra ansträngningar i Tora och arbetet trots att man inte har något begär efter det. Detta kallas "arbete" och det betyder att man gör saker även om man inte har något begär efter det. Det är som våra visa sade, "Allt vad du förmår uträtta med din kraft må du söka uträtta". Och till följd av ansträngningen kommer ett begär och en längtan efter visdom att skapas i en.

Och då kommer versen "skall giva visdom till de visa" att bli sann för en, och man kommer att belönas med "hör ljudet av Hans befallning". Man belönas med ett begär efter det som man tidigare var tvungen att genomföra genom "görande", en handling utan vilja.

Så om vi vill veta vem som älskar visdom måste vi se till dem som strävar efter visdom, även om de ännu inte har belönats med att vara bland de som älskar visdom. Anledningen är, som vi sade tidigare, att de, genom sina ansträngningar, kommer att belönas med att vara en av dem som älskar visdom.

Och efter att de har ett begär efter visdom kommer de att belönas med visdom. Begäret efter visdom är således ett *kli*, och visdomen är Ljuset. Detta är innebörden av "det finns inget tvång i det andliga".

Visdomens Ljus betyder livets Ljus. Vi förnimmer inte visdom som ett intellektuellt begrepp, utan som det faktiska livet, livets grundstomme, så nödvändig och grundläggande att man betraktas som död utan den. (Därför kan vi även säga att visdom kallas *Chaya*, att leva).

146. En kommentar på Zohar

Jag hörde år 1938

I *Zohar*: "När människan föds tilldelas han en själ från det rena odjurets sida". Han tolkar det som att även hans djuriska själ går med på att tjäna Skaparen. "Om han belönas vidare, tilldelas han en själ från de heliga Hjulen". Det betyder att han har en själ som ständigt längtar, och den rullar från plats till plats. Liksom ett hjul som aldrig slutar snurra, rullar och vrider sig hans själ evinnerligen, för att vara ett med *Kdusha* (Heligheten).

147. Arbetet i mottagande och givande

Jag hörde den tjugoförsta *adar*, 8 mars, 1953

Arbetet i mottagande och givande beror på hjärtat. Detta betraktas som *VAK*. Men arbetet i tro och kunskap betraktas som *GAR*. Och även om de är ett och samma urskiljande, det vill säga att man godtar tron enligt värdet av arbetet i mottagande och givande, är det ändå tydligt att de är två olika urskiljanden.

Anledningen till detta är att även om man kan arbeta i givande, vill man fortfarande se vem det är man ger till och vem som tar emot ens arbete. Därför måste man arbeta i form av *mocha* (tanke), det vill säga tro att det finns en Ledare som tar emot de lägres arbete.

148. Granskningen av bittert och sött, sant och falskt

Jag hörde

Det finns ett urskiljande av "bittert och sött", och det finns ett urskiljande av "sant och falskt". Urskiljandet av "sant och falskt" sker i förståndet, och urskiljandet av "bittert och sött" sker i hjärtat. Detta är anledningen till att vi måste vara uppmärksamma på arbetet i hjärtat, så att det sker i form av givande och inte i form av mottagande.

Människans natur känner att mottagande är sött, och att givande är bittert. Och arbetet med att omvandla mottagande till givande kallas "arbetet i hjärtat".

I förståndet är arbetet i "sant och falskt". Här måste vi arbeta i tro, det vill säga ha tillit till de visas tro, eftersom arbetaren själv saknar förmågan att skilja mellan "sant och falskt".

149. Varför vi måste sprida chochma

Jag hörde den tjugoandra *adar*, 9 mars, 1953, Tel Aviv

Han frågade, "Varför måste vi sprida urskiljandet *chochma* (visdom), vilket är vetande, om hela vårt arbete sker över förståndet?"

Han svarade "Om de rättfärdiga i dagens generation inte var i form av vetande, skulle inte heller Israel kunna arbeta i form av tro över förståndet. När den rättfärdige sprider skenet av *chochma*, skiner hans medvetande i hela Israel".

Till exempel, om hjärnan vet och förstår vad man vill kommer kroppens alla lemmar att utföra sina handlingar, och de behöver inget intellekt. Istället gör handen och benet och resten av kroppen det som måste göras. Och ingen sund och förnuftig person skulle någonsin få för sig att handen och benet skulle göra ett bättre jobb om de hade en egen hjärna.

Alltså förändras inte kroppens organ av hjärnan, utan kroppsdelarna fungerar enligt hjärnans briljans. Det betyder att om hjärnan besitter ett kraftfullt intellekt, namnges alla lemmar efter hjärnan, och kallas "kraftfulla lemmar".

Likaså i en grupp som håller sig fast vid en sann rättfärdig, någon som redan belönats med kunskap, då kan de göra saker med tro. De är också helt nöjda med detta, och behöver inget urskiljande av kunskap.

150. Beskär åt Herren, ty Han har skapat högmod

Jag hörde den fjortonde *shvat*

I versen, "Beskär[21] åt Herren, ty han har skapat högmod", verkar det som att "beskär" är som "min kraft och tukt". Detta betyder att vi alltid måste tukta och beskära törnarna i Skaparens vingård. Men när man känner att man är hel och tror att man redan har rensat bort alla törnar, då avslutar versen, "ty Han har skapat högmod".

---

[21] *Zamru* betyder på hebreiska både lovsjunga och beskära. Här avses den senare betydelsen.

Detta betyder att Han uppenbarligen har skapat högmod i denna värld, med följden att människan tycker om att betrakta sig själv som ärlig och sann. Och när man känner om sig själv att man redan har plockat bort taggarna och att man är en fulländad människa, då är det en slags stolthet.

Istället ska man alltid undersöka sina handlingar och kontrollera dem med tio slags undersökningar, och inte lita på sina tillfälliga förnimmelser, eftersom det bara är ett slags stolthet. Det är som versen säger i den rättfärdiges namn: "Ni är lata, ja lata är ni. Därför säger ni: 'Låt oss gå och offra åt Herren!'"

Detta betyder att han sade till Israels folk, "när ni säger, 'Låt oss gå och offra åt Herren!', och känner er redo och villiga att gå och offra er själva på Herrens altare, är det tecken på lättja och svaghet, att ni inte längre vill arbeta och ständigt undersöka er själva och förbereda er inför detta stora åtagande. Det är därför ni tror er vara perfekta tjänare åt Herren, som de tolkar i slutet av versen, 'ty Han har skapat högmod'".

151. Och Israel såg egyptierna

Jag hörde angående *Beshalach*

I versen, "och Israel såg egyptierna ligga döda på havsstranden. Och när folket såg hur Herren bevisat sin stora makt på egyptierna, fruktade folket Herren, och de trodde på Herren och hans tjänare Moses", måste vi förstå, hur "de trodde" är relevant här. Miraklet med flykten från Egypten och delningen av vattnet tog helt uppenbart Israel till mycket starkare tro än de hade tidigare. Våra visa sade trots allt att "Han är min Gud, jag vill ära Honom", och att en piga vid havet såg mer än profeten Hesekiel.

Detta betyder alltså att uttåget ur Egypten var en följd av öppna mirakel som förde med sig kännedom om Herren, vilket är motsatsen till innebörden av "tro", eftersom det inte är över förståndet. Och när man ser öppna mirakel är det väldigt svårt att stanna kvar i tro, eftersom det dessutom innebär en utvidgning av förståndet. Så vad betyder texten, "och de trodde på Herren"?

Men vi bör tolka enligt kommentaren "Alla visste att Han var en Gud att tro på". Versen beskriver Israels lovord. Med hjälp av tro över förståndet undvek de att deras träldom försvagades av att bevittna de uppenbara miraklen. Detta är ett stort arbete, att hålla sig fast vid trons väg och inte ringakta den när man väl belönas med att kunna tjäna Skaparen inom förståndet.

152. Ty mutor förblinda de visas ögon

Jag hörde den tjugofjärde *tevet*, 6 januari, 1948

"Ty mutor förblinda de visas ögon och förvrider de rättfärdigas sak". När man börjar kritisera arbetet och dess villkor finns det en risk att det blir omöjligt att godta arbetet, och detta av två anledningar:

1. Belöningen för arbetet är inte hundraprocentigt garanterad. Man träffar aldrig dem som redan har belönats, och när man besöker dem som har lagt ner stor möda på att utstå arbetets börda kan man inte avgöra om de har belönats för sitt arbete. Därför frågar man sig: "varför har de inte fått något?" Om man lyckas ge det högsta svaret säger man att det beror på att de inte följde arbetets föreskrifter till punkt och pricka. De som följer arbetets ordningsföljd får ta emot sin belöning från Helheten.

Därefter kommer en andra fråga: man vet att man är bättre lämpad och förmögen att klara av arbetets villkor än sin vän. Därför är man hundra procent säker på att det inte finns någon som kan kritisera en för att försöka komma undan, och att man har helt och hållet rätt i detta.

2. Därför uppstår en fråga: Den som påbörjar arbetet har helt säkert beräknat och övervägt det, och slutligen tagit på sig detta arbete. Hur besvarade man alla frågor man ställde sig själv? Saken är den, att för att kunna skåda sanningen, måste vi se med öppna ögon. Annars tror vi bara att vi ser vem som har rätt, om det är den rättfärdige eller världen. Och för att hålla ögonen öppna måste vi se upp med mutor, "Ty mutor förblinda de visas ögon och förvrider de rättfärdigas sak".

Och huvudsaken med en muta är att den sker i viljan att ta emot. Därför har man inget annat val än att först godta arbetet och alla dess villkor i form av tro över förståndet, utan någon kunskap. När man sedan har renats från viljan att ta emot kan man börja kritisera och ha en anledning att hoppas på att få se sakens sanna natur. Detta är orsaken till att den som bara granskar med förståndet inte kan fråga någonting, eftersom det är sant att han har rätt, och han kommer alltid att vinna diskussionen, eftersom han inte kan se sanningen.

153. En tanke är en följd av ett begär

Jag hörde den sjunde *shvat*, 18 januari, 1948

En tanke kommer till följd av ett begär. Man tänker på det man vill ha, och inte på det man inte vill ha. Till exempel tänker man aldrig på när man ska dö. Istället begrundar man sin evighet, eftersom detta är vad man vill. Således tänker man alltid på det man begär.

Men tanken spelar också en särskild roll: den förstärker begäret. Begäret förblir så som det var; det har inte förmågan att utvidgas och sätta sin handling i verket. Men när man tänker och funderar på saken ber begäret tanken om råd och vägledning för hur begäret kan realiseras. Därigenom växer och utvidgas begäret så att det kan sätta planen i verket.

Det visar sig att tanken tjänar begäret, och begäret är personens "jag". Det finns ett stort jag och ett litet jag. Det stora jaget dominerar de mindre jagen.

Rådet till den som är ett litet jag, som står maktlös inför de större jagen, är att förstora jaget genom att envisas med tankar på begäret, eftersom begäret växer i den utsträckning man tänker på det.

Alltså, "har sin lust i Herrens lag, och tänker på Hans lag både dag och natt", eftersom jaget, genom att man framhärdar i det, växer tills det blir det stora, förhärskande jaget.

154. Det kan inte finnas en tom plats i världen

Jag hörde den sjunde *shvat*, 18 januari, 1948, Tel Aviv

Det kan inte finnas en tom plats i världen. Och människans viktigaste del är begäret, då detta är skapelsens kärna, är det där storhet eller litenhet kan mätas. Alltså måste man ha något slags begär – antigen för det materiella eller för det andliga. Den som helt saknar begär betraktas vara död, eftersom hela skapelsen enbart är begär, vilket betraktas som existens från frånvaro. När man saknar denna substans, hela skapelsens substans, betraktas man naturligtvis vara aborterad, något ohållbart.

Därför ska man försöka ha ett begär, eftersom detta är skapelsens substans. Dock måste begäret förtydligas. Precis som att det är naturligt för alla djur att känna vad som är skadligt eller nyttigt för dem, måste vi se till att begäret är till för något.

155. Kroppens renhet

Jag hörde under en sabbatsmåltid, den trettonde *shvat*

Kroppens renhet vittnar om sinnets renhet. Sinnets renhet kallas "sanning", inte uppblandad med någon falskhet. Men kroppens renhet är inte så viktig att bibehålla, eftersom vi avskyr smutsen för att den betraktas vara skadlig, därför bör vi hålla den borta.

Vad gäller kroppen är det alltså inte lika viktigt att vara petig, eftersom den till slut kommer att gå förlorad, hur väl vi än sköter om den. Men när det gäller själen, som är evig, är det värt att vara aktsam och lägga ner möda på att ta hand om den, att undvika all slags smuts, eftersom all smuts anses vara skadlig.

156. Må han nu icke taga av livets träd

Jag hörde den femtonde *shvat*

"Må han nu icke räcka ut sin hand och taga jämväl av livets träd och äta, och så leva evinnerligen". Baal HaSulam tolkade detta som att han då kanske skulle ta av det täckta *chassadim* (barmhärtighet), vilket anses vara från *chazeh* (bröstet) och uppåt. Detta därför att det där finns fullkomlig tillfredställelse och tillräcklighet. Det skulle medföra att han inte skulle korrigeras genom synden med kunskapens träd, vilket betraktas vara från *chazeh* och neråt. Livets träd kallas alltså "från *chazeh* och uppåt", och där finns täckta *chassadim*. Och här tycker jag att vi ska tolka det man brukar säga "Ett liv med fruktan för himmelriket och ett liv med fruktan för synd".

Som Baal HaSulam tolkar detta, är skillnaden mellan de två att det han tar från livet, tar han därför att han fruktar för att synda, vilket betyder att han inte har något annat val. Men fruktan för himmelriket betyder att han har andra val. Även om han inte tar detta urskiljande, är det inte en synd; utan han väljer det på grund av fruktan inför Skaparen.

Men för den sakens skull kan vi inte säga att täckta *chassadim* betraktas som *katnut*. Det gäller bara när han inte har något annat val. Men när han uppnår uppenbar *chassadim* från urskiljandet Rakel, då betraktas urskiljandet Lea – vilket är täckta *chassadim* – vara *GAR* och *gadlut* (storhet).

Och det kallas "fruktan för himmelriket", att han har uppdagat *chassadim* men ändå väljer täckta *chassadim*. Således finns det två slags täckta *chassadim*: 1) när han inte har urskiljandet Rakel och befinner sig i *VAK*; 2) när han har urskiljandet Rakel, som kallas "Lea" och *GAR*.

157. Jag låg och sov, dock vakade mitt hjärta

Jag hörde den nionde *nisan*, 18 april, 1948

I *Zohar*, (*parashat Amor*, 95a): "Israels församling sade, 'Jag sov i exil i Egypten, där mina barn led under hård träldom'". *Mochin* var i ett tillstånd av sömn, som det står skrivet om versen, "där finns", sover deras Gud.

"Men mitt hjärta vakar för att skydda de som icke skall tillintetgöras i exil". Detta betyder att när de tar emot *mochin* av *achoraim*, skyddas de av dem, trots att de ännu inte skiner i henne och fortfarande befinner sig i exil. Ändå betraktas det som att vara vaken, enligt "avslöjar inte från hjärta till mun".

Hjärtat är *VAK*, eftersom det finns *VAK de chochma* där. Även under en tid för *gadlut* finns det ingen annan *chochma* där, utan bara det hon tog emot här.

"Hör, då bankar min älskade på dörren". Detta är slagen, *masach* (skärm) *de chirik* (av *chirik* – ett punkttecken) i *ZA*. "Och jag har kommit ihåg mitt förbund". Detta är omskärelsen, vilket är *dinim* (domar) av *nukva*, som upphäver *dinim de dechura* (manlig). *Dinim* är urskiljanden som gör slut på *GAR*, och detta betraktas som att "skära".

Och det finns andra korrigeringar som kallas "betalning". "Öppna en ingång stor som ett nålsöga åt Mig, och Jag skall öppna den Höga porten åt dig". Den lilla öppningen avser de små ljusen, eftersom *chochma* skiner mycket svagt utan *chassadim*.

Först efter att *chassadim* dras, integreras *chochma* med *chassadim*, *VAK*, stora konvojer. Och betydelsen av den Höga porten har att göra med *chassadim* med hänsyn till *AVI*, som kallas "ren luft". Anledningen är att det bara är när man väl har *chochma* men drar till sig *chassadim* som dessa *chassadim* kallas "ren luft", eftersom man föredrar *chassadim* framför *chochma*.

Men när man har *chassadim* utan *chochma* betraktas det som *katnut*. "Öppna en ingång... åt Mig", så att *ZA* och hans syster *malchut*, i form av *chochma,* kunde dra till sig *chochma*. "Dörren som leder till Mig är inom dig". Alltså, bara när du har *chochma* kommer Jag att ha en ingång att gå in i, i form av *chassadim*, "ren luft", som jag tar från *AVI*.

Kom och se: När Skaparen slaktade de förstfödda i Egypten, och sänkte graderna från Ovan och nedåt", Egypten är den vänstra linjen. Dock är de i form av *klipa*, utan att förenas med det högra. Och när Israel var i Egypten var de under deras välde, och därför tvingades även de att ta emot det vänstra.

Och farsoten bland de förstfödda, det vill säga att det högras styre av *GAR* upphävdes, detta är "och sänkte graderna från Ovan och nedåt. Då inträdde Israel i det heliga tecknets förbund".

Omskärelsen avser *dinim de nukva*, vilket är *masach de chirik*, som upphäver *dinim de dechura*. Därigenom stoppar hon det vänstras *GAR*, och därefter skiner endast *VAK*. Genom att Skaparen slaktade de förstfödda hade de styrkan att hålla förbundet "som blodet till tecken på dörrposterna".

"Där fanns två slags blod: ett från *pesach* (judisk påskhögtid), och ett från omskärelse". Blodet från *pesach* är korrigeringen av den vänstra linjens integrering, och blodet från omskärelsen är korrigeringen av *dinim de nukva*, vilket är *chirik*. Och blodet från *pesach...*

158. Anledningen till att man inte äter i någon annans hus under pesach

Jag hörde under en s*hacharit* (morgonmåltid) under *pesach*, 1948

Han förklarar seden att inte äta i andras hus på grund av *kashrut*, och varför det inte är så hela året. Och varför, även om man känner någon, och att man vet att det är helt *kosher* i hans hus, kanske till och med bättre än i det egna, ska man ändå inte äta där. Orsaken är förbudet mot *chametz* (syrat bröd) gäller *allt*, och det är omöjligt att skydda sig från allt. Istället är det Skaparen som kan vaka över en och se till att man inte bryter mot något.

Därför står det att med syrat bröd ska man vara försiktig med allt. Man ombeds vara aktsam, och man bör söka råd om hur man kan hålla sig från att inte komma till "något" syrat.

Men man kan inte skydda sig själv. Snarare är det Skaparen som skyddar. Säkerligen är det även så att alla inte är lika inför detta skydd. Vissa skyddas bättre av Skaparen, och vissa skyddas mer, alltefter behov. Orsaken är att det finns folk som vet att de behöver vara mycket försiktiga, och därför är de mer uppmärksamma, och det finns folk som känner att de inte behöver något sådant skydd från Ovan. Detta är dessutom svårt att säga eftersom det beror på förnimmelsen: en del att de inte klarar det, och behöver därför större aktsamhet.

159. Så förflöt en lång tid

Jag hörde

"Så förflöt en lång tid, och därunder dog konungen i Egypten. Men Israels barn suckade över sin träldom och klagade; och deras rop över träldomen steg upp till Gud. Och Gud hörde deras jämmer". Detta betyder att de led så mycket att de inte kunde stå ut längre. Därför vädjade de med en bön, så att "deras rop över träldomen steg upp till Gud".

Men vi ser att det även står "Ack att vi hade fått dö för Herrens hand... när vi satt vid köttgrytorna och hade mat nog att äta!" De sade också, "Vi komma ihåg fisken vi åt i Egypten för intet, så ock gurkorna, melonerna, purjolöken, rödlöken och vitlöken".

Visserligen var de mycket förtjusta i arbetet i Egypten. Versen "beblandade sig med hedningarna och lärde sig deras gärningar" betyder att om Israel befinner sig under ett annat länds herravälde, då kontrolleras de och kan inte bryta sig loss från deras styre. De fick således tillräcklig smak för det arbetet att de inte kunde räddas.

Vad gjorde Skaparen då? "Därunder dog konungen i Egypten", vilket betyder att de förlorade träldomen. Därför kunde de inte arbeta längre: de förstod att om det inte finns någon perfektion i *mochin* är också träldomen ofullkomlig. Därför, "Israels barn suckade över sin träldom och klagade". Det betyder att de inte klarade av arbetet, att de inte fann någon livfullhet i arbetet.

Att konungen i Egypten dog betyder att kungens alla styren, som han försörjde och närde, hade dött. På så vis hade de utrymme att be, och de räddades omedelbart. Och när de senare vandrade i öknen och kom till ett tillstånd av *katnut* (litenhet), längtade de tillbaka till den träldom de hade innan Egyptens konung dog.

160. Anledningen till att man döljer matzot

Jag hörde

Han förklarar varför man brukar lägga *matzot* (osyrat bröd) i fördoldhet, på en *matzo*-tallrik eller något annat övertäckt. Det står skrivet, "Och folket tog med sin deg, innan den ännu hade blivit syrad; de tog sina baktråg och lindade in dem i mantlarna och bar dem på sina axlar". Ledtråden finns i "lindade in dem i mantlarna".

Under *pesach* var nämligen *kelim* inte ordentligt sammankopplade. Detta är orsaken till att det då sker en uträkning, för att korrigera *kelim*. Detta är innebörden av hennes ord, "Jag såg bilden av en droppe från en ros". Det betyder att det hände ett mirakel under *pesach*-natten. Trots att det borde ha funnits fäste, fanns det inget fäste alls, eftersom det var dolt och ingenting syntes utifrån. Och detta är vad som antyds i "lindade in dem i mantlarna".

161. Angående givandet av Tora

Jag hörde under en måltid på *shavuot*

Angående givandet av Toran på Sinais berg: det betyder inte att Tora gavs då, och att den inte längre ges nu. Istället är givandet av Tora någonting evigt – Skaparen ger alltid. Vi har dock inte förmågan att ta emot. Men då, på Sinais berg, var vi Torans mottagare. Och det var endast en sak som gjorde att vi förtjänade detta; vi var som "en enda man med ett enda hjärta". Detta betyder att vi alla hade blott en tanke – att ta emot Toran.

Men ur Skaparens perspektiv slutar Han aldrig att ge, som det står skrivet i Ribashs namn, "Människan måste höra de tio budorden på Sinais berg varje dag".

Toran kallas "livets dryck" och "dödens dryck". Vi bör fråga, "Hur kan två motsatser finnas i en och samma sak?" Allt vi ser med våra ögon är inget mer än förnimmelser, men verkligheten i sig intresserar oss inte. Så när man studerar Tora, och Tora för en bort från kärlek till Gud, då kallas denna Tora givetvis för "dödens dryck". Och om Toran för en närmare Skaparen, kallas den givetvis "livets dryck".

Men Toran i sig själv, det vill säga verkligheten i sig själv, tas inte med i beräkningen. Istället är det förnimmelserna som fastställer verkligheten, här och nedan. Och själva Toran, utan mottagarna, verkar det vara meningen att vi ska tolka som Ljus utan *kli*, något som vi omöjligen kan uppnå. Detta betraktas som "essens utan materia". Och vi kan inte uppnå essensen, inte ens en materiell essens; och särskilt inte en andlig sådan.

Och när man arbetar för sin egen skull betraktas det som *lo lishma* (inte för Hennes namn), och från *lo lishma* kommer vi till *lishma* (för Hennes namn). Har man inte belönats med att ta emot Tora hoppas man på att få ta emot den nästa år. Och när man har tagit emot fullständigt *lishma* har man inget kvar att göra i den här världen.

Därför finns det en tid för mottagandet av Tora varje år. Då är tiden mogen för ett uppvaknande från nedan, eftersom uppvaknandet av tiden då sker, då Ljuset från givandet av Toran uppenbaras för de lägre.

Det är anledningen till att det alltid finns ett uppvaknande från Ovan, för att de lägre ska kunna handla så som de gjorde då. Om man alltså fortsätter på vägen där *lo lishma* tar en till *lishma* gör man framsteg, och man hoppas att man slutligen kommer att belönas med att ta emot Tora *lishma*.

Men om man inte hela tiden har målet framför sig rör man sig i motsatt riktning från Tora, som kallas "livets träd", och därför betraktas det vara en "dödens dryck", eftersom man ständigt glider ifrån livets linje.

"Jag har arbetat men icke funnit, tro det ej". Vi måste förstå vad "jag har funnit" betyder. Vad är det man ska finna? Finna avser att finna nåd inför Skaparens ögon.

"Jag har icke arbetat men funnit, tro det ej". Vi måste förstå; egentligen ljuger man inte; detta angår inte personen själv, som individ. Det är snarare samma regel som gäller helheten. Och om man ser att man har gynnats av Skaparen, varför "tro det ej"? Saken är den att ibland gynnas människor av Skaparen på grund av bön. Detta är bönens kraft – den kan fungera som arbete. (Vi ser även i den materiella världen att en del försörjer sig genom ansträngning och en del försörjer sig genom bön. Och genom att be om uppehälle tillåts man försörja sig.)

Men i andligheten fungerar det på följande vis: trots att man belönas med att gynnas måste man ändå betala hela priset senare – lika mycket arbete som alla får ge. Gör man inte det förlorar man sitt kli. Därför sade han, "jag har icke arbetat men funnit, tro det ej", eftersom man kommer att bli av med alltihop. Således måste man betala tillbaka hela sitt arbete efteråt.

162. Angående chazak som vi säger efter att ha läst hela pentateuken

Jag hörde under en *shacharit-* (morgon-) måltid på sabbat, den andra *av*, Tel Aviv

Välsignelsen *chazak* (stark på hebreiska), som vi säger efter att vi har läst hela pentateuken (de fem Moseböckerna), betyder att vi bör utvinna styrka från läsningen för att kunna ta oss igenom alla grader. Liksom kroppen har 248 organ och 365 senor, har också själen 613 kanaler, genom vilka rikedomen flödar. Och dessa kanaler öppnas med hjälp av Tora. Så länge alla kanaler inte är öppna, även om en brist uppstår i en särskild grad, är den graden ändå en del av helheten.

Om en beståndsdel saknas i helheten, saknas alltså samma urskiljande även i individerna, och de inkarnerar gradvis, enligt gradernas ordningsföljd. Och när alla är fulländade infinner sig korrigeringens slut. Fram till dess träder de fram och korrigeras, en efter en.

Nu kan vi förstå vad våra visa sade, "Tora kom före världen". Detta betyder att Tora redan fanns innan världens begränsning uppstod.

Och hur kan den då skina inuti världen, som är en inskränkning? Men istället skiner Tora enligt det ena efter det andra. Och när alla urskiljanden är färdiga, måste man lämna denna värld, eftersom man har skördat alla urskiljanden från Tora. Därför bör varje slut ge oss styrkan att fortsätta vidare. Och de fem moseböckerna motsvarar de sju *sfirot*, som i grunden är fem, eftersom *yesod* och *malchut* inte är grundstommar, utan bara inkluderade.

163. Vad författarna till Zohar sade

Jag hörde efter sabbaten, *parashat Masa'ei*, den 7 augusti, 1948, Tel Aviv

Det hade inte behövt vara så att författarna till *Zohar* uttryckte sina ord som en moralitet. De kunde ha använt sig av andra medel för att avslöja sina hemligheter. Dock ville de kläda sina hemligheter i moraler, med avsikten att läsaren tydligt skulle förstå att det viktiga i Tora inte är visdomen, utan den som ger Toran, att det väsentliga i Tora och *mitzvot* är att hålla fast vid Givaren av Tora.

Eftersom klädnaden i en moral är det som påminner mest om det, arrangerade de det hela i en sådan dräkt. Många gånger kläder de det även i visdom för att inte fela och säga att allt som finns där blott är enkel moral, och att det inte finns någon visdom dold däri. Därför skrev de i två dräkter, för att den ena ska göra oss uppmärksamma på den andra.

164. Det finns en skillnad mellan det kroppsliga och det andliga

Jag hörde den tredje *av*, 8:e augusti, 1948

Det finns en skillnad mellan det kroppsliga och det andliga: I det kroppsliga föregår styrkan handlingen, som det står skrivet, "Förrän de ropa, skall jag svara", vilket är fastställt i enlighet med slutet av korrigeringen, där ingenting uträttas innan de har styrkan att göra det. I det andliga, där det emellertid ännu inte är fastställt i enlighet med slutet av korrigeringen, utan istället ordnat efter vad man kan urskilja, måste arbetet påbörjas innan man har förvärvat styrkan, som det står skrivet "Som uträtten hans befallning, så snart I hören ljudet av hans befallning."

165. En förklaring av Elisas begäran av Elia

Jag hörde

Elia frågade honom: "Bed mig om vad jag skall göra för dig?" Och han svarade, "Må en dubbel arvslott av din ande falla till mig". Och han svarade, "Du har bett mig om något svårt".

Saken är den, att det finns granskningen av de 248, och det finns granskningen av hjärtat av sten, som inte kan undersökas. Genom att granska de 248, granskas även hjärtat av sten, trots att det är förbjudet att vidröra för sig. Och den som granskar de 248, granskar således även hjärtat av sten.

166. Två urskiljanden i uppnående

Jag hörde

Det finns två urskiljanden i uppnående: 1) Kaskaden av världarna från Ovan och neråt; 2) nerifrån och upp.

Första urskiljandet: "Gud har danat och gjort". Detta betyder att Skaparen har förberett en plats för oss där vi kan arbeta.

Andra urskiljandet: när vi börjar arbetet och kläder oss, nerifrån och upp. Innan vi uppnår gradens fullbordan kan vi dock inte veta någonting säkert. Detta kallas "lära sig först, sedan förstå".

Någon som är liten och börjar lära sig att äta bröd har fortfarande ingen kunskap, utan känner bara till brödet. När han växer börjar han förstå att det finns en orsak till brödet, en orsak som ger upphov till dess form så att det ter sig som det gör för våra ögon: vitt, mjukt, gott och så vidare.

Han uppnår brödets form, efter det att det tagits ut ur ugnen: då är brödet alldeles för mjukt och så hett att det inte går att äta. En etapp saknas – brödet måste svalna och stelna en viss tid, under vilken luften gör brödet ätbart, ger brödet den form det har när det kommer till matbordet.

Men han forskar vidare och ser ännu en skepnad – innan det ställs in i ugnen. Trots att den har en liknande form finns det stora skillnader. Det är alltså ugnens hetta som gör brödet större och fastare i konsistensen, och förvandlar ytan till en skorpa.

Tidigare var det vitt, och nu har det en annan färg. Och när han börjar forska djupare ser han till och med att brödet får sin vikt och form innan det kommer in i ugnen.

Så fortsätter han, tills han kommer till tillståndet då vetet sås i jorden. Fram till dess kan han bara ta emot från brödet, det vill säga förenkla brödet som finns i världen. Men efteråt kan han redan lägga till.

På samma sätt är det i andligheten. Först måste man ta emot nerifrån och upp och bara ta emot och inte lägga till. Men därefter, i det andra tillståndet, kan man även lägga till.

167. Anledningen till att vi kallar det *shabbat* tshuva

Jag hörde på sabbaten *tshuva*, den 9 oktober, 1948, Tel Aviv

Anledningen till att vi kallar det *"shabbat tshuva"* (ångerns sabbat) är att vi säger (på försoningsdagen, i slutet av de tio botgörardagarna) "för en synd". Och den som undersöker "för en synd" kommer fram till att han inte platsar där, åtminstone till sextio procent, och de fyrtio procenten kan förklaras och ursäktas bort, även om det finns anledning att tvivla på att han verkligen känner där. Men upp till sextio procent är han säker på att det inte gäller honom själv.

Därför finns det en god sak med sabbaten: Sabbatens Ljus kan skina och avslöja så att man kan hitta sig själv i hela de hundra procenten av "för en synd", att detta tilldelades honom och ingen annan. Men utan Ljuset känner vi inte det.

Detta är anledningen till att det kallas *"shabbat tshuva"*. Sabbaten är bra för *tshuva* (ånger), så att vi kan känna synden. Orsaken är att vi först måste erkänna synden, och därefter be om förlåtelse. Men om vi säger "för en synd" utan att känna synden, vad är det för slags erkännande? I sitt hjärta säger man ju trots allt att man inte har syndat. Och självklart är det man erkänner med munnen helt värdelöst, när hjärtat inte håller med.

168. Israels seder

Jag hörde

Israels seder är så viktiga att man med säkerhet kan säga att de ger mer andlighet än vad själva *mitzvot* gör. Detta trots att det inte är straffbart att bryta mot en sed, men att bryta mot domarna är straffbart. Och ändå tjänar man mer andlighet, det vill säga när det gäller att skaffa sig fruktan inför Himmelriket, genom sederna eftersom de stora män som skapade sederna arrangerade dem på ett sådant sätt att andligheten skulle skina igenom dem.

Därför sade han att den som försummar seden att äta kött och fisk på sabbaten nekar till sin egen andlighet. Detta angår bara personer som ännu inte har uppnått perfektion, det vill säga ser det han ser. Detta betyder att han ännu inte har belönats med smakerna i *mitzvot*, och därför måste han iaktta sederna.

Det är som ett äpple som skadas innan det ens hinner ruttna, och när det väl har skadats ruttnar det under alla omständigheter. Lika är det med någon som blir fri och förkastar sederna, och till följd av det blir antigen han eller hans ättlingar fria.

169. Angående den fullständigt rättfärdige

Jag hörde

Angående den "fullständigt rättfärdige" som inte syndade. Det står skrivet "Ty ingen människa är så rättfärdig på jorden, att hon gör, vad gott är, och icke begår någon synd". Till svar sade han att i varje grad finns urskiljandet "fullständigt rättfärdig", där det inte finns någon synd. Och i den graden har personen aldrig syndat. Detta urskiljande är från *chazeh* (bröstet) och uppåt i varje grad, och betraktas vara "livets träd" och "täckta *chassadim*".

Och i urskiljandet *chazeh* och neråt finns det synd och ånger. När detta korrigerats når vi en högre grad. Och där börjar återigen denna ordningsföljd, det vill säga "fullständigt rättfärdig" och "Ty ingen människa är så rättfärdig på jorden, att hon gör, vad gott är, och icke begår någon synd".

170. Du skall icke hava en stor sten

Jag hörde

"Du skall icke hava en stor sten jämte en liten sten i din ficka". *Even* (sten) kallas "tro" (stenar att väga med). Detta betraktas litet, över förståndet. Men samtidigt ska du inte säga att du har en "stor sten", det vill säga att du har förstånd. Det betyder att det du gör inte är som resten av världen, utan att du har en solid grund, som är *gadlut* (storhet) och inte *katnut* (litenhet), alltså utan grund och en komplett sten.

Det måste vara en "liten sten" men den måste vara "komplett", det vill säga att den lilla stenen är tillräcklig för att hålla Tora och *mitzvot*, och först då kallas den "komplett".

Men om den är "liten", och bara tillåter dig att göra små saker betraktas den inte vara en "komplett sten". Och vad gäller ett stort mått eller ett litet mått; om du har en liten grund, betraktar du dig höra till urskiljandet *katnut*. Men när du har en "stor sten", en stor grund, betraktar du dig själv som stor, det vill säga att du då är stor. Och en "komplett sten" är när du belönas med privat försyn.

171. Zohar, Amor

Jag hörde under *pesach* den fjärde *inter*, 18 april, 1949

I *Zohar, parashat* (stycket) *Amor:* "Och Israels församling sade, 'jag sover i egyptisk exil'" (*Zohar, Amor* s.43).

När *mochin* försvinner kallas det "sömn", att sova. "Dock vakar mitt hjärta". Hjärtat betraktas vara de trettiotvå visdomsstigarna. Detta betyder att *chochma* (visdom) sken där, men utan en klädnad av *chassadim* (barmhärtighet), och detta kallas "egyptisk exil". Därför kallas det "sömn". Samtidigt var de värdiga att ta emot *mochin de chochma*, dock endast i form av *achoraim* (baksida).

"Hör, då klappar min älskade på dörren", det vill säga ZAs röst, som betraktas som *chassadim*. Och Skaparen sade följande: "Öppna ett hål stort som ett nålsöga åt Mig". Detta betyder att under frälsningen uppmanade Han dem att dra till sig *chochma* ännu en gång. När det inte var klätt i *chassadim* kallades dess öppning för ett nålsöga, eftersom hon inte skiner utan *chassadim*.

"Och Jag skall öppna den Höga porten för dig", vilket innebär att ge urskiljandet *chassadim*, och därigenom får hon rikedomen, *chochma* och *chassadim*.

"Öppna ett hål... ty dörren som leder till Mig finns inom dig, ty bara i dig skall mina barn träda in i Mig". Detta betyder att Han inte kan ge till barnen som behöver *mochin de chochma*, eftersom Hans urskiljande bara är *chassadim*. Men när hon drar till sig *chochma* kommer detta även att göra det möjligt för barnen att ta emot *chochma*. Hon anses därför vara den enda som kan åstadkomma denna öppning, medan "Jag är stängd och de skall icke finna Mig", vilket betyder att "de kommer inte finna mig i fullkomlighet."

När ZA bara har *chassadim* har han bara *VAK*, och kallas då "bara luft". Men när han dessutom har *chochma* kallas hans *chassadim* "ren luft", trots att han bara tar emot *chassadim*. Anledningen till detta är att då är hans *chassadim* bättre än *chochma*. Utan *chochma* kommer han dock inte att vara fullkomlig.

Detta är innebörden av orden: "Att kopulera med Dig och alltid ha fred med Dig. Kom och se, när Skaparen dräpte de förstfödda i Egypten, alla dem som Han dräpte vid midnatt, och sänkte graderna från Ovan och nedåt". Detta görs genom korrigeringen av *masach de chirik*, vilket ger upphov till två urskiljanden: att GAR försvinner och att *chassadim* sträcks fram. Genom denna *hitkalelut* (integrering, införlivande), kan *mochin* spridas Ovanifrån och ner.

"När Israel ingått i det heliga tecknets förbund blev de omskurna". "Plågan på de förstfödda", "påskblodet" och "omskärelseblodet" är alla ett och samma urskiljande. Det är en välkänd hemlighet att Egyptens Gud var ett lamm. Detta betyder att offret under påskhögtiden var riktat mot deras Gud.

Egyptens *klipa* var att de ville sträcka fram från korrigeringens slut, liksom synden med kunskapens träd, då de ville sträcka fram Ljuset av GAR ifrån Ovan och neråt. Och genom påskslakten slaktades GAR *de chochma*, vilket orsakade dem plågan på de förstfödda.

De förstfödda betraktas vara GAR; och de stoppade GAR. Detta skedde genom att *masach de chirik* användes, vilket betraktas som att lyfta låset, och det gör att GAR upphävs.

Dam (blod) kommer från ordet **dmamah** (tystnad), vilket dödar GAR. Detta är innebörden av omskärelseblodet. Mejseln är *dinim de nukva*, och *dinim* häver *dinim de dechura*, som det står skrivet, "där fanns två blod: påskblodet och omskärelseblodet". Genom att påskblodet kastades upphävdes GAR, och då skedde *hitkalelut* i *tikkun* av de tre linjerna. Detta är vad som menas med dörrposten och de två *mezuzot*.

"Och på den fjärde… och Israel reste från den andra auktoriteten, och de förenades med en *matzoh* helig knut". Det syrade brödet är *mochin* som sträcker sig från *chazeh* och neråt, och då skiner de Ovanifrån och ner. Och *matzoh* är från *chazeh* och uppåt, ett urskiljande där det inte finns något grepp för de yttre. Och orsaken till det är låset som uppkom på påsknatten. Genom det skedde påskslakten och plågan på de förstfödda, som bara verkar från sig själv och neråt. Det betyder att det uppenbarades i *chazeh*.

Allt som finns ovan fungerar alltså inte med domen som finns i det. Men det gäller inte från *chazeh* och neråt, eftersom hela spridningen sker nedanför dess urskiljande. Därför känns domen i det, och därför var Israel noggranna med att bara äta *matzoh* och inte syrat bröd på påsknatten.

Det finns en god egenskap i *matzoh* som inte finns i det syrade brödet, och en god egenskap i det syrade brödet som inte finns i *matzoh*. Den goda egenskapen i *matzoh* är att de är fulländade *mochin*, *GAR de chochma*, vilket fortfarande betraktas vara "två stora Ljus". Men de är i form av *achoraim* eftersom de inte kan skina på grund av brist på *chassadim*.

Och det finns en god egenskap i det syrade brödet: trots att det bara är *VAK* är det redan iklätt *chassadim*. Vid templet, där det fanns *mochin de chochma*, var de också i form av *chazeh* och uppåt, vilket betraktas som *matzoh*. Därför står det "Intet spisoffer, som ni skall bära fram åt Herren, skall vara syrat, ty varken av surdeg eller av honung skall ni förbränna något som eldsoffer åt Herren".

172. Vad gäller förhinder och förseningar

Jag hörde under den sjunde *pesach*-dagen, den 20 april, 1949, Tel Aviv

Alla förhinder och förseningar som dyker upp framför oss är inget annat än olika former av närmande – Skaparen vill ta oss närmare Honom. Och alla dessa olägenheter för oss närmare, eftersom vi inte skulle ha någon möjlighet att närma oss Honom utan dem. Orsaken är att vi, av naturen, består av ren materia. och eftersom Skaparen är högre än det högsta, finns det inget större avstånd än detta. Och det är först när man börjar försöka närma sig som man känner avståndet. Varje hinder man övervinner för en närmare vägen.

(Detta beror på att man vänjer sig vid att röra sig längs en linje som leder mot ökat avstånd. Processen förändras dock inte av alla de gånger man känner sin avlägsenhet, eftersom man i förväg vet att man vandrar på en linje mot tilltagande avstånd. Sanningen att säga finns det inga ord som kan beskriva avståndet mellan oss och Skaparen. Därför ser man inga stridigheter i att man gång efter annan får känna att avståndet är större än man tidigare trodde.)

173. Varför vi säger lechaim

Jag hörde under en sabbatsmåltid, *parashat Acharei-kedoshim*, den tjugotredje *omer*, 7 maj, 1949

Han sade att när man dricker vin och säger *lechaim* ("för livet" – skål [när man skålar med dryck]) är det så som våra visa sade "vinet och livet, enligt de visa och deras lärjungar". Detta är förbryllande: Varför just enligt de visa? Varför inte enligt de outbildade?

Saken är den, att när man skålar och säger *lechaim,* menar man ett Högre liv. När vi dricker vin, ska vi därför hålla i åtanke att vin antyder "Torans vin", en påminnelse om att vi måste anstränga oss i Torans Ljus, som kallas "liv". Men det kroppsliga livet kallar de för "De ogudaktigas liv, och kallas 'död'".

Av den anledningen är det just våra visa som kan säga, "vinet och livet". Det betyder att bara de är berättigade att frambära livet. De outbildade har emellertid inga verktyg som tillåter dem att sprida och frambära. (Och kanhända betyder "enligt de visa", enligt de visas åsikt. Det innebär att livet, det de kallar "livet", avser det andliga livet).

174. Fördöljande

Jag hörde

Vore det inte för fördöljandet, som är en korrigering, skulle människan aldrig kunna uppnå perfektion eftersom hon inte skulle vara berättigad att uppnå hur viktigt det hela är. Men när det finns fördöljande, när något är dolt blir den saken viktig för en. Trots att man inte kan uppskatta sakens sanna värde och vikt, gör fördöljandet att den blir betydelsefull. I den utsträckning man känner fördöljandet skapas en grund av viktighet inom en.

Det är som trappsteg, eller pinnarna på en stege. Man bestiger steg efter steg tills man når fram till sin bestämda plats. Detta betyder att trots att Hans sanna viktighet och upphöjdhet är gränslös och omätbar, uppnår man ett visst mått av viktighet med vilket man åtminstone kan stå ut och framhärda.

Men fördöljande av sig självt betraktas inte som fördöljande. Fördöljandet mäts genom efterfrågan. Ju större efterfrågan är, desto påtagligare blir fördöljandet. Och nu kan vi förstå innebörden i "hela jorden är full av Hans salighet". Trots att vi tror på det fyller ändå fördöljandet hela jorden.

Om framtiden står det skrivet: "Men jag själv, … skall vara som en eldsmur däromkring, och jag skall bevisa mig härlig därinne". Och ändå finns det härlighet därinne, det vill säga att härligheten då kommer att uppenbaras. Anledningen är att begäret, efterfrågan, kommer vara så stor, trots att det även då finns fördöljande. Och skillnaden är att det för tillfället finns fördöljande men ingen begäran. Därför betraktas detta vara "exil". Men senare kommer det även att finnas en begäran, och även om det finns fördöljande är begäran det viktiga, bara begäran.

175. Men om vägen är dig för lång

Jag hörde under en *shvat*-måltid, *parashat Behar-bechukotai*, den tjugoandra *iyar*, 21 maj, 1949

"Men om vägen är dig för lång, så att du icke förmå föra det dit".

Han tolkar, varför är vägen så lång? Därför att "du icke förmå föra det dit", eftersom personen inte kan bära bördan av Tora och *mitzvot*, och således upplever vägen som lång. Rådet i den situationen är så som det står i versen, "knyta in penningarna och taga dem med dig". *Kesef* (pengar) är *kisufin* (längtan), att man skaffar sig längtan i arbetet. Med hjälp av sin längtan, begäret efter Skaparen, kommer man kunna utstå bördan av Tora och *mitzvot*. *Kesef* har också att göra med skam, eftersom människan skapades för att förhärliga Himmelriket, som det står skrivet, "Prisad vare… som skapade oss i Hans härlighet".

I allmänhet är Tora och *mitzvot* saker man gör för att gillas av Honom. Det är ju slavens natur att vilja bli omtyckt av sin herre, eftersom herren då har en i sitt hjärta. Likaså är det här: den skickliga noggrannhet och de många handlingar som personen har bemästrat är blott medel med vilka han kan vinna ynnest i Hans ögon, och därigenom uppnår han sitt mål i Honom.

Man håller också Tora och *mitzvot* för att vara omtyckt i folkets ögon, och man gör himmelrikets behov till ett medel. Det vill säga att man därigenom gillas av folket. Så länge man inte har belönats med Tora *lishma* (för Hennes namn) arbetar man för folket.

Men trots att man inte har något annat val än att arbeta för andra människor bör man skämmas över att befinna sig i en sådan träldom. Genom denna *kesef* kommer man senare att belönas med *kesef de Kdusha* (Helighet), vilket betyder att man vill ha just *Kdusha*.

"Knyta in penningarna och taga dem med dig". Detta betyder att trots att begäret inte är upp till en själv, kan man inte göra någonting om man inte har ett begär. Likväl måste man visa sitt begär efter *kisufin*, ett begär efter att vilja ha, (och kanske kommer ordet *vetzarta* [knyta] från *ratzita* [ville ha]). Man måste visa begäret och längtan efter att vilja ha Skaparen, det vill säga att vilja öka himmelrikets prakt och skänka glädje till Honom, och gillas av Honom.

Det finns urskiljandet *zahav* (guld), och det finns urskiljandet *kesef* (silver/pengar). *Kesef* betyder att man har *kisufin* (längtan) i största allmänhet; och *zahav* (guld, som består av orden "ge detta") betyder att det bara är en enda sak man vill ha, och all längtan och alla begär man hade efter andra saker försvinner i detta begär. Man säger "ge detta", och ingenting annat. Det betyder att man inte vill någonting hellre än att lyfta Gudomen ur stoftet. Det är det enda man vill.

Trots att man ser att man inte har ett riktigt begär ska man ändå sträva i handling och tanke efter att skaffa sig begäret. Och detta kallas "knyta in penningarna och taga dem med dig". Man ska inte se detta som något litet bara för att det ligger i människans händer. Istället "för oxar (med nåd), eller för får" osv., eftersom det bara är därigenom som man kan belönas med de mest upphöjda Ljusen.

176. När vi drack konjak efter havdala

Jag hörde efter *yom kippur*, 21 september, 1950

"Och när han kom ut ur Heligheten gjorde han en god dag". Helighet betraktas som visdom och den vänstra linjen, där man fruktar för *dinim* (domar). Därför finns det inget utrymme för en god dag där. Men "när han kom ut ur Heligheten", vilket kallas "visdom" och "den vänstra linjen", då gjorde han en god dag, vilket betraktas som Ljuset *chassadim*.

177. Försoning

Jag hörde

Genom att ljuset *chochma* (visdom) manifesteras, "försonas synderna". Bekännelse är att dra till sig *chochma*. Ju mer man bekänner, desto mer *chochma* uppenbaras över en. Om detta står det "I de dagarna och på den tiden, skall man söka efter Israels missgärning, och de skall icke mer vara till". Detta beror på att synderna blir förlåtna först när man drar *chochma* över dem. Därför sökte de efter missgärningar, så att de kunde dra till sig visdomens Ljus.

"Det vänstras omfamning" betyder att den vänstra linjen sträcks ut. På var och en av de tio botgöringsdagarna sträcks ett urskiljande fram från de tio *sfirot* av *mochin de chochma*, vilket kallas "den vänstra linjen". Och på *yom kippur* (försoningens dag) sker *zivug* (sammankoppling).

Det högras omfamning är att dra till sig *chochma* under *chazeh* (bröstet), på platsen för manifestation där det redan har sötats i *chassadim* (barmhärtighet). Detta betraktas huvudsakligen som att sträcka fram *chassadim*. Själva *nukva* fortsätter dock att byggas upp fram till den åttonde dagen av *sukkot*, då *zivug* sker.

178. Tre deltagare i människan

Jag hörde under en måltid för att fira att den nionde delen av *Zohar* blivit klar, tredje *iyar*, 9 maj, 1951

Angående de tre deltagarna i människan: Skaparen, fadern och modern.

Och han sade att det finns en fjärde deltagare: jorden. Om man inte tar näring från jorden kan man inte leva vidare. Jorden betraktas vara *malchut*, vilket i allmänhet anses ha fyra urskiljanden, som kallas

HB TM. Och näringen man tar från jorden är granskningar, varigenom näringen, maten, skiljs bort från *klipa* (skalet).

Det finns två urskiljanden i *malchut*: 1) *Kdusha* (Helighet); 2) Den onda *Lilith*. När man äter och gör den första och andra välsignelsen, tas maten ut ur *sitra achras* (den andra sidans) makt. Och eftersom maten blir till blod, och blod betraktas som *nefesh*, så är personens *nefesh* nu sekulär, och tillhör inte *sitra achra*.

Men när man äter med intention från en *mitzva*-måltid, då maten betraktas som *Kdusha*, blir maten till blod, och blodet blir till *nefesh*. Då kommer man till ett tillstånd av *nefesh de Kdusha*. Detta är orsaken till att den onda böjelsen alltid kommer till personen och får honom att tänka att det finns många goda anledningar till att inte äta på en *mitzva*-måltid, och att det därför inte är värt mödan. Dess huvudsakliga avsikt är att inte äta på en *mitzva*-måltid av de ovannämnda anledningarna, eftersom det tillhör *Kdusha*.

179. Tre linjer

Jag hörde under en måltid för att fira att den nionde delen av *Zohar* blivit klar, tredje *iyar*, 9 maj, 1951

Det finns det som kallas de tre linjerna, och det som kallas Israel håller sig till Kungens kropp. Det finns Egyptens exil, när Israels folk var tvungna att gå ner till Egypten, och det finns uttåget ur Egypten. Det finns "han som skall helga en kvinna för med sig en outbildad man" och det finns Abrahams fråga: "Varav skall jag veta att jag skall besitta det?", och Skaparens svar: "Det skall du veta, att din säd skall komma att leva såsom främlingar i ett land som icke tillhör dem, så skall ske i fyra hundra år... Sedan skall de dra ut med stora ägodelar". Det finns *GAR*, *VAK* och *VAK de GAR*.

Skapelsens tanke var att ge njutning till skapelserna, och *tzimtzum* (begränsningen) och *masach* (skärmen) skapades bara för att undvika skammens bröd. Det som uppstod ur det är platsen för arbete, vilket i sin tur gav upphov till de tre linjerna. Man anser att den första linjen var den högra och den betraktas vara *VAK* utan *rosh* (huvud), "tro". De andra är den vänstra, att uppnå och erhålla. Då står de i konflikt med varandra, eftersom tro står i strid med det som uppnås, och det som uppnås säger emot tron.

Då sker urskiljandet av mittlinjen, som betraktas vara *VAK de GAR*, eller *chochma* och *chassadim*, när de två linjerna fogas samman. Detta betyder att man tar emot uppnående i den utsträckning man har tro. Alltså bestämmer måttet av tro hur mycket man tar emot genom att uppnå. Och där man inte har tro drar man inte till sig uppnående för att komplettera det, utan man står alltid och väger mellan de två linjerna för att den ena inte ska betvinga den andra.

Och *GAR* (som dyker upp framför personen) kallas "uppnå utan tro", och detta kallas "avgudadyrkarnas arbete". Och Israels arbete är tro, i vilket uppnåendet inkluderas. Detta kallas "Kungens kropp", och avser tro och uppnående.

Abraham kallas "trons patriark", det vill säga *chassadim*. Då vet han att alla som vill närma sig Honom först måste ta på sig urskiljandet av det "högra", tro.

Men tron står i motsats till att uppnå. Så hur kan de skaffa sig uppnående när de saknar verktygen för det? Detta är anledningen till att Han sade till honom att "din säd skall komma att leva såsom främlingar i ett land som icke tillhör dem". Och detta är innebörden av "beblandade sig med hedningarna, och lärde sig deras gärningar", vilket betyder att väldens länder hade makten över dem, att också Israel befann sig under deras auktoritet och drog till sig *GAR de chochma*.

Och detta är vad som menas med Israels exil i Egypten, att även Israel sträckte fram *GAR de chochma*. Detta var deras exil, när ett urskiljande av mörker sträcktes fram.

Uttåget ur Egypten skedde genom de förstföddas plåga. De förstfödda avser *GAR de chochma*, att Herren slog de förstfödda i

Egypten. Detta är innebörden av påskblodet och omskärelseblodet, och detta är vad som beskrivs i *Zohar* (*Amor*, 43): "När Skaparen dödade de förstfödda i Egypten, ingick Israel det heliga tecknets förbund. De omskars och förenades i Israels församling".

Den vänstra linjen kallas "förhud", eftersom den blockerar Ljusen. När Han dödade de förstfödda, det vill säga tog bort *GAR*, omskars Israel nedan, det vill säga de skar bort förhuden. Detta kallas *dinim de dechura* (manliga domar), som blockerar Ljusen. Genom omskärelsen med mejseln, vilket är järn som kallas *dinim de nukva* (kvinnliga domar), togs alltså *dinim de dechura* bort. Och då sträcks *VAK de chochma* fram till dem.

Detta betyder att perfektion måste sträckas fram i början, vilket är *GAR de chochma*. Det är omöjligt att dra till sig en halv grad. Och detta måste ske just genom egyptierna, och det kallas "exil", när också judarna måste leva under deras herravälde. Men därefter, under uttåget ur *Egypten*, det vill säga genom korrigeringen av *masach de chirik*, tar de sig ut ur deras makt, vilket betyder att det är egyptierna själva som säger "Stå upp och drag ut från mitt folk".

Och detta är "Jag, och ingen budbärare". Jag betyder *malchut*, låset som stoppar *GAR*, och blandar den högra linjen med den vänstra, och den vänstra linjen med den högra.

Och detta är "han som skall helga en kvinna", det vill säga *chochma*, som kallas "vänster". "För med sig en outbildad man", eftersom han befinner sig i ett tillstånd av "höger", vilket är tro. Dock vill han skaffa uppnående, och bara genom den outbildade mannen kan man dra till sig *chochma*, eftersom han har ånger, men bara över uppnående, inte över tro.

"Jag stod upp för att öppna för min vän, och mina händer dröp av myrra, mina fingrar av flytande myrra som fuktade rigelns handtag". Myrra betyder "men sedan skall din lärare icke mer sättas å sido, utan dina ögon skall se upp till din lärare". Och "mina händer" betyder det som uppnås. Och "fingrar" betyder seende, enligt "var och en pekade med fingret, och sade, 'Detta är vår Gud'". "Rigelns handtag" avser låset.

180. I Zohar, Amor

Jag hörde på *pesach*, den andra *inter*, 23 april, 1951, Tel Aviv

I *Zohar* (*Amor*, 43): "Rabbi Hiya inledde, 'Jag sov, men mitt hjärta vakade', osv. Israels församling sade: 'Jag sover i egyptisk exil, där mina barn hölls i tungt slaveri, och mitt hjärta vakar för att vaka över dem, så att de icke skall förgås i exilen. Hör! Min älskade knackar på dörren' detta är skaparen som sade, 'och jag skall minnas mitt förbund'".

Vi måste förstå innebörden av sömn. När Israel var i Egypten befann de sig under deras makt, och de sträckte också fram *GAR de chochma*. Och eftersom *chochma* inte skiner utan *chassadim* kallas det att "sova". Och detta kallas "tungt slaveri i Egypten", vilket betyder tungt arbete, och kallas *dinim de dechura*.

"Och med alla slags arbeten på marken" betraktas vara *dinim de nukva*.

"Men mitt hjärta vakar" betyder att trots att hon sover ur den vänstra linjens perspektiv, när *malchut* betraktas vara "de två stora Ljusen", då kallas *malchut* det "fjärde benet". Hon betraktas vara *tifferet*, ovanför *chazeh*. "Men mitt hjärta vakar" betyder att låspunkten redan finns där, vilket ger upphov till fastställandet av mittlinjen, att de återvänder till punkten som anses vara *panim* och därigenom undviker att förgås i exilen.

Detta är innebörden av "öppna en ingång stor som ett nålsöga åt Mig". Detta betyder att *ZA* säger åt *malchut* att dra till sig *chochma*. "Och jag skall öppna de Höga Portarna åt dig", trots att *chochma* inte kan skina utan *chassadim*, vilket är anledningen till att det bara kallas "en ingång stor som ett nålsöga". Det betyder att han kommer att ge henne *chassadim* senare, och då får hon ta emot rikedomen. Men om hon inte drar till sig *chochma*, det vill säga att hon inte kommer dra till sig *chochma*, utan *chesed*, kallas det "Öppna åt mig, min syster." Ur *chochmas* perspektiv kallas alltså *malchut* för "syster".

181. Ära

Jag hörde den tjugofemte *nisan*, 1 maj, 1951

Ära är något som stoppar kroppen, och i den utsträckningen skadar det själen. För alla rättfärdiga var det alltså ett straff när de blev kända och hyllades. Men de verkligt rättfärdiga, när Skaparen inte vill att de ska förlora genom att bli berömda som rättfärdiga, skyddar Han dem från att hyllas för att deras själar inte ska skadas.

Å ena sidan hyllas de, men å andra sidan ifrågasätts de lika mycket. Dessa rättfärdiga förnedras med all slags vanheder. För att den rättfärdiga ska få en motvikt till den ära som rättfärdiga får, förödmjukas han i lika stor uträckning från andra hållet.

182. Moses och Solomon

Jag hörde den tredje *iyar*, 10 maj, 1951

Moses och Solomon betraktas vara *panim* (framsida, ansikte) och *achoraim* (baksida). Om Moses står det skrivet "och du skall få se Mig på ryggen". Men Solomon betraktas som *panim*. Och bara Solomon använde Moses *achoraim*, vilket är anledningen till att *Shlomo* (Solomon) har samma bokstäver som *leMoshe* (till Moses).

183. Urskiljandet av Messias

Jag hörde

Det finns ett urskiljande av Messias son av Josef, och Messias son av David, och båda måste förenas. Och då kommer det finnas sann fullkomlighet i dem.

184. Skillnaden mellan tro och förstånd

Jag hörde den tredje *iyar*, den 10 maj, 1951

Skillnaden mellan tro och förstånd. Det finns en fördel med tron eftersom den påverkar kroppen mer än vad förståndet gör, eftersom tron är närmare kroppen. Tro anses vara *malchut*, och kroppen hör till *malchut* och därför påverkas den.

Men förståndet tillskrivs de nio högre, och kan därför inte påverka kroppen effektivt. Likväl har förståndet en fördel; det betraktas vara andligt jämfört med tro, vilket tillskrivs kroppen.

Det finns en regel i andligheten: "det finns ingen frånvaro i andligheten", och "varje penning samlas till en stor summa". Men tro betraktas vara kroppsligt, vilket anses vara separation. Det sker inga tillägg i det kroppsliga, och allt som har försvunnit är borta. Det som hände i det förflutna följer inte med i nuet eller framtiden.

Trots att tron på någonting påverkar hundra procent mer under själva handlingen än vad förståndet gör, fungerar det bara en viss tid. Förståndet, å andra sidan, förblir konstant och existerar vidare, trots att dess effekt bara är en procent. Men efter hundra gånger uppnår det samma kraft som tron har vid ett tillfälle. Efter att ha arbetat med tro hundra gånger kommer man ändå vara kvar i samma tillstånd. Men med förståndet kommer det att bestå för all framtid.

313

Det är som när vi studerar något med intellektet. Trots att vi glömmer det vi har lärt oss finns informationen lagrad i hjärnan. Detta betyder att ju mer kunskap man lär sig, desto mer utvecklas hjärnan. Men i materiella ting, som sträcker sig över tid och rum, kommer platsen i öst aldrig komma till platsen i väst, och en gången timme blir aldrig den nuvarande timmen. Men i andligheten kan allt vara på en gång.

185. Den outbildade, fruktan för sabbaten är över honom

Jag hörde

Våra visa sade "En outbildad man, fruktan för sabbaten är över honom". En vis lärjunge betraktas vara sabbat, och sabbat betraktas vara *gmar tikkun* (korrigeringens slut). I *gmar tikkun* kommer *kelim* (kärlen) vara korrigerade och lämpade för att kläda det högre Ljuset. Sabbat anses också vara "slutet". Detta betyder att det högre Ljuset kan uppenbaras och klädas i de lägre, men detta betraktas bara vara ett uppvaknande från nedan.

186. Gör din sabbat till en veckodag, och behöv inte människor

Jag hörde

På sabbaten är det förbjudet att arbeta, det vill säga ett uppvaknande från nedan. Och en vis lärjunge, någon som har belönats med att bli Skaparens lärjunge och kallas "vis", betraktas också vara ett uppvaknande från Ovan, det vill säga genom att uppenbara Toras hemligheter.

Av den anledningen kallas det också "sabbat" när det kommer ett uppvaknande från Ovan. Då har den outbildade, vilket betyder kroppen, fruktan, och då finns det hur som helst inget utrymme för arbete.

187. Att välja arbete

Jag hörde

Det lägre *hey* i *eynaim* (ögonen) betyder att det finns en *masach* (skärm) och ett hölje över ögonen. Ögonen betyder ledning, när man ser dold ledning.

En prövning betyder att man inte kan välja någon väg. Det är när man inte kan avgöra Skaparens vilja och lärarens vilja. Trots att man kan arbeta hängivet har man inte förmågan att fastställa om detta hängivna arbete är passande eller ej, om detta hårda arbete går emot lärarens åsikt, eller Skaparens åsikt.

För att bestämma sig väljer man det som innebär mest arbete. Detta betyder att man kan handla enligt sin lärare. Endast arbetet tillhör människan, och inget annat. Därför finns det ingen plats för tvivel i ord och handlingar. Istället ska man alltid öka arbetet.

188. Allt arbete finns bara där det finns två vägar

Jag hörde efter sabbat *Beshalach*, fjortonde *shvat*, 25 januari, 1948

Allt arbete finns bara där det finns två vägar, som vi har sett, "och han skall leva i dem, och han skall icke dö i dem". Och innebörden av "skall dödas men inte överträda" gäller bara i de tre *mitzvot*. Och ändå finner vi att de första *chassadim* gav sina liv på handlingar.

Men faktum är att detta är hela arbetet. När man ska hålla Tora, då är tiden för den tunga lasten. Och när Tora håller personen är det inte alls svårt, enligt "hans själ skall lära honom". Och detta betraktas som att Tora håller människan.

189. Handlingen påverkar tanken

Jag hörde

Förstå orsaken till skarpsinnigheten, slugheten och upphetsningen, när alla kroppens organ arbetar i full fart när man tänker på materiella ägodelar. Men när det gäller sådant som har med själen att göra blir personen och hans kropp trög, och alla sinnen arbetar tungt med allt som har med själens behov att göra.

Saken är den att människans sinne och tanke inte är något mer än projektioner av hennes handlingar. De reflekteras som i en spegel. Om flertalet av personens handlingar tjänar till att uppfylla materiella behov reflekteras det därför i medvetandes spegel. Detta betyder att de är tillräckligt framträdande i förståndet, och då kan man använda förståndet för att skaffa det man önskar, eftersom förståndet får sitt uppehälle från materiella ting.

Förståndet tjänar den plats som den får sin näring ifrån. Och eftersom det inte finns tillräckligt många *reshimot* (registreringar) i hjärnan för att kunna hämta uppehälle och intryck från andliga saker, vill förståndet inte tjäna under själens behov.

Därför måste man övervinna och göra många saker, tills de lagras i sinnet. Och då kommet kunskapen säkerligen att öka, och förståndet kommer att tjäna personen med klipskhet och fart, även mer än när det gäller materiella behov, eftersom förståndet är en närliggande klädnad för själen.

190. Varje handling lämnar ett avtryck

Jag hörde under en måltid, första *pesach*-dagen, 15 april, 1949

Han frågade om räddningen från vårt lands förtryckare påverkar oss. Vi har belönats med befrielse från ländernas börda och har blivit som alla andra länder, där det ena inte är slav under det andra. Och om den friheten har verkat på oss så att vi känner någon träldom under Skaparen, och han sade att vi inte ska tänka att det inte påverkar oss, att ingen förändring sker i denna träldom på grund av den friheten.

Detta är omöjligt eftersom Skaparen inte handlar i onödan. Snarare påverkas vi av allt Han gör, på gott och ont. Detta betyder att vi får extra kraft från varje handling Han gör, vare sig positiv eller negativ, Ljus eller mörk. Utifrån denna handling kan vi också komma att stiga, eftersom det inte alltid finns tillåtelse och styrka i andligheten, eftersom vi måste fortsätta under denna kraft.

Därför kan man inte säga att friheten man har erhållit inte har framkallat någon förändring inom en. Men om vi inte känner någon förändring till det bättre måste vi säga att det är en förändring till det sämre, även om vi inte känner det.

Och han förklarade det efter den goda dagen, efter *havdala* (slutet på helgdagsvälsignelsen). Det är som en sabbatsmåltid eller en god dag, där de kroppsliga njutningarna väcker andliga njutningar genom rot och gren. Det är ett slags "nästa värld". Och att smaka av nästa värld kräver givetvis stora förberedelser under handlingens sex dagar. I den utsträckning man har förberett sig får man förnimma.

Men utan ordentlig förberedelse för att sträcka fram den andliga smaken av sabbat händer motsatsen: man blir sämre på grund av de kroppsliga njutningarna. Detta beror på att man efter den materiella måltiden bara dras till sömn, och inget annat, eftersom sömn kommer efter maten. Alltså sänks man lägre genom att äta.

Men det kräver stora ansträngningar att nå andligheten genom kroppsliga njutningar, eftersom detta var Kungens vilja. Trots att de står i motsats till varandra och andligheten finns under givandets linje, medan det materiella finns under mottagandet, men eftersom det var Kungens önskan, lockas andligheten till materiella njutningar, som finns under Hans *mitzvot* i form av njutningar av sabbat och en god dag.

Vi kan också se att till och med i denna frihet som vi har beviljats behöver vi stor förberedelse och intention för att sträcka fram den andliga friheten som kallas "befrielse från dödsängeln". Då belönas vi med "hela jorden är full av Hans härlighet", och kallas *mochin de AVI*. Detta betyder att vi inte skulle kunna finna en tid eller plats där Skaparen inte kan klädas, och vi skulle inte kunna säga "Han kan inte klädas" vid den tiden eller på den platsen, utan snarare "hela jorden är full av Hans härlighet".

Men dessförinnan finns en skillnad "mellan Ljus och mörker, och mellan Israel och världens länder": på en upplyst plats är Skaparen tillfinnandes, och så är det inte på en mörk plats.

I Israel finns dessutom en plats där Israels Gudomliga Ljus kan vara. Detta är inte fallet i världens länder: Skaparen kläds inte i dem. "Och mellan den sjunde dagen och de sex dagarna för handling". Ändå belönas vi med "hela jorden är full av Hans härlighet", när vi belönas med *mochin de AVI*. Då finns det ingen skillnad mellan tiderna, och Hans Ljus finns på alla platser och alla tider.

Detta är innebörden av *pesach* (den judiska påskhögtiden), när Israel belönades med frihet, det vill säga *mochin de AVI*, som betraktas vara "hela jorden är full av Hans härlighet". Naturligtvis har den onda böjelsen ingen plats där, eftersom den inte avlägsnas från Guds arbete genom sina handlingar. Istället händer motsatsen, vi ser hur den har fört människan till Hans arbete, trots att det bara var genom ett uppvaknande från Ovan.

Därför sade de att den heliga Gudomen säger, "Jag såg bilden av en droppe av en röd ros". Det betyder att Han såg att det fortfarande fanns en plats som behövde korrigering, att Han inte kunde skina på denna plats. Detta är anledningen till att de måste räkna de sju veckorna i *omer*-räkningen, för att korrigera de platserna så att vi ska se att "hela jorden är full av Hans härlighet".

Det kan liknas vid en Kung som har ett torn fyllt med dyra skatter, men inga gäster. Därför skapade Han folket för att de skulle komma och ta emot av Hans rikedom.

Men vi ser inte tornet som är fyllt med dyra skatter. Snarare ser vi att världen är full av lidande. Och ursäkten för detta är "och konungsligt vin fanns i myckenhet", att från *malchuts* perspektiv finns det inget behov av vinet på grund av njutningarna som är likvärdiga vinet.

Istället finns avsaknaden bara med hänseende till *kelim* (kärlen). Vi har inte de tillbörliga kärlen att ta emot rikedomen med, eftersom det är just i kärl för givande som vi kan ta emot.

Måttet på rikedomens storlek står i enlighet med måttet av kärlens storlek. Därför sker alla förändringar i kärlet och inte i Ljuset. Detta är vad texten säger oss: "gyllene kärl, det ena icke likt det andra, och konungsligt vin fanns i myckenhet", som det var i skapelsens tanke, att gynna Hans skapelser, efter Hans förmåga.

191. Tiden för nedstigande

Jag hörde den fjortonde *sivan*, juni, 1938

Det är svårt att föreställa sig en tid för nedstigande, när allt arbete och all ansträngning man har gjort, från den stund man påbörjade arbetet fram till nedstigandet, går förlorad. För en person som aldrig har känt smaken av Guds träldom verkar det som något utanför honom, att detta är något som händer dem som vandrar i höga grader. Men vanligt folk har ingen kontakt med att tjäna Gud.

De törstar bara efter den kroppsliga viljan att ta emot som strömmar och sköljer över hela världen med detta begär.

Likväl måste vi förstå varför de har kommit till ett sådant tillstånd. Vare sig man vill det eller inte, sker inga förändringar i jordens och himlens Skapare; Han förhåller sig alltid enligt God som gör gott. Så vad blir följden av detta tillstånd?

Vi måste säga att detta sker för att kungöra Hans storhet. Man behöver inte handla som om man inte åtrår Henne. Snarare bör man uppträda med fruktan för storslagenheten, och veta värdet och avståndet mellan sig själv och Skaparen. Det är svårt att förstå med ett ytligt medvetande, eller att ha någon möjlighet till kontakt mellan Skaparen och skapelsen.

Och under nedstigandet känner man att det är omöjligt att vara förbunden eller på något sätt tillhöra Skaparen genom *dvekut* (fasthållande). Detta beror på att träldom är något främmande för hela världen.

Faktum är att detta är sant, men "där du finner Hans storhet, finner du också hans ödmjukhet". Det betyder att detta är en sak som är över naturen, att Skaparen gav skapelsen denna gåva för att tillåta dem att ansluta sig och hålla fast vid Honom.

När man sedan återansluts ska man alltid komma ihåg när man hade ett nedstigande så att man ska kunna känna och uppskatta och värdesätta tiden för *dvekut*. Så kan man veta att man nu har fått frälsning utöver det naturliga sättet.

192. Lotterna

Jag hörde 1949, Tel Aviv

Lotterna betyder att båda är lika, och att det är omöjligt att undersöka vilket som är viktigast med intellektet. Därför behövs en lott. I *Zohar*, *Amor*, ställs frågan, "hur kan en get för Herren och en get för Azazel vara jämlika?"

Saken är den att en get för Herren betraktas som "höger", och en get för Azazel betraktas som "vänster", där det finns *GAR de chochma*. Om de sägs det, "belönad – bra; inte belönad - dåligt". Detta betyder att *malchut* av egenskapen *din* (dom) uppstod. Detta betraktas som ett lås och en blockering av Ljusen. Låset finns på *chazeh* i varje *partzuf* och därför kan *chochma* skina upp till låset, men stannar vid *chazeh*, eftersom alla begränsningar bara verkar från sin plats och neråt, men inte uppåt.

Och geten för Herren är införlivad i det vänstra hos geten för Azazel, det vill säga i *chochma*. Ändå är den inte som det vänstra i Azazel, där det är från Ovan och neråt. Eftersom låset börjar verka stannar Ljuset, men bara nerifrån och uppåt, då låset döljs och nyckeln uppenbaras.

Geten för Azazel har *chochma* från *GAR*, medan geten för Herren betraktas vara *VAK*. Men *VAK* kan skina medan *GAR* måste stoppas, och därför finns geten för Azazel, för att djävulen inte ska klaga.

Han klagar eftersom hans enda önskan är att sträcka fram *chochma*, vilket tillhör *bechina dalet* eftersom det inte fullbordas av någon annan grad, och dess källa är *bechina dalet*. Om den inte tar emot inom sin egen grad blir den därför inte fullbordad.

Detta är anledningen till att den alltid lockar människan att sträcka sig in i *bechina dalet*, och om hon inte vill tar den till alla möjliga knep för att tvinga människan att sträcka fram. När den får en del av urskiljandet av *chochma*, klagar den inte över Israel, eftersom den är rädd att rikedomen den redan har ska upphöra.

Men när den sträcker ut *GAR de chochma*, sträcker Israel ut *VAK de chochma*. Detta visdomens Ljus kallas "absolutionens Ljus" och därigenom belönas man med ånger från kärlek, och synderna blir till dygder. Detta är innebörden av att geten för Azazel bär på Israels barns synder, att alla synder nu har blivit till goda egenskaper.

I *Zohar* finns en liknelse som handlar om Kungens narr. När han får vin att dricka och får höra om allt det som han har gjort, också om de dåliga gärningarna, säger han att dessa gärningar är goda gärningar och att det inte finns någon annan i hela världen som är som honom. Med andra ord kallas djävulen för "narren" eller "dåren". När han får vin, det vill säga när han drar till sig visdom, är det absolutionens Ljus. På så vis förvandlas alla hans synder till dygder.

Således säger detta oss att alla dåliga gärningar är goda, då synderna har blivit som dygder. Och eftersom djävulen vill ha sin andel, klagar den inte över Israel.

Detta är innebörden av klagomålen den hade i Egypten: den frågade: "På vilket sätt är de två olika varandra? Antigen dör Israel precis som egyptierna, eller så återvänder Israel till Egypten". Faktum är att Egypten är källan till utsträckningen av visdom, men där är visdomen i form av *GAR*, och när Israel var i Egypten befann de sig under deras herravälde.

193. En vägg tjänar båda

Jag hörde

Frågan om *achoraim* (baksidan) gäller främst avsaknaden av visdomens Ljus, vilket är det huvudsakliga i livskraften, och kallas "direkt Ljus". Och detta Ljus begränsades för att inte hamna i olikhet i form. Därför har *ZON* ingen *GAR* så länge de inte har korrigerats, för att *sitra achra* inte ska kunna dra till sig.

Men eftersom det saknas *GAR* finns det fruktan för att de externa skall få fäste. Detta beror på att de finner nöje på alla platser där det finns en bristfällighet i *Kdusha* (andligheten), eftersom de kommer och ställer frågan om "vart" och det är orealistiskt att besvara denna fråga innan det finns *chochma* (visdom). Därför finns en korrigering i *ZON*: de stiger upp och införlivas i *bina*, och detta betraktas som "ty han har sin lust i nåd". Därigenom stöter de bort *chochma*, och *bina* själv är i grund och botten *chochma* och har därför inget behov av *chochma* för sin egen del.

Detta kallas att de följer sin Ravs synsätt i allt, att hela deras grund är deras rot, det vill säga deras Ravs synsätt. Och där är frågan "Var är Hans ära?" irrelevant.

Och de stannar i *bina* tills de korrigeras genom att höja *MAN* genom ansträngning och arbete tills de renas från mottagande för egen skull. Då är de kvalificerade att ta emot *chochma* och först då tillåts de uppenbara sina egna urskiljanden, då de är bristfälliga eftersom de inte har *chochma*, och ta emot svaret och sträcka fram Ljuset *chochma* så att det kan skina i dem i form av upplysning av *chochma*. I det tillståndet är de under sin egen auktoritet och inte under *binas* auktoritet. Detta eftersom de har visdomens Ljus, och Ljus renar och fördriver de externa. Och kanske är detta vad som menas med "Känn till vad du skall svara en epikuré".

Detta kallas "en vägg", det vill säga *achoraim* av *bina*, vilket är tillräckligt för båda och tjänar som en sköld mot *sitra achra*. Med andra ord, att sätta sin tillit till sin Ravs synsätt och vara ett med sin Rav innebär att väggen som ens Rav har, att "ha sin lust i nåd", är tillräckligt för en själv också. Men efteråt separeras de, när man sträcker fram upplysningen av *chochma* och kan klara sig på egen hand genom att kunna svara på alla frågor som *sitra achra* ställer.

194. De sju fulländade

Kopierat från skrifterna författade av min far, Herre och lärare

När gäller de sju fulla i helgandet av nymånen är det brukligt att vänta på sju fulla, och på att sabbaten är över. Det är inte som den seden där vi helgar månen om sabbatens slut inträffar mitt under de sju dagarna, eller när de sju dagarna har nått sitt slut från den ena gången till den andra, då de inte väntar på att sabbaten ska ta slut. Så är det inte, eftersom vi måste vänta på de sju fulla, och detta just på sabbatens slut.

Saken är den att månen betraktas vara *malchut* och kallas "den sjunde", vilket är "Han är i mig". Detta betyder att när sabbaten har fyllts med de sex dagarna för handling, som kallas "Han", säger sabbaten, "Han är i mig". "Han" är solen, och "mig" är månen, som tar emot allt sitt ljus från solen, och inte har någonting själv.

Dock finns det två *bechinot* (urskiljanden) däri, som kallas "sabbat" och "månad" eftersom *malchut* i sig själv betraktas vara de fyra kända urskiljandena *HB* och *TM*. De första tre *bechinot* (*chochma*, *bina* och *tifferet*) är sabbaten. Dessa är de tre måltiderna, som benämns "denna dag" och uppkallas tre gånger. Givetvis är *bechina dalet* inom henne sabbatens eller månadens slut, och innefattas inte i "denna dag" eftersom hon är natt, och inte dag.

Och vi skulle kunna fråga, "den första måltiden är ju också natt, så varför kallar den heliga Tora för 'denna dag'?" Men sabbatskvällen är "Och det bliver en dag, som är ensam i sitt slag och som är känd som Herrens, en dag, då det varken är dag eller natt, då det bliver ljust, när aftonen kommer".

Men natten på sabbatens slut är ändå mörk och inte ljus. Därför instruerade våra visa oss i den muntliga Toran att duka upp ett bord på sabbatens slut för att korrigera även denna natt och detta mörker, som fortfarande inte har korrigerats. Detta kallas *"melaveh malkah"* (att eskortera drottningen), att bära upp och komplettera detta *luz*-ben som är *bechina dalet*, som inte tar emot någonting från sabbatens tre måltider, som vi har förklarat. Likväl fullbordas denna *bechina dalet* genom "dagen, månaden". Detta är innebörden av helgandet av månaden, att Israel heligförklarar tiderna, det vill säga återstoden av Israel som inte får näring genom sabbatens måltid.

Därför varnas också de största av präster, av vilka det inte finns någon högre, om att inte vanhelga någon av sina döda släktingar. Skrifterna varnar honom om detta: "utom sina närmaste blodsförvanter, ... i sådant fall må han ådraga sig orenhet genom henne". Av allt det ovan nämnda kan du förstå att all högre *Kdusha* (Helighet) kommer från sabbaten. Och eftersom *luz*-benet, det vill säga *bechina dalet* som kallas "blodsförvanter", inte tar emot från sabbatsmåltiden, förskonas inte ens den höga prästen från att besudlas av den.

Sannerligen, innebörden av korrigeringarna i helgandet av månaden sträcker sig från sabbaten och dess upplysningar. Detta är innebörden av "Moses var rådlös, tills Skaparen visade honom ett brinnande mynts gestalt och sade, 'Skåda så, och helga'". Detta betyder att Moses var väldigt förvirrad eftersom han inte kunde helga det. Hela Moses kraft är sabbaten eftersom Toran gavs på sabbaten.

Därför kunde han inte hitta en korrigering för denna lämning i något av den heliga Torans alla Ljus, eftersom denna kvarleva alls inte får sin näring av allt detta. Och därför var Moses rådlös.

Och vad gjorde Skaparen? Han tog en, och skapade en form med en form inuti, likt ett brinnande mynt, där formen som har stöpts på den ena sidan inte är lik formen på den andra sidan. Detta påminner om vad våra visa sade om Abrahams mynt: en gammal man och en gammal kvinna fanns på myntets ena sida, och representerar *bechina bet*, nådens egenskap, och en ung man och en oskuld på andra sidan, vilket är *bechina dalet*, den stränga domens egenskap, från orden, "som ingen man hade känt".

Och dessa två former samarbetade på ett sådant sätt att när Skaparen ville sträcka fram korrigeringen av sabbatens Ljus där, genom de rättfärdigas arbete, visade Skaparen de rättfärdiga den formen som sträckte sig från de första tre urskiljandena i *malchut*. Vi kallar den för *bechina bet*, och den rättfärdiga kan helga den med sabbatens Ljus. Detta är innebörden av...

195. Belönad – Jag skall påskynda det

Jag hörde

"Belönad – jag skall påskynda det", vilket betyder Torans väg; "ej belönad – genom lidande", en evolutionär väg som leder allt mot en slutgiltig och fulländad perfektion. När det gäller Torans väg får en vanlig person förmågan att skapa sig kärl som är redo för den. Kärlen byggs upp genom Ljusets expansion och avgång.

Ett *kli* (kärl) kallas just "viljan att ta emot", och betyder att personen saknar någonting. Och "det finns inget Ljus utan ett *kli*"; Ljuset måste fångas upp i ett *kli* för att det ska kunna hålla sig kvar.

Men en vanlig person kan inte ha några begär efter upphöjda saker, eftersom det är omöjligt att ha ett behov om det aldrig har varit uppfyllt, som det står skrivet, "Ljusets expansion i *kli*" osv. Till exempel, när en person har tusen pund är han rik och belåten. Men om han senare tjänar mer, tills han har femtusen pund, och därefter förlorar så mycket att han har tvåtusen kvar, då är han fattig och saknar något. Nu har han *kelim* (kärl) för tretusen pund eftersom han hade det tidigare. Därigenom har han faktiskt upphävts.

Och det finns en väg i Tora för det. När man har vant sig vid Torans väg, att känna sig otillfredsställd över de torftiga uppnåenden man har, och varje gång man får några upplysningar och de delas, ger de upphov till än större sorg och fler *kelim*.

Detta är vad som menas med att varje *kli* behöver Ljus, att det inte är fyllt och att Ljuset saknas. Således blir varje undermålig plats en plats för tro. Men om den var fylld skulle det inte finnas något *kli*, och inte heller någon plats för tro.

196. Ett grepp för de externa

Jag hörde 1938

Vi måste veta att *klipot* bara kan få fäste på en bristfällig plats. Men den plats där det finns fullständighet kan de inte röra, och de flyr därifrån.

Nu kan vi förstå frågan om sönderslagningen: det står på flera ställen att detta avser separationen av visdomens Ljus från nådens Ljus. Med andra ord, eftersom en *parsa* (avdelning/skiljevägg) upprättades mellan *Atzilut* och *BYA,* kan visdomens Ljus inte längre komma ner. Bara Ljuset *chassadim,* som tidigare innehöll visdomens Ljus och nu har separerats från visdomens Ljus, kan komma ner. Alltså har de fortfarande kvar krafterna som de hade tidigare, och detta kallas att "sänka ner *Kdusha* (Heligheten) i *klipa* (skalet)"

197. Bok, författare, berättelse

Jag hörde 1938

Bok, författare, berättelse. En bok betraktas finnas innan skapelsen. En författare är bokens ägare. En författare är föreningen mellan författaren och boken, som bör ta formen av en berättelse, nämligen Tora tillsammans med Givaren av Toran.

198. Frihet

Jag hörde 1938

Harut (inristat). Uttala det inte *harut,* utan *herut* (frihet). Detta betyder att det står skrivet, "skriv dem på ditt hjärtas tavla". Skriver gör man med bläck, vilket betraktas som mörker. Och varje gång man skriver betyder det att man tar beslut om hur man ska uppföra sig, och därefter återgår till sitt onda sätt eftersom bläcket har suddats ut. Därför måste man ständigt skriva, men det måste ske i form av *harut*, så att det blir *harut* (inristat) i hjärtat och inte kan suddas ut.

Då belönas man omedelbart med *herut*. Kärlet (*kli*) för *herut* finns således i den utsträckning det skrivs i hjärtat. Desto djupare det ristas in, desto större blir frälsningen. Detta beror på att det viktigaste i *kli* (kärlet) är hålrummet, som det står skrivet, "mitt hjärta har slaktats[22] inom mig". Och då belönas man med frihet från dödsängeln, eftersom lågheten är själva *SAM*, och man måste känna till den helt och fullt och övervinna den tills man får hjälp av Skaparen.

199. Till varje man av Israel

Jag hörde den tredje *inter*

Varje man av Israel har en inre punkt i hjärtat, som betraktas som enkel tro. Detta är ett arv från våra fäder, som stod vid Sinais berg. Dock är den täckt av många *klipot* (skal), som är alla slags klädnader av *lo lishma* (inte för Hennes namn), och dessa skal måste avlägsnas. Då kommer ens grund att kallas "bara tro", utan något stöd eller hjälp utifrån.

---

[22] På hebreiska betyder ordet *halal* både slaktat och ihåligt.

200. Renandet av masach

Jag hörde i Tiberias, den första *kislev*, sabbat

Hizdakchut (renandet) av *masach* (skärmen), som sker i *partzuf*, gör även så att Ljuset försvinner. Och orsaken till detta är att efter *tzimtzum* (begränsningen) kan Ljuset bara fångas i ett *kli* som tillhör en *masach*, den avvisande kraften, och detta är kärlets hela väsen.

Och när detta *kli* ger sig av, försvinner även Ljuset. Detta betyder att ett *kli* betyder tro över förståndet, och då framträder Ljuset. Och när ljuset visar sig, ligger det i dess natur att rena kärlet och upphäva trons kärl. På grund av detta förlorar man Ljuset omedelbart, eftersom Ljuset har tagit formen av kunskap inom en. Således måste man se till att förstora trons kärl, det vill säga skärmen (*masach*) över vetandet, och då kommer rikedomen aldrig att upphöra i en.

Detta är betydelsen av att varje *kli* saknar Ljuset, att det inte fylls av Ljuset det saknar. På så vis blir varje fattig plats en plats för tro. Hade kärlet fyllts skulle möjligheten till ett kärl upphöra, likaså platsen för tro.

201. Andligheten och det kroppsliga

Jag hörde på första dagen av *chanukka*, 18 december, 1938

Varför ser vi så många människor arbetar så ihärdigt för det kroppsliga, till och med på livsfarliga ställen, men när det kommer till andligheten ger alla sin själ en god tillsyn och undersökning? I det kroppsliga kan man dessutom göra stora ansträngningar utan att ens få någon särskilt stor belöning för sitt arbete. Men i andligheten kan man inte gå med på att arbeta så länge man inte säkert vet att man kommer att få en ordentlig belöning för sitt arbete.

Saken är den att vi vet att kroppen inte har något värde. När allt kommer omkring ser ju alla att kroppen är något förgängligt som försvinner spårlöst. Det är lätt att lämna den bakom sig eftersom den är värdelös i vilket fall som helst.

Men i andligheten finns urskiljandet *klipot* (skal), som vaktar och försörjer kroppen, och därför är det svårt att släppa taget om den. Därför ser vi att sekulära människor har lättare att överge sina kroppar eftersom de inte känner någon tyngd i den.

Så är dock inte fallet i andligheten; det är Helighetens *achoraim* (baksida), som kallas "hängivenhet". Det är just genom detta som man belönas med Ljuset. Och innan man är fullkomligt hängiven kan man inte uppnå någon grad.

202. I ditt anletes svett skall du äta ditt bröd

Jag hörde

Ljusets korrigering är att förminskas. Detta betyder att man inte kan uppnå någonting utan ansträngning. Och eftersom det är omöjligt att uppnå det fullkomliga Ljuset i absolut klarhet, blir utvägen att dämpa Ljuset. På så sätt blir det möjligt för den lägre att uppnå Ljuset med den lilla ansträngning han kan åstadkomma.

Det kan liknas vid någon som vill flytta en stor byggnad; självklart är det omöjligt. Så vad gör han då? Han plockar isär byggnaden i mindre delar, och kan därefter flytta varje del. Så är det också här: genom att Ljuset förminskas kan man göra en liten ansträngning.

203. En människas högmod bliver henne till förödmjukelse

Jag hörde på *sukkot*, den andra *inter*, 12 oktober 1938

"En människas högmod bliver henne till förödmjukelse". Som vi vet föds människan i total låghet. Men om den låge känner till sin plats kan han inte lida av sin egen låghet, eftersom det är hans rättmätiga plats. Fötterna, till exempel, känner ingen förnedring på grund av att de alltid går runt i smutsen och måste bära hela kroppens tyngd, medan huvudet alltid är överst. Detta beror på att de vet sin plats; därför känner fötterna ingen vanheder, och de lider inte av att de befinner sig på en låg grad.

Men om de hade velat vara högre upp men tvingades vara där nere, skulle de lida av det. Och detta är innebörden av "En människas högmod bliver henne till förödmjukelse". Hade människan velat stanna kvar i sin låghet, skulle hon inte känna av någon låghet, inget lidande för att vara "en vildåsnefåle som föds till människa". Men när de vill vara högmodiga känner de lågheten, och då lider de.

Lidande och låghet går hand i hand. Känner man inget lidande betraktas det som att man inte har någon låghet. Lågheten blir lika stor som stoltheten eller den längtan man har efter stolthet som man saknar, och därför känner man sig låg. Och denna låghet blir senare till ett kärl för stolthet, som det står skrivet, "Herren som härskar, han har klätt sig i högmod". Om du häftar fast vid Skaparen har du en klädnad av stolthet, som det står skrivet, "Ära och härlighet hör Herren till". De som håller fast vid Skaparen har stor stolthet. Och i den utsträckning man känner låghet och lidande, i samma utsträckning belönas man med Skaparens klädnad.

204. Syftet med arbetet

Jag hörde under året 1938

Under förberedelseperioden finns hela arbetet i nejen, det vill säga i nejet, som det står skrivet, "och de skall plågas i ett land som icke är". Men med det som gäller tungan, vilket betraktas som "jag", måste man först belönas med urskiljandet av kärlek.

Men under förberedelsen finns det bara arbete i form av nej, enligt "du skall icke hava", och genom de många nejen kommer vi till punkten av Gud[23] av *chesed* (nåd). Men fram till dess finns många nej, vilket är en främmande Gud, många nej, eftersom man från *lo lishma* kommer till *lishma*.

Och eftersom *sitra achra* tillhandahåller stöd faller vi från vår grad när hon sedan tar bort stödet, och trots att vi har arbetat och sträckt fram *Kdusha* (Helighet) tar hon all rikedom vi har sträckt fram. Således har *sitra achra* makten att bestämma över en, till den grad att man tvingas uppfylla hennes önskan. Och man har inget annat val än att höja sig till en högre grad.

Då påbörjas händelseförloppet på nytt, som tidigare, med de fyrtionio orena portarna. Detta betyder att man går genom grader av *Kdusha* fram till de 49 portarna. Men väl där har hon makten att ta alla skänker och all livskraft från en, och varje gång faller man in i en högre oren port, eftersom "Gud har gjort denna såväl som den andra".

Och när man kommer in i den 49:e porten kan man inte resa sig själv förrän Skaparen kommer och befriar en. Och då "den rikedom han har slukat måste han utspy; Gud driver den ut ur hans buk": Detta betyder att man nu tar all rikedom och livskraft som *klipa*

---

[23] På hebreiska skrivs orden Gud (*El*) och nej med samma bokstäver men i motsatt ordning.

(skalet) hade tagit från alla de 49 portarna i *Kdusha*. Detta är innebörden av "havets byte".

Dock är det omöjligt att befrias innan man känner exilen. Och när man vandrar på de 49 känner man exilen, och på den 50:e befrias man av Skaparen. Och den enda skillnaden mellan *galut* och *ge'ula* är *alef*, vilket är *alufo shel olam* (mästaren över världen). Om man inte uppnår även exilen ordentligt, blir man således undermålig i den graden.

205. Visheten höjer sitt rop på gatan

Jag hörde 1938

"Visheten höjer sitt rop på gatan, på torgen låter hon sin röst höras. 'Den som är fåkunnig, han komme hit'. Ja till den oförståndige säger hon så". Detta betyder att när man belönas med fasthållande vid Skaparen säger den heliga *shechina* (gudomen) till en att anledningen till att man var tvungen att vara en dåre inte var för att man verkligen var sådan. Istället berodde det på att man var hjärtlös. Därför säger vi, "och alla tror att han är en Gud av tro".

Det betyder att senare, när man belönas med sant *dvekut* (fasthållande), betraktas det inte som att vara en dåre, att man kan säga att det är över förståndet. Vidare måste man arbeta och tro att ens arbete är över förståndet trots att sinnena säger en att arbetet är inom förståndet. Nu gäller motsatsen: tidigare såg man att förståndet inte förpliktade en att tjäna och vara tvungen att arbeta över förståndet och säga att det faktiskt fanns rimlighet i det. Det betyder att man tror att träldomen är den faktiska verkligheten.

Och efteråt är fallet det motsatta: hela ens arbete driver en, förståndet. Med andra ord manas man till arbete av *dvekut*. Ändå tror man att allt man ser inom förståndet är helt över förståndet, och så var det inte tidigare, när allt som var i form av över förståndet var inom förståndet.

206. Tro och njutning

Jag hörde år 1938

När det kommer till njutning ställer man aldrig frågan, "Vad är meningen med denna njutning?" Om den minsta tanken på syftet med njutningen dyker upp, är det ett tecken på att detta inte är sann njutning. Orsaken är att njutning fyller alla tomma platser, och självklart finns det då ingen ledig plats i sinnet för frågor om dess syfte. Och om man ifrågasätter njutningens ändamål är det ett uttryck för att njutningen inte är fullständig, eftersom den inte har fyllt alla platser.

Likadant är det med tro. Tron bör fylla alla platser för kunskap. Därför måste vi föreställa oss hur det skulle vara om vi hade haft kunskapen, och i lika stor utsträckning måste det finnas tro.

207. Ta emot med avsikten att ge

Jag hörde på sabbaten, den trettonde *tevet*

Världens folk går på två ben, och dessa kallas "njutning och smärta". De jagar alltid efter platsen för njutning, och flyr alltid från platsen för lidande. När man belönas med att känna smaken i Tora och *mitzvot*, som det står skrivet, "smaka och se att Herren är god", jagar man därför efter Skaparens träldom. Detta resulterar i att man ständigt belönas med grader i Tora och *mitzvot*, som det står skrivet, "och tänker på Hans lag både dag och natt".

Men hur kan man begränsa sitt sinne till en enda sak? Istället är det njutningen och kärleken som binder människans tankar så att hennes sinne och kropp alltid är beroende av kärleken och njutningen, så som vi ser med kroppslig kärlek. Och precis så är det när man har belönats med ett utvidgat medvetandet, som frambringar kärlek. Och detta urskiljande kallas "inom förståndet".

Dock måste man alltid komma ihåg att arbeta över förståndet, eftersom det kallas "tro och givande".

Så är det inte inom förståndet. Då går alla organen med på arbetet därför att de också tar emot glädje och njutning, och det är anledningen till att det kallas "inom förståndet".

Då befinner man sig i en svår situation: det är förbjudet att förstöra urskiljandet, eftersom detta är en Gudomlig upplysning man har i sig, och det är rikedomen från Ovan. Istället måste man korrigera båda, det vill säga tron och förståndet.

Och då måste man arrangera det hela så att allt man så långt har uppnått, det vill säga Toran man har uppnått och rikedomen man nu har, vad har dessa saker att göra med varandra? Det hela hänger på förberedelsen man hade dessförinnan, när man tog sig an tro över förståndet.

Det betyder att genom att man tog sig an *dvekut* (fasthållande) fäste man sig vid roten och därför har man nu belönats med förstånd. Detta betyder att förståndet man fick genom tro över förståndet var en sann uppenbarelse. Därför är det framförallt över förståndet man uppskattar, och man uppskattar även förståndet, att man har belönats med uppenbarelsen av Hans namn för att sträcka fram rikedom.

Därför måste man nu stärka sig vidare genom förståndet, och ta på sig det största över förståndet, eftersom *dvekut* i roten huvudsakligen sker genom tro, och detta är hela ens syfte. Och detta kallas "mottagande", vilket är orsaken till att man sträckte fram med avsikten att ge, och därigenom kan man ta på sig tro över förståndet i största utsträckning, i kvalitet och kvantitet.

208. Arbete

Jag hörde

Ansträngningarna man gör är endast förberedelser för att uppnå fasthållande. Därför måste man vänja sig vid att vara hängiven, eftersom hängivenheten är det enda verktyget som kvalificerar en att belönas med alla grader, och utan den kan man inte uppnå en enda grad.

209. Tre villkor för bön

Jag hörde 1938

Det finns tre villkor för bön:

1) Att man tror att Han kan rädda en, trots att man har de sämsta förutsättningarna av alla ens samtida gelikar, men "Är då Herrens arm för kort" för att rädda honom? Om inte, då "kan godsherren inte rädda hans bägare".

2) Man ser ingen annan råd. Man har redan gjort allt vad man kunde, men fann ingen lösning på sitt dilemma.

3) Om Han inte hjälper en skulle man hellre vara död än levande. Bönen finns i det förlorade[24] i hjärtat. Ju mer förlorad man är, desto kraftfullare är bönen. Den som önskar sig lyx är förstås inte som den som har dömts till döden. Han är redan fängslad, fastkedjad och det är bara avrättningen som saknas, och han står

---

[24] I manuskriptet har ordet skrivits med vad som verkar vara två begynnelsebokstäver. Men den ena betyder ordet "förlorad" och med den andra betyder det "arbete". Det kan tyckas att den "riktiga" innebörden skulle vara att skriva "arbete", eftersom det är en del av frasen "bönen är ett arbete i hjärtat", men uppenbarligen bytte han avsiktligt plats på de två bokstäverna så att betydelsen blir "förlorad", då han hänvisar till detta ord genom resten av artikeln.

och vädjar för sitt liv. Självklart har han inte tid med att vila eller sova eller distraheras för ens ett ögonblick när han ber för sitt liv.

210. Ett vackert lyte hos dig

Jag hörde

I Talmud: "Han som sade till sin hustru, 'tilldess du ser ett vackert lyte hos dig.' Rabbi Ishmael, son till Rabbi Yosi sade att Skaparen säger att hon inte kan häfta fast vid honom innan du ser ett vackert lyte hos dig" (*Nedarim* 66b). Den första tolkningen av *Tosfot* betyder att hon är förbjuden att njuta så länge hon inte kan hitta en vacker sak.

Detta betyder att om man kan säga att man också har fina saker som man kan hjälpa Skaparen med så att de kan hålla fast vid varandra, varför har Han då inte hjälpt någon annan? Det måste bero på att man har bra saker inom sig, att man har bra tro eller bra egenskaper, att man har ett gott hjärta som gör att man kan be.

Och detta är innebörden i hans kommentar: "Han sade till dem, 'kanske likt en fager kvinna?'" Det betyder att det finns ett externt förstånd, bättre än alla andra. Eller "kanske har hon fint hår?" Det betyder att man är skrupulös med sig själv så när som på ett hårstrås tjocklek. Eller "kanske är hennes ögon vackra?" Det betyder att man har mer av helig behagfullhet än alla människor i sin generation. Eller "kanske är hennes öron vackra?" Det betyder att man inte kan höra något skvaller.

211. Som att stå inför en kung

Jag hörde den första *elul*, 28 augusti, 1938

Någon som sitter hemma i sitt hus är inte som den som står inför en kung. Detta betyder att tron måste vara sådan att man känner det som om man står inför kungen hela dagen lång. Då kommer man säkerligen att ha fullkomlig kärlek och fruktan. Och så länge man inte har uppnått en sådan tro får man inte vila, "ty det är vårt liv och vårt livs dagar", och vi går inte med på några kompromisser.

Och bristen på tro måste vävas in i ens lemmar tills vanan blir till en andra natur, i den utsträckningen att, "När jag minns Honom, låter han mig inte sova". Men alla kroppsliga begär kväver detta begär, eftersom man ser att allt som ger njutning upphäver bristen och smärtan.

Men man får inte önska sig någon tröst, och vara försiktig med alla kroppsliga saker man tar emot så att de inte kväser ens begär. Det kan man göra genom att ångra att denna njutning kommer att göra så att man förlorar gnistorna och krafterna hos kärlen av *Kdusha* (Heligheten), det vill säga att begären efter *Kdusha* försvagas. Och genom sorgen kan man undvika att förlora kärlen av *Kdusha*.

212. Omfamna det högra, omfamna det vänstra

Jag hörde den åttonde *kislev*, 28 november, 1941

Det finns ett omfamnande av det högra och ett omfamnande av det vänstra. Och båda måste vara eviga. Det betyder att när man är i tillståndet "höger" ska man inte tänka att det finns något sådant som "vänster" i världen. Och när man är i det vänstra ska man inte tänka att det finns något sådant urskiljande som "höger" i världen.

"Höger" betyder privat försyn, och "vänster" betyder vägledning genom belöning och bestraffning. Och trots att det finns förstånd, som säger att det inte kan finnas något sådant som höger och vänster tillsammans, måste man arbeta över förståndet, det vill säga att man inte ska låta sig stoppas av förståndet.

Det viktigaste är det som kallas över förståndet. Det betyder att hela arbetet mäts med arbetet över förståndet. Och trots att man senare kommer inom förståndet är det ingenting, eftersom ens fundament finns över förståndet, och således suger man alltid från sin rot.

Om man emellertid kommer inom förståndet, är det just inom förståndet som man vill bli matad, och då försvinner Ljuset omedelbart. Och om man vill sträcka fram måste man börja med över förståndet, eftersom detta är hela roten. Och efteråt kommer man till Helighetens förstånd.

213. Att bejaka begäret

Jag hörde

Den grundläggande, primära principen är att öka behovet, då det är grunden på vilken hela strukturen byggs upp. Och det beror på grunden om strukturen blir stadig eller inte.

Många saker manar till arbete, men de siktar inte på orsaken. Därför försvagar grunden hela byggnaden. Trots att man från *lo lishma* kommer till *lishma*, drar detta ändå ut på tiden innan man återvänder till målet.

Därför måste man se att man alltid har målet framför sig, som det står skrivet i *Shulchan aruch* (Dukat bord): "Ideligen ser jag Herren framför mig". Och den som stannar hemma är inte som den som står inför kungen. Han som tror på Skaparens verklighet, att hela jorden är full av Hans härlighet, han är full av fruktan och kärlek, och behöver inga förberedelser och ingen iakttagelse, utan bara annullera sig inför kungen från sin faktiska natur.

Precis som vi ser i det kroppsliga, att den som verkligen älskar sin vän bara tänker på vännens bästa, och undviker allt som inte är förmånligt för vännen. Allt detta görs utan några beräkningar, och det krävs inte någon begåvad tänkare för sådant, eftersom det är lika naturligt som en moders kärlek till sitt barn, och modern vill inget annat än att gynna sitt barn. Hon behöver ingen förberedelse eller inövade tänkesätt för att älska sin son, eftersom detta är någonting naturligt som inte kräver ett intellekt som påvisar att det är nödvändigt, utan det sköts av sinnena. Sinnena själva är hängivna detta, eftersom det är så det är i naturen. På grund av kärleken till något, ger de sitt hjärta och sin själ för det, tills de uppnår sitt mål. Och så länge de inte uppnår det räknas deras liv inte som ett liv.

Så den som känner, som det står skrivet i *Shulchan aruch*, att för honom är det likadant osv., han befinner sig förvisso i fullkomlighet, vilket betyder att han har tro. Och så länge man inte känner att man står framför en kung, då är man motsatsen.

Därför ska man först och främst iaktta träldom, och man måste sörja över att man inte har tillräckligt med tro, eftersom bristen på tro är grunden, och man bör be om arbete och önska att man kan känna det begäret, därför att om man inte har det begäret har man inte kärlet som kan fyllas. Man måste tro att Skaparen hör varje bön och att man själv också kommer att föras i säkerhet genom fullkomlig tro.

214. Känd i stadens portar

Jag hörde under *shavuot* (pingsten) 1939, Jerusalem

"Jag är Herren, din Gud" (2 Mos 20:2). Även i *Zohar*, "känd i stadens portar" (Ords 31:23). Fråga: Varför frångick våra visa det skrivna ordet, och kallar pingsthögtiden vid namnet "givandet av Tora"? I Tora benämns den "offer av den nya grödan", som det står skrivet, "Och på förstlingsdagen" (4 Mos 28:26). Våra visa kom och gav den namnet "givandet av vår Tora".

Saken är den att våra visa inte ändrade någonting. De tolkade bara detta med att offra den nya grödan. Det står skrivet, "Marken glädja sig och allt som är därpå, ja, då jublar alla skogens träd" (Psalmerna 96:12). Skillnaden mellan ett fält och en skog är att fältet bär frukt och skogen är ofruktbara träd, som inte bär frukt.

Detta betyder att ett fält urskiljs som *malchut*, vilket är att ta på sig Himmelrikets börda, det vill säga tro över förståndet.

Men hur stort är trons mått? Det finns ett mått på detta, nämligen att det måste fyllas i lika stor utsträckning som kunskapen. Då kommer det att kallas "ett fält som Herren har välsignat" (1 Mos 27:27), det vill säga att det bär frukt. Detta är det enda sättet att hålla fast vid Honom, eftersom det är över förståndet och inte sätter några begränsningar på Honom.

Kunskap, å andra sidan, är begränsad. Storhetens mått är enligt kunskapens mått, och detta kallas "en främmande Gud är steril och bär ingen frukt". Och av den anledningen kallas det "en skog". Men i vilket fall som helst kallas båda "kanter". Däremot måste det finnas ett urskiljande av mittlinjen, vilket betyder att man har ett behov av kunskap också. Men detta är bara på villkor att man inte fördärvar tron över förståndet.

Men om man arbetar med kunskap lite bättre än vad man gör med tron, förlorar man allt ögonblickligen. Istället måste man ha det utan någon skillnad. Då kommer "Marken glädja sig osv., då jublar alla skogens träd", därför att då kommer det till och med att finnas en korrigering för en "främmande Gud" som urskiljs som "skog", eftersom man stärks av tron.

Detta är innebörden av det som står skrivet om Abraham, "Vandra inför mig och var ostrafflig" (1 Mos 17:1). Rashi tolkar att han inte behöver något stöd. Och om Noa står det, "i umgängelse med Gud vandrade Noa" (1 Mos 6:9), vilket betyder att han behövde stöd, men hur som helst är det stöd från Skaparen. Men det värsta som kan finnas är att man behöver stöd från människor.

Det finns två frågor angående detta:

1) En gåva;

2) Ett lån.

Gåvan man tar från människor är att man tar stöd. Och man vill inte ge tillbaka det, utan använda det för resten av livet.

Och ett lån är när man tar för tillfället, det vill säga så länge man inte själv har styrka, men man hoppas att skaffa sin egen styrka genom arbete och ansträngning i Helighet. Då ger man tillbaka stödet man tog. Men detta är inte heller bra, eftersom man om man inte belönas med att få egen kraft ändå faller.

Och låt oss återvända till att "givandet av Toran", och inte "mottagandet av Toran", var därför att de då belönades med Givaren av Tora, som det står skrivet, "vi vill se vår konung". Därför är det viktiga att de belönades med "Givaren av Tora". Och då kallas det "ett fält som Herren har välsignat", vilket innebär ett fält som bär frukt.

Detta är innebörden av den nya grödan, det vill säga fältets första frukt. Det är ett tecken på att man belönas med "Givaren av Toran" och fullkomlig medvetenhet. Därför sade han, "Min fader var en hemlös aramé" (5 Mos 26:5). Tidigare hade han nedgångar och slughet; men nu är det en hållbar förbindelse. Därför tolkar våra visa den "nya grödan", att "givandet av Tora" är att belönas med "Givaren av Tora".

215. Tro

Jag hörde

Tro är rent arbete. Detta beror på att viljan att ta emot inte deltar i detta arbete. Viljan att ta emot protesterar till och med emot det. Naturen hos det begäret är att bara arbeta på en plats som det känner och förstår. Men över förståndet är inte en sådan plats. Därför kan *dvekut* (fasthållandet) vara fullkomligt där, eftersom det finns likhet i form där, vilket betyder att det faktiskt är med avsikten att ge.

När man har detta fundament, inrotat och hållfast, även när man tar emot fördelaktiga saker, betraktar man det som "en plats", vilket är Tora i *gematria*. Och det måste finnas fruktan med denna Tora, det vill säga att man måste se att man inte tar emot något stöd och assistans från Tora, utan bara från tron. Till och med när man betraktar det som överflödigt, eftersom man redan tar emot från det ljuva landet, måste man fortfarande tro att detta är sanningen. Och detta är innebörden av att "alla tror att han är en Gud av tro", eftersom det är just genom tron som man kan hålla kvar graden.

216. Höger och vänster

Jag hörde den sjätte tevet

Det finns urskiljandet "höger" och "vänster". På det "högra" finns *chochma*, *chesed*, *netzach*, och på det "vänstra" finns *bina*, *gvura*, och *hod*. Höger betraktas som "privat försyn", och vänster som "belöning och bestraffning".

När vi tar oss an det högra måste vi säga att allt är privat försyn, och då gör man så klart ingenting och därför har man inga synder. Men *mitzvot* som man utför tillhör inte en själv utan är en gåva från

Ovan, så man bör vara tacksam för dem, liksom för alla materiella förtjänster Han har givit en.

Och detta kallas *netzach*, när man *nitzach* (besegrar) *sitra achra*. Och från detta sträcks *chesed* (nåd), vilket är kärlek, och därigenom kommer man till *chochma*, som kallas *risha de lo etyada* (det okända huvudet). Därefter ska man gå till den vänstra linjen som betraktas som *hod*.

217. Om jag inte är för mig vem är då för mig

Jag hörde den tjugosjunde *adar alef*

"Om jag inte är för mig vem är då för mig, och när jag är för mig, vad är jag då?" Detta är en paradox. Saken är den att man måste göra allt arbete enligt "Om jag inte är för mig vem är då för mig", att det inte finns någon som kan rädda en, utan bara "i din mun och i ditt hjärta, så att du kan göra därefter", det vill säga i form av belöning och bestraffning. Men för sig själv, enskilt, ska man veta att "när jag är för mig, vad är jag då?" Det betyder att allt är privat försyn och det finns ingen som kan göra någonting.

Och om du säger att allt är privat försyn, varför finns det arbete i form av "Om jag inte är för mig vem är då för mig"? Men genom att arbeta enligt "Om jag inte är för mig vem är då för mig" belönas man med privat försyn, det vill säga att man uppnår det. Alltså följer allt vägen mot korrigering. Och uppdelningen av plikt och Tora, som kallas "Skaparens barn", uppenbaras inte så länge det inte föregås av arbete i form av "Om jag inte är för mig vem är då för mig".

218. Toran och Skaparen är en

Jag hörde

"Toran och Skaparen är en". Under arbetet är de visserligen två ting. Och de står dessutom i motsats till varandra. Det beror på att urskiljandet av Skaparen är *dvekut* (fasthållande), och *dvekut* innebär likhet i form, att upphävas från verkligheten. (Och man ska alltid föreställa sig hur det fanns en tid när man hade lite *dvekut*, hur man var fylld av livskraft och njutning. Alltid längta efter att vara i *dvekut*, eftersom något andligt aldrig kan delas på mitten. Om det dessutom är något tillfredsställande, borde man alltid kunna ha detta goda. Och man måste föreställa sig tiden då man hade det, eftersom kroppen inte känner det negativa, utan bara det existerande, det vill säga tillstånden som man redan har haft. Och kroppen kan ta dessa tillstånd som exempel.)

Och Tora kallas "Ljuset" i den. Detta syftar på under studierna, när du känner Ljuset och vill ge till Skaparen med detta Ljus, som det står skrivet, "Den som känner Mästarens befallning skall tjäna Honom". Således känner du att du existerar, att du vill ge till Skaparen, och detta är förnimmelsen av ditt jag.

Men när man belönas med urskiljandet av "Toran och Skaparen är en", upptäcker man att allt är ett. Då känner man Skaparen i Tora. Man måste alltid begära Ljuset i den; och vi packar in Ljuset i det vi lär oss, trots att det är lättare att hitta Ljuset i sådant som tas emot.

Och under arbetet finns det två poler. Den ena dras mot urskiljandet av Skaparen, och då kan man inte studera Tora, utan längtar efter böcker av *chassadim*. Och det finns en som trugar efter Tora, att känna Guds vägar, världarna, deras processer och Styrets förfarande. Detta är de två polerna. Men "den krossar Moabs tinningar" i framtiden, vilket betyder att båda införlivas i trädet.

219. Hängivelse

Jag hörde

Arbetet bör utföras med kärlek och fruktan. Med kärlek är det ovidkommande att säga att vi måste våra hängivna det, eftersom det är naturligt, och kärleken är lika okuvlig som döden, som det står skrivet, "Ty kärleken är stark såsom döden". Istället måste hängivelsen finnas främst när det gäller fruktan, det vill säga när man fortfarande inte känner smaken av kärlek i träldomen, när träldomen är påtvingad.

Det finns en regel som säger att kroppen inte känner något som är påtvingat, eftersom den är uppbyggd enligt korrigering. Och korrigeringen är att också träldomen måste vara i form av kärlek, då detta är syftet med *dvekut*, som det står skrivet, "på en plats där det finns arbete finns *sitra achra*".

Träldomen som måste ske i hängivelse är huvudsakligen på urskiljandet av fruktan. Då motsätter sig hela kroppen arbetet, eftersom den inte känner någon smak i träldomen. Och med varje sak som kroppen gör, beräknar den att denna träldom inte är i fullkomlighet. Så vad kommer du då att vinna på att arbeta?

Och eftersom det inte finns någon validitet och smak i denna träldom, kan man då bara övervinna detta genom hängivelse. Det betyder att träldomen känns bitter, och varje handling orsakar ett förfärligt lidande, eftersom kroppen inte är van att arbeta i onödan; antigen måste arbetet tjäna en själv eller andra.

Men i *katnut* (litenhet), känner man inte någon vinst för sin egen del, eftersom man för tillfället inte känner någon njutning i träldomen. Dessutom tror man inte heller att det skulle gynna andra eftersom man själv inte tycker att det är viktigt, så vilken glädje skulle andra ha av det? Då är plågorna svåra, och ju mer man arbetar, desto mer ökar lidandet proportionellt. Slutligen ackumuleras lidandet och arbetet till en viss mängd då Skaparen förbarmar sig över en och skänker en smaken i Skaparens träldom, som det står skrivet, "intill dess att ande från höjden bliver utgjuten över oss."

220. Lidande

Jag hörde

Det skarpa lidandet man känner beror bara på avsaknaden av livskraft. Men vad kan man göra? Själv har man inte förmågan att ta livskraft. Då hamnar man i ett tillstånd av uttråkning, och det är just i ett sådant tillstånd man behöver stärka sig ordentligt, men du tar inte.

221. Flera auktoriteter

Jag hörde

Ett *kli* (kärl) lämnar inte sin egen auktoritet såvida det inte fylls med något annat, men det kan inte vara tomt. Eftersom kärlet befinner sig i *sitra achras* auktoritet måste vi självklart ta det därifrån. Därför måste vi försöka fylla det med andra saker. Det måste fyllas med kärlek. Det står skrivet, "och då skall han tagas efter henne för egenkärlek."

222. Delen som överlämnas till sitra achra för att skilja den från Kdusha

Jag hörde

"I begynnelsen skapade Han världen med egenskapen *din* (dom). Såg att världen inte fortsatte att existera". Tolkning: egenskapen *din*

347

är *malchut*, platsen för *tzimtzum* (begränsningen). Därifrån och neråt är platsen där de externa står.

Men i de högre nio kan mottagande av rikedomen ske utan någon fruktan, men världen fortsatte inte att existera, det vill säga *bechina dalet*. Världen kan inte korrigeras eftersom det är hennes plats, och den är omöjlig att förändra. Det är omöjligt att upphäva kärlen för mottagande eftersom detta är deras natur som inte går att ändra. Naturen betyder de högre nio, att detta var Hans vilja, att viljan att ta emot skulle vara fullkomlig och omöjlig att upphäva.

Likaså är det omöjligt att förändra naturen i människan där nere. Och lösningen för det är att förbinda den med nådens egenskap, det vill säga att ta gränsen som finns i *malchut* och skapa den i *bina*. Detta betyder att Han gjorde det som om det fanns ett förbud för mottagande, och då blir det möjligt att arbeta där, det vill säga att ta emot med avsikten att ge. Eftersom det inte är på *bechina dalets* plats kan det upphävas.

På så vis korrigeras faktiskt *bechina dalet*, det vill säga genom att sänka *bechina dalet*. Det betyder att hon upptäcker att detta inte är hennes plats, och detta kan genomföras genom *mitzvot* och goda gärningar. När man upptäcker det, granskar man *bechina dalet* i *bechina bet*, vilket visar att hennes plats är nedan.

Och då stiger *zivug* (sammanslagningen) och *mochin* (Ljus) sträcks fram nedan. Då stiger det lägre *hey* till *eynaim* (ögonen) och arbetet med att omvända mottagandekärlen börjar om på nytt.

Och det huvudsakliga i korrigeringen är att den överlåter en del till *sitra achra*. Tidigare fanns det alltså bara plats att suga från *bechina dalet* eftersom egenskapen *din* finns där, som inte finns i *bina*. Men nu tar även *bina* på sig urskiljandet av förminskning, eftersom egenskapen *din* har blandats även med henne. Således har platsen för egenskapen *din* vuxit. Men det är genom denna del som det kan finnas plats för arbete, förmågan att stöta bort, eftersom detta inte är hennes verkliga plats. Efter att hon har vant sig vid att stöta bort på en plats där det är möjligt, resulterar det i en förmåga att stöta bort där det tidigare var omöjligt.

Och detta är "den rikedom han har slukat måste han utspy". Genom att vidga sina gränser slukar hon stora rikedomar och därigenom korrigeras hon själv fullständigt. Och detta är innebörden av "en get för *Azazel*". Hon får en del och genom den separeras hon därefter från *Kdusha* (Heligheten), när hon korrigeras på den platsen Han ger henne, som inte är hennes egen plats.

223. Klädnad, säck, lögn och mandel

Jag hörde

"In i konungens port fick ingen komma, som var klädd i sorgdräkt."[25] Det betyder att när man gör sig medveten om hur avlägsen man är från Skaparen, och full av överträdelser, synder och brott, kan man inte ansluta sig till Skaparen eller få någon räddning från Honom. Och det beror på att man har en sorgdräkt och inte kan träda in i Kungens palats.

Därför är det nödvändigt att se sitt sanna tillstånd så som det är, utan några höljen. Å andra sidan är hela syftet med *klipot* (skalen) att täcka över, men om man har belönats från Ovan, tillåts man att upptäcka och se sitt sanna tillstånd. Dock måste man veta att detta inte är perfektion, utan nödvändighet. Och en tid för bitterhet kallas *dalet* (den hebreiska bokstaven). När den läggs samman med en *sack* (säck; det hebreiska ordet liknar det svenska), bildar de *shaked* (mandel), som påskyndar frälsningen.

Men när man själv skapar bitterheten i arbetet, när man kan göra självgranskning, är man glad att man åtminstone får se sanningen.

---

25 Översättarens anmärkning: Versen kommer från boken Ester, där ordet *sack* har översatts till "sorgdräkt" i den svenska Bibeln. En mer korrekt översättning skulle kunna vara säck, säckväv eller säckklädnad, varför författaren hänvisar till det senare i artikeln.

Detta betraktas som att göra den till *rosh* (huvud), det vill säga viktig. Och detta kallas *reish* (den hebreiska bokstaven), och när den läggs ihop med *sack* bildas *sheker* (lögn). Men detta arbete bör ske med rysning och fruktan, och omedelbart måste man stärka sig själv med fullständig tro på att allt kommer att korrigeras.

224. Yesod de nukva och yesod de dechura

Jag hörde

Uppstigandet av *malchut* till platsen för *eynaim* (ögonen) kallas *yesod de nukva*. Detta eftersom *nukva* betyder brist, där förminskning betraktas som en brist. Eftersom det är i *eynaim*, vilket är *chochma*, kallas det ändå *bechina alef* av de fyra *bechinot*. Men när det lägre *hey* är i *keter*, tillämpas ingen förminskning där, eftersom *keter* är en vilja att ge, och det finns inga begränsningar på viljan att ge. Därför kallas det *yesod de dechura*.

225. Att höja sig själv

Jag hörde

Man kan inte höja sig över sin egen cirkel. Därför måste man suga från sin omgivning. Man har inget annat val än att göra det genom mycket arbete och Tora. Genom att välja en god omgivning sparar man tid och ansträngning, eftersom man dras enligt sin omgivning.

226. Den skrivna Toran och den muntliga Toran

Jag hörde under tredje *mishpatim*, den 2 februari, 1943, Tel Aviv

Den skrivna Toran betraktas som ett uppvaknande från Ovan, och den muntliga Toran betraktas vara ett uppvaknande från nedan, och tillsammans anses det vara, "skall han tjäna i sex år, men på det sjunde skall han givas fri utan lösen". Detta med arbete är relevant särskilt när det finns motstånd, och det kallas *alma* (arameiska: värld) från det hebreiska ordet *he'elem* (hebreiska: fördöljande). Under tiden för fördöljandet finns det motstånd, och då finns det rum för arbete. Detta är innebörden av våra visas ord: "6 000 år existerar världen, och en kommer att förstöras", det betyder att fördöljandet kommer att falla, och då kommer det inte längre finnas något arbete. Istället gör Skaparen vingar åt oss, som tjänar som höljen, så att vi ska kunna arbeta.

227. Belöningen för en mitzva – en mitzva

Jag hörde

Man måste längta efter att belönas med belöningen för en *mitzva* (föreskrift/god gärning). Detta betyder att genom att hålla *mitzvot* (plural för *mitzva*) kommer man att belönas med fasthållande vid *Metzave* (Befälhavaren).

228. Fisk före kött

Jag hörde

Anledningen till att vi äter fisk först i en måltid är att fisk ges gratis, utan förberedelse. Därför äts de först, eftersom de inte kräver förberedelse, som det står skrivet, "Vi kommer ihåg fisken, som vi

351

åt i Egypten för intet". Och *Zohar* tolkar "för intet" som utan *mitzvot*, det vill säga utan förberedelse.

Och varför behövs det ingen förberedelse med fisk? Saken är den att vi ser att en fisk bara betraktas som *rosh* (huvud); den har varken händer eller ben. En fisk urskiljs som "Josef ville ha en fisk och fann en *margalit* (ädelsten) i dess kött".

Margalit betyder *meragel* (spion), och en fisk betyder att det inte finns några förhandlingar där. Detta är innebörden av avsaknaden av händer och ben. Och "halverad" betyder att genom att *malchut* stiger till *bina*, halveras varje grad, och genom denna uppdelning skapades en plats för *meragelim* (spionerna). Förhandlingen avser alltså *meragelim*, eftersom hela Toran sträcker sig därifrån. Och detta är betydelsen av den *margalit* som hängde runt hans hals, och att alla som var sjuka skulle botas omedelbart om de tittade på den.

Dock finns det ingen belöning enbart i urskiljandet av fisken, förutom det att den är gratis, som det står skrivet, "som vi åt i Egypten för intet". "Ty ett vaket öga, som aldrig sover, det behöver inte vaktas", eftersom fisken betraktas vara *chochma* (visdom) och sabbat, som kommer innan Tora.

Och Tora betyder förhandlingar. Detta är innebörden av "Och varken mina händer, eller mina ben, kunde jag hitta i läshallen", det vill säga att det inte fanns någon förhandling. "För intet" betyder utan förhandling, och "Tora" kallas "den nästkommande världen", och urskiljs som "nöjd och belåten", och den belåtenheten kväver inte njutningen, eftersom det är en njutning för själen. Men i urskiljandet av "Sabbaten som kommer innan Tora", som betraktas som *chochma*, kommer det till ett tillstånd av *guf* (kropp), och *guf* är en begränsning där belåtenheten kväver njutningen.

229. Hamans fickor

Jag hörde på purimnatten, efter att ha läst *megilla*, den 3 mars, 1950

Angående att äta *Haman tashim*, som betyder Hamans fickor,[26] sade han att eftersom "på *purim* måste människan vara så berusad att hon inte längre kan skilja på den onda Haman och den välsignade Mordechai", äter vi Hamans fickor. Det är för att vi ska komma ihåg att Haman inte gav oss något mer än fickor, kärl, och inte det inre. Det betyder att det enda man kan ta emot är Hamans *kelim* (kärl), och inte Ljusen, som kallas "det interna". Anledningen till detta är att kärlen för mottagande är under Hamans herravälde, och det är detta vi måste ta ifrån honom.

Men det är omöjligt att sträcka fram Ljus med Hamans *kelim*. Det sker endast med Mordechais *kelim*, som är kärl för givande. Men kärlen för mottagande begränsades, och det förklaras i versen, "Men Haman tänkte i sitt hjärta: 'Vem skulle konungen vilja bevisa ära mer än mig?'"

Detta kallas "en sann vilja att ta emot". Därför sade han "så skall man hämta en konungslig klädnad, som konungen själv har burit, och en häst, som konungen själv har ridit på", osv. Men Hamans kärl, som kallas "mottagandekärl", tar egentligen inte emot någonting på grund av *tzimtzum* (begränsningen). Det enda han har är ett begär och en brist, vilket betyder att han vet vad man ska fråga. Därför står det skrivet, "Då sade konungen till Haman: 'Skynda dig att taga klädnaden och hästen, såsom du har sagt, och gör så med juden Mordechai'".

Detta kallas "Hamans Ljus i Mordechais kärl", i kärlen för givande.

---

[26] Hamans fickor (kallas ofta "Hamans öron") är ett traditionellt bakverk som äts under den judiska högtiden *purim*.

230. Herren är hög och de låga skall se

Jag hörde på sabbat *truma*, 5 mars, 1949, Tel Aviv

"Herren är hög och de låga skall se." Hur kan det finnas likhet i form, när människan är mottagaren och Herren är Givaren? Detta besvaras i versen: "Herren är hög, men Han ser till det låga". Om man upphäver sig själv finns det ingen auktoritet som separerar en från Skaparen, och då kommer man att "se", det vill säga belönas med *mochin* (Ljuset) av *chochma* (visdom).

"Och Han känner den högmodige fjärran ifrån". Men den som är stolt, som har sin egen auktoritet, är avlägsen eftersom han saknar likhet i form.

Och låghet betyder inte att man sänker sig själv inför andra, det är ödmjukhet, och man känner fullkomlighet i detta arbete. Låghet betyder att världen avskyr en. Det är precis när folk avskyr en som det betraktas som låghet, och då känner man ingen fullkomlighet, eftersom detta är en lag – vad folk tycker påverkar en. Om folk uppskattar en känner man sig hel, och de som folket ogillar betraktar sig själv som låga.

231. Renheten hos kärlen för mottagande

Jag hörde under *tevet*, januari 1928, Givat Shaul (Jerusalem)

Vi måste vara försiktiga med allt som kroppen njuter av. Man måste ångra det, eftersom man blir avlägsen från Skaparen genom mottagande. Detta beror på att Skaparen är Givaren, och om man nu blir till en mottagare, hamnar man i motsatthet i form. I andligheten är motsatthet i form detsamma som avlägsenhet, och då har man inget fasthållande med Skaparen

Detta är innebörden av "och häfta fast vid Honom". Genom sorgen man känner när man tar emot njutning upphävs njutningen.

Det kan liknas vid en person som lider av skabb på huvudet. Han måste klia sig på huvudet och det ger honom njutning. Men samtidigt vet han att det bara kommer att förvärra skabben, och då kommer sjukdomen att sprida sig och aldrig läka. Under njutningen känner han därför ingen riktig glädje, trots att han inte kan låta bli att ta emot njutningen av att klia.

När man känner njutning från någonting måste man också se till att sträcka fram sorg över njutningen, eftersom man därigenom kommer långt bort från Skaparen, i sådan utsträckning att man känner att njutningen inte är värd mödan jämfört med förlusten som njutningen senare orsakar en. Och detta är arbetet i hjärtat.

Kdusha (Helighet): det som tar människan närmare Guds arbete kallas *Kdusha*.

Tuma'a (orenhet): det som avlägsnar människan från Guds arbete kallas *tuma'a*.

232. Att fullborda arbetet

Jag hörde

"Jag arbetade och hittade inte, tro inte på det". Vi måste förstå innebörden av "jag hittade". Vad finns det att hitta? Att hitta avser att finna nåd i Skaparens ögon. "Jag arbetade inte och hittade, tro inte på det.

Vi måste ställa oss frågan, han ljuger ju trots allt inte; detta gäller inte en person, angående honom själv som individ. Istället är det samma regel för helheten. Och om man ser att man har gynnats av Honom, varför står det "tro inte på det"? Saken är den, att man ibland gynnas genom bön. Det beror på att bönens kraft är sådan – den kan fungera som arbete. (Vi ser även i det materiella att en del försörjer sig genom ansträngning, och en del genom bön. Och genom att be om uppehälle tillåts man försörja sig själv).

Men i andligheten måste man ändå betala hela priset efteråt, trots att man redan har belönats med att bli gynnad – man måste ge lika mycket ansträngning som alla andra. Om man inte gör det, förlorar man *kli*. Därför sade han "Jag arbetade inte och hittade, tro inte på det", eftersom man kommer att förlora allt. Alltså bör man betala efteråt, med hela sitt arbete.

233. Benådning, förlåtelse, och försoning

Jag hörde

Mechila (benådning, pardon), så som i från fördärv till lovord. Detta betyder att tack vare ånger genom kärlek har synderna blivit som förtjänster för en. Således förvandlar man synderna till lovord, till förtjänster.

Slicha (förlåtelse) kommer från *veshalach et be'iro* ("och skall släppa lös hans best", där *samech* byts ut mot ett *shin*). Detta betyder att man skjuter ifrån sig alla synder och säger att man från och med nu bara skall göra goda gärningar. Detta betraktas som ånger genom fruktan, när synderna blir som misstag för en.

Kapara (försoning) kommer från *vekipper et hamizbe'ach* ("och han skall göra bot inför altaret"), från "vill gottgöra sina händer i denna man". Så när man vet med sig att man är smutsig, har man inte djärvheten och fräckheten att träda in i Kungens palats. Därför är det svårt för en att inlåta sig i Tora och *mitzvot* när man ser och kommer ihåg sina onda gärningar, och givetvis kan man inte be Kungen om att få häfta fast och förenas med Honom

Därför behöver man försoning, så att man inte ska se sitt usla tillstånd, att man befinner sig i yttersta låghet. Då kommer man inte att minnas sitt tillstånd, och kommer därför ha möjlighet att ta emot glädje över att man har förmågan att ta sig an Tora och *mitzvot*. Och när man har glädje kommer man ha utrymme att be om att få knyta an till Kungen, eftersom "Gudomen finnes på en glädjens plats".

Därför behöver vi först ånger, och när vi ångrar genom fruktan, belönas vi med förlåtelse. Och därefter ånger genom kärlek, och sedan belönas vi med benådning.

Vi måste tro att allt som händer i vår värld är styrt, att det inte finns några sammanträffanden. Vi måste också känna till att allt som står skrivet är förmaningar, det vill säga att förbannelserna, i "om ni icke lystrar", är förfärliga plågor, och inte så som alla tror. En del säger att de är välsignelser och inte förbannelser. De tar **magid** av **Kuznitz** som bevis för sina ord. Han brukade alltid göra *aliya la Torah* (rituell högläsning ur Tora under gudstjänsten) av *parashat Tochachot* (en särskild del av Toran som kallas "Förmaningsdelen"). Han säger att dessa är faktiska förbannelser och olyckor.

Det är som vi själva ser, att förbannelser existerar i verkligheten, att det finns känslor av fruktansvärda, outhärdliga plågor i denna värld. Ändå måste vi tro att vi bör tillskriva Försynen alla dessa plågor, att Han gör allting. Moses tog dessa förbannelser och tillerkände dem till Skaparen. Detta är innebörden av "alla de stora och fruktansvärda gärningar som han gjorde".

Och när du tror på det, tror du också att "det finns en dom och det fins en domare". Detta är anledningen till att *magid* brukade göra *aliya* på *parashat Tochachot*, eftersom enbart han kunde tillskriva förbannelserna och lidandet till Skaparen, eftersom han trodde att "det finns en dom och det fins en domare". Och därigenom uppstår verkliga välsignelser ur dessa förbannelser, eftersom "Gud har så gjort, för att man skall frukta Honom".

Och detta är innebörden av "bandaget tillverkas av självaste skalet". Det betyder att på samma plats som de ogudaktiga faller, kommer de rättfärdiga att gå. Detta beror på att man kommer till en plats där det inte finns något stöd, där *sitra achra* har grepp. Då misslyckas de ogudaktiga i dem. Denna ogudaktige, som inte kan gå över förståndet, faller därför att han inte har något stöd. Då förblir han mellan himmel och jord, eftersom de är ogudaktiga och bara kan göra saker inom förståndet, enligt "onda ögon, högmodiga ögon".

Men de rättfärdiga betraktas som " mitt hjärta står icke efter vad högt är, och mina ögon se ej efter vad upphöjt är", och de går ju faktiskt i det. Alltså förvandlas de till välsignelser. Genom att tillskriva allt lidande till Försynen, och ta allt över förståndet, skapas de rätta kärlen för att ta emot välsignelserna.

234. Den som upphör med ord av Tora och inlåter sig i prat

Jag hörde under *adar alef*, på vägen till Gaza

"Den som upphör med ord av Tora och inlåter sig i prat". Detta betyder att när man tar sig an Tora och inte slutar, ser man det som att Toran är som en flammande eld som bränner den onda böjelsen för en, och då kan man fortsätta med sitt arbete. Men om man slutar mitt i studierna, har Toran redan blivit som gnistkol för en, även om man snart börjar på nytt. Det betyder att Torans smak nu har fördärvats för en, och den kan inte längre bränna den onda böjelsen, och då måste man upphöra i sitt arbete. När man återvänder till sina studier måste man därför se till att bestämma sig för att aldrig någonsin sluta i mitten av sina studier igen. Och genom beslutet för framtiden kommer Torans flammande eld att återantändas.

235. Att titta i boken igen

Jag hörde

Efter att man har sett några ord av Tora i en bok och memorerat dem, på grund av att det som kommer in i medvetandet redan har besudlats, kan man, när man tittar i boken igen, locka fram Ljuset för att få en upplysning från det man ser nu. Och detta betraktas redan som något nytt och obefläckat.

236. Dina smädares smädelser har fallit över mig

Jag hörde den sjätte *tishri*, 17 september, 1942

"Ty nitälskan för ditt hus har förtärt mig, och Dina smädares smädelser har fallit över mig" (Ps 69). Formen av att förbanna och svära uppträder på flera sätt:

1) Under arbetet, när man utför en *mitzva*, och kroppen säger till en: "Vad kommer du få ut av det, vad kommer du tjäna?" Så trots att man segrar och gör det påtvingat, betraktas denna *mitzva* vara en börda och en last. Detta väcker en fråga: Om man verkligen håller Kungens budord och tjänar Kungen, då borde man vara glad, eftersom det är naturligt för den som tjänar kungen att vara lycklig. Men här händer det motsatta. Här känner man alltså ett tillstånd där man förbannar och svär, och detta tvång bevisar att man inte tror att man tjänar Kungen, och det finns inget värre sätt att förbanna än det.

2) Eller så ser man att man hela dagen inte har fasthållande med Skaparen, eftersom man inte känner något verkligt i det, och det är omöjligt att hålla fast vid någonting tomt. Därför vänder man tankarna bort från Skaparen. (Medan en verklig sak, där det finns njutning, är svår att glömma. Och om man vill skifta sitt sinne måste man göra stora ansträngningar för att få bort det ur tankarna). Detta är, "Dina smädares smädelser har fallit över mig".

Detta gäller i varje människa, men skillnaden ligger i förnimmelsen. Men om man inte känner det beror det på att man inte har uppmärksamheten att märka av tillståndet man befinner sig i. Det kan liknas vid någon som har ett hål i sin ficka. Pengarna ramlar ur, och han tappar allt han hade. Det gör ingen skillnad om han vet att han har ett hål eller inte. Den enda skillnaden är att om han vet att han har ett hål kan han laga det. Men det spelar ingen roll vad gäller pengarna han har förlorat. Alltså, om man känner att kroppen, som kallas "Dina smädare", smädar Skaparen, säger man, "Ty nitälskan för Ditt hus har förtärt mig", och vill korrigera det.

237. Ty ingen människa kan se Mig och leva

Jag hörde

"Ty ingen människa kan se Mig och leva" (2 Mos 33:20). Detta betyder att om man ser uppenbarelsen av Gudomen i en större utsträckning än man är redo att se, kan man hamna i mottagande, vilket betraktas som motsatsen till Livets Liv, och då kommer man till döden. Därför måste man gå framåt efter trons väg.

238. Lycklig är han, som icke glömmer Dig, ock det mänskobarn, som har sin möda i Dig

Jag hörde den tionde *elul*

"Lycklig är han, som icke glömmer Dig, ock det mänskobarn, som har sin möda i Dig" (ett tillägg för bönen som bes under *rosh hashana*). När man går framåt efter vithetens väg, måste man alltid komma ihåg att allt man har tilldelats, har man bara fått för att man tog på sig urskiljandet av svarthet. Och man måste anstränga sig just i "Dig", enligt "Alla tror att Han är en Gud av tro", trots att man för tillfället inte ser någon plats där man måste arbeta i tro, eftersom man tycker att allt är uppenbart. Icke desto mindre måste man tro, över förståndet, att det finns mer rum att tro enligt trons väg.

Och detta är innebörden av "Och när Israel såg hur Herren hade bevisat sin stora makt... och de trodde på Herren". Trots att de hade belönats med urskiljandet "såg", vilket är seende, hade de fortfarande styrkan att tro enligt tron.

Och detta kräver stor ansträngning; annars förlorar man sin grad, som Libni och Shimei. Detta innebär att om det inte är så, betyder det att man kan lyssna på Tora och mitzvot just under tiden för vithet; det är som ett villkor. Men man måste lyssna utan förbehåll. Under en tid för vithet måste man därför vara försiktig med att befläcka svartheten.

239. Skillnaden mellan mochin de shavuot och mochin de *shabbat* mincha

Jag hörde

Det finns en skillnad mellan *shavuot* – som betraktas vara uppstigandet av ZA till *arich anpin*, till *bechinat dikna* – och *shabbat*, under *mincha* – som också det är ett uppstigande till *arich anpin*. *Shavuot* betraktas som *mochin de chochma* från YESHSUT, det vill säga från *bina* som återgår till att vara *chochma*. Men *shabbat* betraktas vara GAR de bina, vilket anses vara det faktiska *chochma*. Man betraktar det som att den inte har lämnat *rosh*, och som att den är klädd i *mocha stimaa*, vilket är GAR de chochma och inte VAK.

Och eftersom hon är GAR kan hon inte... så länge det inte sker nerifrån och uppåt, utan någon nedåtgående utvidgning. Hon betraktas vara ett kvinnligt Ljus, eftersom hon inte har någon expansion nedan. Och därför betraktas *shabbat* vara *nukva*.

Men en god dag anses vara ZAT de bina, och betraktas som VAK – den har utvidgning nedan. Så även efter alla uppstiganden i verkligheten förändras inte gradernas stege.

Han sade att anledningen till att världens folk högaktar en god dag mer än *shabbat*, trots att *shabbat* är en högre grad, är att en god dag är ZAT de bina, vilket är uppenbart nedan till skillnad från *shabbat*, vilket betraktas vara GAR de bina, där det inte finns något förkunnande nedan. Och självklart är graden av *shabbat* mycket högre än en god dag.

240. Ifrågasätt dina ifrågasättare när de ifrågasätter Ditt ansikte

Jag hörde på den första dagen av *slichot*, av den hedervärde, min far, min mästare, min lärare

"Ifrågasätt dina ifrågasättare när de ifrågasätter Ditt ansikte, svara dem från Din himmelska boning, och slut icke Dina öron för deras vädjande rop" (*slichot* för den första dagen). Det vill säga... att syftet med världens skapelse var att göra gott för Hans skapelser. Men för att korrigeringen ska fullbordas, måste domens egenskap sötas i barmhärtigheten.

Domen urskiljs som *gadlut* (storhet). Men för att undvika att hamna i olikhet i form på grund av det, måste det finnas ett urskiljande av ett slags kompromiss: domen säger att hon skulle ha tagit emot mer, men hon riskerar fortfarande att komma i olikhet i form. Men när den blandas med barmhärtighetens egenskap, tar hon inte emot Ljuset i *gadlut*, och kan då nå likhet i form. Och korrigeringen sker genom att omvända kärlen för mottagande till kärl för mottagande med avsikten att ge.

När man kommer för att söka Skaparen är man alltså fortfarande fäst vid mottagande, och den som har mottagande betraktas som nödställd och fördömd, och den fördömde kan inte hålla fast vid den välsignade. Men den som tar emot med avsikten att ge kallas "välsignad", eftersom han inte saknar någonting eller behöver något för sin egen del. Den enda svårigheten är således att vara i det välsignade tillståndet, då det bara är i kraft av Tora och *mitzvot* som kärlen för mottagande kan förvandlas till kärl för givande. Detta är anledningen till att vi ber, "ifrågasätt dina ifrågasättare".

Det finns två slags ifrågasättare: en del frågar bara efter Ditt ansikte, de som vill ge. Det som de ber om – att få någon räddning – är bara för Ditt ansikte. Om detta sade han: "när de ifrågasätter Ditt ansikte". De som frågar efter Ditt ansikte, "svara dem från Din himmelska boning", vilket betyder att Din himmelska boning kommer fram, eftersom de har renats från mottagande och inte längre kommer att befläcka Ovan. "Deras vädjande rop", att alla deras böner är för deras egen skull, för att de vill vara nära Skaparen, vilket betyder att de ännu inte har renats från mottagande.

Orsaken till detta är att det finns två urskiljanden i Guds arbete: det finns de som vill att Skaparen ska uppenbaras i världen, att alla ska veta att det finns Gudomlighet i världen. I det tillståndet befinner de sig inte i mitten, utan bara vill. Då kan man inte säga att det finns något urskiljande av mottagande, eftersom personen inte ber om att komma närmare Skaparen, utan bara att Himmelrikets prakt ska uppenbaras i världen.

Och det finns de som ber för att komma närmare Skaparen, och en sådan person är i mitten. Då kan man kalla det för mottagande för sin egen skull, eftersom han vill ta emot rikedomen med avsikten att komma Skaparen nära. Detta kallas "vädjan", och det kallas även "rop". Och de som fortfarande befinner sig i ett tillstånd av vädjan, det vill säga för att komma närmare, de kan ropa, och "slut icke Dina öron för deras vädjande rop".

Detta beror på att bara den behövande ropar. Men för en annan är det inte ett rop, bara en begäran, som i "hälsa från mig".[27] När det gäller ansiktet är det därför bara en begäran.

"Från Din himmelska boning" betyder *eynaim* (ögon), visdomens Ljus, att de ska ta emot rikedomen, eftersom deras *kelim* (kärl) redan är i form av mottagande med avsikten att ge. Men de som fortfarande befinner sig i ett tillstånd av vädjan, "slut icke Dina

---

[27] Den faktiska frasen på hebreiska är "kräv min hälsning till..."

öron". Öron betyder *bina*; de måste sträcka fram styrka så att de kan ha givande... över barmhärtighetens Ljus.

241. Åkallen Honom, medan Han är nära

"Åkallen Honom, medan Han är nära" (Jesaja 55:6). Vi måste förstå vad "medan Han är nära" betyder, eftersom "hela jorden är full av Hans härlighet"! Och därför är han alltid nära, så vad betyder "medan Han är nära"? Det kan tyckas att det skulle finnas en tid då Han inte är nära.

Saken är den att tillstånden alltid utvärderas med hänsyn till den uppnående individen. Om man inte känner Hans närhet, kan man inte få ut något av det, eftersom allt mäts enligt ens förnimmelse. Den ena människan kan uppleva världen som fylld av rikedomar, medan den andra inte känner världens förträfflighet, så hon kan inte säga att där finns en god värld. Hon påstår istället det hon känner – att världen är full av lidande.

Och profeten varnar om det: "Åkallen Honom, medan Han är nära". Han kommer och säger "Vet att det faktum att du åkallar Skaparen betyder att Han är nära". Det betyder att du nu har ett gynnsamt tillfälle; om du är uppmärksam, kommer du att känna att Skaparen är nära dig, och detta är ett tecken på Skaparens närhet.

Och beviset för det är att vi måste veta att människan av naturen inte är berättigad fasthållande vid Skaparen, eftersom det är mot människans natur. Orsaken är att man från skapelsen bara har begäret att ta emot; medan fasthållande är att enbart ge. Men när Skaparen kallar på människan, skapar det en andra natur inom en: man vill upphäva sin egen natur och häfta fast vid Honom.

Man bör därför veta att ens yttrande av ord från Tora och ens bön, bara kommer från Skaparen. Man bör aldrig tänka på att säga att det är "min kraft och mina händers makt", eftersom detta är den fullständiga motsatsen till hans makt. Detta är likt någon som gått vilse i en tät skog, utan att ha en väg i sikte som kan leda honom ut till en befolkad plats, så han stannar kvar där i förtvivlan och tänker aldrig på att återvända till sitt hem. Men när han ser en människa på avstånd eller hör en mänsklig röst, kommer begäret och längtan efter att återvända till sitt ursprung ögonblickligen väckas inom honom, och han kommer att börja ropa och be om att någon kommer och räddar honom.

Likaså är det med människan som har förirrat sig från den goda vägen och hamnat på en dålig plats, och redan har vant sig vid att leva bland bestar, och utifrån perspektivet hos viljan att ta emot skulle hon aldrig komma på tanken att hon borde återvända till en förnuftets och Helighetens plats. Men när hon hör en röst som kallar henne, vaknar hon upp för att ångra sig.

Men detta är Guds röst, inte hennes egen röst. Men om hon ännu inte har fullbordat sina handlingar på korrigeringens väg, kan hon inte känna och tro att detta är Skaparens röst, och hon tänker att det är hennes kraft och händers makt. Detta är vad profeten varnar för, att man bör övervinna sitt synsätt och sin tanke, och tro helhjärtat att det är Guds röst.

Därför, när Skaparen önskar föra människan ut ur den täta skogen, visar Han henne ett avlägset Ljus, och människan samlar sina sista krafter för att vandra vägen som Ljuset visar henne, med avsikten att uppnå det.

Men om människan inte tillskriver Ljuset till Skaparen, och inte säger att Skaparen kallar på henne, då finns inte Ljuset för henne, och hon blir kvar i skogen. Hon kunde alltså ha visat hela sitt hjärta för Skaparen, så att Han skulle komma och rädda henne från den onda platsen, från viljan att ta emot, och föra henne till en förnuftig plats, som kallas platsen av Adams söner (folket), såsom i *Adameh la Elyon* (Jag skall göra mig lik den Högste), vilket betyder viljan att ge, i fasthållande. Istället utnyttjar hon inte detta tillfälle och förblir så som hon var tidigare, åter igen.

242. Vad betyder det att glädja de fattiga på en god dag, i arbetet

Jag hörde under *sukkot* den tredje *inter*

I *Zohar*: "Skaparens andel är att glädja de fattiga", osv.. I *Sulam* (kommentaren), tolkar han att eftersom Skaparen såg att *lo lishma* (inte för Hennes namn) inte tar människan till *lishma* (för Hennes namn) reste Han sig upp för att förgöra världen, det vill säga att hennes rikedom upphörde (boken *Zohar*, "Introduktion till boken *Zohar*", punkt 6-7).

Vi skulle kunna säga att när en person tar emot en upplysning från Ovan, och tar denna upplysning för att höja sig över sin låghet och komma närmare givande, betraktas det som att hans *lo lishma* bringar honom *lishma,* trots att han inte har renats. Detta betyder att han går framåt på Torans väg.

Och detta kallas "Den som är lycklig på helgdagar". En helgdag är en god dag. Och förvisso finns det ingen bättre dag än den då en upplysning skiner för personen från Ovan och tar honom närmare Skaparen.

243. Att undersöka skuggan på natten till hoshana rabba

Jag hörde den tjugofjärde *adar alef*, 1 mars, 1943

Angående skuggan. På natten till *hoshana rabba* (den sjunde dagen av tabernakelfesten), är det tradition att var och en undersöker sig själv för att se om han har en skugga, och då kan han vara säker på att han kommer få rikedomen (*Shaar HaKavanot [Intentionernas Port]*, *sukkot* kommentarerna 6-7). Skuggan pekar på klädnad, den klädnad som Ljuset iklär sig.

Det finns inget Ljus utan en klädnad, eftersom det inte finns något Ljus utan ett kli (kärl). Och alltefter klädnadens storlek blir Ljusen fler och starkare. Och när man förlorar klädnaden, uteblir Ljuset som tillhör den klädnaden.

Det är vad som menas med sanning och tro. Sanning kallas "Ljus", och tro kallas "kli". Detta är innebörden av "Skaparen och Gudomen", och "Låt oss göra människor till vår avbild, till att vara oss lika", och "Såsom en drömbild allenast gå de fram". Människans gång beror på *tzelem* (bilden/drömbilden), det vill säga på tron. Och därför ska man se efter på *hoshana rabba* om tron man har är fullkomlig.

Och varför kallar vi världarna Ovan för *tzelem*, när tron inte alls har någon vikt Ovan? Men det som ter sig som torrhet för oss är ett stort Ljus Ovan, men vi kallar det namnet "Ovan" därför att det verkar som en skugga för oss, och vi namnger det som finns Ovan efter den lägre.

Bina kallas "tro", vilket är Ljuset av *awzen* (öra), det vill säga hörsel. *chochma* (visdom) kallas seende, vilket är ett Ljus som kommer in i kärlen för mottagande, som betraktas vara ögonen.

Index

Om Bnei Baruch

Bnei Baruch är en internationell grupp kabbalister som delar med sig av den kabbalistiska visdomen med hela världen. Studiematerialet, som finns på över 30 språk, är baserat på autentiska kabbalatexter som överlämnats från generation till generation.

Historia och ursprung

Dr Michael Laitman, professor i ontologi och kunskapsteori, samt doktor i filosofi och kabbala, men även MSc i medicinsk biocybernetik, etablerade Bnei Baruch 1991 efter sin lärares död, Rav Baruch Shalom Halevi Ashlag (Rabash).

Dr Laitman döpte sin grupp Bnei Baruch (Baruchs söner) för att hedra minnet av sin mentor, vars sida han aldrig lämnade under de sista 12 åren av Rabashs liv, från 1979 till 1991. Dr Laitman var Ashlags främste elev, personlige assistent, och är erkänd som efterträdare till Rabashs undervisningsmetod.

Rabash är den förstfödde sonen och efterträdaren till den största Kabbalisten på 1900-talet, Rabbi Yehuda Leib Halevi Ashlag. Rabbi Yehuda Ashlag författade den mest auktoritativa och övergripande kommentaren på *Zohar*, *Sulamkommentaren* (*Stegkommentaren*), där han var först med att avslöja den fullständiga metoden för andlig uppstigning. Detta är också skälet till Ashlags epitet, Baal HaSulam (stegens ägare/mästare). Bnei Baruch grundar hela sin studiemetod på den väg som stakats ut av dessa stora andliga ledare.

Undersökningsmetoden

Den unika studiemetod som utvecklats av Baal HaSulam och hans son, Rabash, lärs ut och tillämpas dagligen av Bnei Baruch. Denna metod förlitar sig på autentiska kabbalistiska källor som *Zohar*, av Rabbi Shimon Bar-Yochai, *Livets träd*, av Ari, och *Studiet av de tio Sfirot*, av Baal HaSulam. Medan studierna bygger på autentiska kabbalistiska källor utförs de på ett enkelt språk med ett vetenskapligt, samtida tillvägagångssätt. Den unika kombinationen av en akademisk studiemetod och personliga erfarenheter breddar studenternas perspektiv, och ger dem en ny syn på den verklighet de lever i. De på den andliga vägen får därmed de nödvändiga verktygen för att studera sig själva och sin omgivning.

Bnei Baruch är en mångfacetterad rörelse med tiotusentals studenter världen över. Eleverna kan välja sina egna vägar, och anpassa intensiteten i sina studier efter sina unika förutsättningar och förmågor.

Budskapet

Kärnan i Bnei Baruchs budskap är universellt: människors enighet, enighet mellan nationer, och kärlek till människan. I årtusenden har kabbalister lärt att kärlek till människan ska vara grunden för alla mänskliga relationer. Denna kärlek rådde vid tiden för Abraham, Moses, och gruppen av kabbalister som de etablerade. Om vi ge utrymme åt dessa gamla, men ändå moderna värderingar, kommer vi att upptäcka att vi har kraften att sätta skillnaderna åt sidan och enas.

Den kabbalistiska visdomen, som har varit fördold i tusentals år, har väntat på en tid då vi är nog utvecklade och redo att implementera dess budskap. Detta budskap återuppstår idag som lösningen på fraktionerna inom och mellan nationer, och gör det möjligt för oss, som individer och samhälle, att möte samtidens utmaningar.

Aktiviteter

Bnei Baruch grundades på förutsättningen att "endast genom expansion av den kabbalistiska visdomen i allmänheten kan vi tilldelas fullständig frälsning" (Baal HaSulam). Därför erbjuder Bnei Baruch en mängd olika sätt för människor att utforska och upptäcka syftet med sina liv, samt ger noggrann vägledning för nybörjare och avancerade elever.

Internet

Bnei Baruchs internationella hemsida, www.kab.info, presenterar den autentiska kabbalistiska visdomen med essäer, böcker, och originaltexter. Det är den överlägset mest expansiva källan till autentiskt kabbalamaterial på Internet, som innehåller ett unikt, omfattande bibliotek där man grundligt kan undersöka den kabbalistiska visdomen. Dessutom finns ett mediaarkiv, www.kabbalahmedia.info, som innehåller tusentals medieposter, nedladdningsbara böcker, och en stor reservoar av texter, video och ljudfiler på många språk.

Bnei Baruchs online Studiecenter erbjuder gratis kabbalakurser för nybörjare, och initierar studenter i denna djupa kunskap bekvämt hemifrån. Dr Laitmans dagliga lektioner sänds också live på www.kab.tv, tillsammans med kompletterande texter och diagram. Alla dessa tjänster tillhandahålls gratis.

TV

I Israel har Bnei Baruch etablerat en egen kanal, Kanal 66, både på kabel och satellit, som sänder Kabbala TV dygnet runt. Kanalen sänds även på Internet, www.kab.tv. Alla sändningar på kanalen är gratis. Programmen är anpassade för alla nivåer, från nybörjare till de mest avancerade.

Kongresser

Minst en gång per år samlas studerande en helg för studier och umgänge på kongress på olika platser i världen, samt ett årligt konvent i Israel. Dessa sammankomster ger en bra miljö för att möta likasinnade, för att komma närmare varandra, och för att utvidga sin förståelse av visdomen.

Kabbalaböcker

Bnei Baruch publicerar autentiska böcker skrivna av Baal HaSulam, hans son, Rabash, samt böcker av dr Michael Laitman. Rav Ashlags och Rabashs böcker är väsentliga för fullständig förståelse av den autentiska kabbalistiska läran, och de förklaras i Laitmans lektioner. Laitman skriver sina böcker med en tydlig, modern stil, och bygger på de centrala begreppen hos Baal HaSulam. Dessa böcker är en viktig länk mellan dagens läsare och de ursprungliga texterna. Alla böcker går att köpa, samt ladda ner gratis.

Kabbalalektioner

Som kabbalister har gjort i århundraden, ger Laitman en daglig lektion. Lektionerna ges på hebreiska och tolkas samtidigt till sju språk – engelska, ryska, spanska, franska, tyska, italienska och turkiska – av skickliga och erfarna tolkar. Som med allt annat, är livesändningarna utan avgift.

Finansiering

Bnei Baruch är en ideell organisation för undervisning om och spridning av den Kabbalistiska visdomen. För att behålla sin självständighet och sina rena avsikter stödjs och finansieras Bnei Baruch inte av någon regering eller politisk grupp, och är inte heller på annat vis knuten till någon sådan.

Eftersom största delen av verksamheten är gratis, är den främsta finansieringskällan för koncernens verksamhet tionde, som studenter bidrar med på frivillig basis. Ytterligare inkomstkällor är försäljning av Rav Laitmans böcker samt donationer.

Kontaktinformation

Internet:

www.kabbalah.info/se

Kabbalah TV:

www.kab.tv/eng

Böcker:

webshop.kabbalakurser.info (sv) www.kabbalahbooks.info (övriga)

Studiecenter:

www.kabbalakurser.info (sv) edu.kabbalah.info (eng)

E-mail:

sweden@kabbalah.info

info@kabbalah.info

Bnei Baruch Association

PO BOX 3228

Petach Tikva 49513

Israel

Kabbalah Books

1057 Steeles Avenue West, Suite 532

Toronto, ON, M2R 3X1

Kanada

E-mail: info@kabbalahbooks.info

Webbsida: www.kabbalahbooks.info

USA och Kanada:

Tel: 1 416 274 7287

Fax: 1 905 886 9697

www.ingramcontent.com/pod-product-compliance
Lightning Source LLC
Chambersburg PA
CBHW060238100426
42742CB00011B/1567